유토피아의 탄생

유토피아의 탄생

섬—이상향/이어도의 심성사

주강현 지음

2012년 4월 2일 초판 1쇄 발행
2013년 9월 11일 초판 2쇄 발행

펴낸이 한철희 ∣ 펴낸곳 돌베개 ∣ 등록 1979년 8월 25일 제406-2003-018호
주소 (413-756) 경기도 파주시 교하읍 문발리 파주출판도시 532-4
전화 (031) 955-5020 ∣ 팩스 (031) 955-5050
홈페이지 www.dolbegae.com ∣ 전자우편 book@dolbegae.co.kr
블로그 imdol79.blog.me ∣ 트위터 @Dolbegae79

책임편집 김태권·소은주
편집 이경아·이현화·권영민·김진구·김혜영·최혜리
표지디자인 민진기디자인 ∣ 본문디자인 이은정·박정영
마케팅 심찬식·고운성·조원형 ∣ 제작·관리 윤국중·이수민 ∣ 인쇄·제본 상지사 P&B

ISBN 978-89-7199-478-8 (03900)

책값은 뒤표지에 있습니다.

이 도서의 국립중앙도서관 출판시도서목록(CIP)은 e-CIP 홈페이지
(http://www.nl.go.kr/ecip)에서 이용하실 수 있습니다.(CIP제어번호: CIP2012001422)

유토피아의 탄생

섬—이상향／이어도의 심성사

주강현

돌베개

차례

문명사적 원형으로서의
섬 – 이상향 담론

국가의 경계가 없다고 상상해보세요 / 그건 생각만큼 어렵지 않습니다 / 그럼 죽일 일도 죽을 일도 없겠지요 (……) / 당신은 나를 몽상가로 부를지도 모르겠습니다 / 하지만 나 혼자만 그런 게 아니예요 / 언젠가 당신도 우리와 함께하기를 바랍니다 / 그럼 세상은 하나가 되겠지요

존 레넌, 〈이매진〉, 1971

1 시절이 하 수상했다. 도탄에 빠진 세상을 구제해줄 진인眞人
이 아득한 섬에서 나타나 천군만마千軍萬馬를 이끌고 한양을 들이친
다고 하였다. 장안의 양반과 아녀자들이 피난 가는 사태까지 빚어
졌다. 와언訛言이었다. 두말할 것 없는 유언비어. 그런데 그 그릇되
었다는 와언이 진실인 경우가 더 많았다. 와언의 최초 유포자들은
익명으로 가려져 있었으나 어떤 원대한 구상 속에서 판을 벌려나
갔다. 신왕조 창건을 위한 그 나름의 치밀한 '신체제 마스터플랜'
에 따라 이상향을 설계하였으며, 혁명적 비의秘儀를 준비했다. 엄혹
한 삶의 조건에서 새 세상의 도래를 굳게 기다려온 민중들은 이에
심정적으로 동조·화답하였다. 진인 도래는 당대 사회의 이슈가 될
수밖에 없었으나, 오늘날에는 정감록·비결·감록 따위의 이름으로
사료 일부만 앙상하게 남아 있어 당대 분위기를 제대로 알아채기
어렵다. 내적으로 '뜨거웠던 역사'는 당대의 기억을 잃어버린 채

침잠되고 앙상한 뼈대로만 다가오고 있다. 진인 출현을 고대하였던 당대 심성의 역사를 읽어내는 일은 전통적 역사학의 눈길로는 불가능할 것이다.

홉스봄은 『의적의 사회사』로 우리글본을 얻은 책에서, "백성은 정의가 없는 곳에서도 살 수 있고, 또 일반적으로 말하면 살지 않으면 안 되지만, 그러나 희망 없이는 살 수 없다"고 썼다.[1] 한반도 백성도 중세에는 중세의 한계 속에서, 또한 일제강점기에는 전혀 새롭게 식민지시대란 한계 속에서 살아왔고, 또 그렇게 살 수밖에 없었을지라도 언제나 희망의 출구는 관철되고 있었다. 진인이 느닷없이 나타나 구원해주기를 바라는 심정은 어느 시대나 당대인들의 보편적인 세계관을 이루었기 때문이다. 서양식으로 말하자면 유토피아의 희구였다. 유토피아는 머나먼 세계가 아니라 '바로, 여기서, 지금' 이루어져야 할 성격의 것이었기에 진인 출현은 어느 시대나 당대 민중들의 기본 심성이었다.

동서를 막론하고 유토피아를 꿈꾼 이상향 – 파라다이스 이야기는 무궁무진하다. 태평양이나 아프리카, 남미에도 이상향 – 파라다이스 이야기는 무궁무진하게 퍼져 있다. 우리의 경우에도 대망大望을 간구하다 아쉽게도 비명에 간 아기장수 설화 등에 미완의 유토피아관이 담겨져 있으며, 중국풍 몽유도원류의 유토피아 이야기도 산재한다. 그런데 구체적 공간이 주어진 한국판 본격 유토피아로 '섬 – 이상향'을 능가할 공간이 있을까. 십승지지十勝之地 따위의 참설讖說에서 다루는 구체적 공간을 제외한다면, 우리식 유토피아의 중핵은 서양과 같이 '미궁의 섬'으로 설정된다. '남조선 사상' 에서 남녘 바다의 해중도海中島를 주목하였을 때, 그 미궁의 섬은 미지의 공간이지만 제법 구체성을 띤 변혁의 거점이었다.

이 같은 사실은 우리가 익숙하게 알고 있던 지식 체계에 포함되지만, 섬이라는 공통점을 지닌다는 사실을 재인식함은 그 자체로 새로운 '발견'이다. 한국판 유토피아에 관한 담론은 있어도 '섬-이상향'이라는 큰 틀에서 그 담론의 장기지속성에 초점을 맞추어 논의를 끌고 가는 작업은 의외로 드물거나 없기 때문이다.

'섬-이상향'은 인류 문명사적으로 볼 때 전형적인 문화원형 arche-type, 혹은 문화적 원형질에 속한다. 대개의 유토피아 세계에서 섬이 주목되고 결정적 무대로 등장하고 있음을 주목한다. 섬은 인류 문명의 그 무언가를 함의하는, 이상향적 DNA로 각인되어 있기 때문이다. 섬-이상향은 동서를 막론하고 고대적·중세적 기원을 지니는 장기지속적 담론이다. 논의를 손쉽게 하기 위하여 플라톤의 아틀란티스학學으로부터 출발하여 토마스 모어의 『유토피아』와 프랜시스 베이컨의 『새로운 아틀란티스』에 이르기까지 섬-이상향 담론의 궤적을 찾아볼 수 있다. 따라서 본 책은 섬-이상향에 초점을 맞추기 때문에 모든 유토피아 이야기들을 다루지는 않으며, 굳이 섬-이상향을 벗어난 담론에 지면을 할애하지 않는다. 안드레의 『기독교 도시』라거나 캄파넬라Campanella,[2] 푸리에Marie Charles Fourier, 웰스Hebert George Wells, 벨러미Edward Bellamy, 모리스William Morris[3] 등의 무수한 유토피아 이야기들도 본 책에서는 다루지 않는다.[4]

당연히 한반도에서 형성·축적된 아기장수 설화 같은 미완의 대망 체계에 대해서도 다루지 않는다. 이 책의 목적은 섬-이상향 체제를 규명하는 데 국한되기 때문이다.

유토피아 세계의 기본 축은 해양세계의 섬을 중심으로 움직여왔고, 그러한 세계사적 전통에서 우리도 예외가 아니다. 동양의 무릉도원이나 삼봉도 담론으로부터 한반도의 수중세계 담론에 이르기까지 섬-이상향 원형이 배경이 되고 있다. 섬에서 거병한다는 해도출병海島出兵과 여러 왕대에 걸쳐 집요하게 이루어졌던 동해안 요도·삼봉도 수색작전, 해랑적海浪賊과 해랑도를 무려 300여 년간 추적해온 왕권의 집념 등, 사료를 통해 섬-이상향의 변혁적 동력을 살펴볼 수 있다. 홍길동의 율도국과 허생이 무인도에 세운 이상향이 결코 빈말이 아니었음이 드러나는 순간이다.

해도출병이라는 거대하고도 긴박한 마스터플랜을 짠 기획자들은 체포되면 대개 대역죄인으로 능지처참되었다. 국가변란 죄인의 문초기록인 『추안급국안』推案及鞫案은 물론이고 『조선왕조실록』에 일부나마 최후의 족적을 남겼을 뿐이다. 당대에는 매우 긴박한 국가적 이슈였기에 어떤 식으로든 기록이 남았다. 그러나 당사자 기록이 축소·왜곡된 형태로나마 남아 있음에 반하여 당대 민중들이 이들 사건을 어떻게 받아들이고 설계자들의 대망 체계에 어느 정도 흡수·동조되었던가에 관한, 민民의 입장에서 바라본 심성사적 기록은 거의 전무하다. 따라서 본 책에서 필자가 서양의 유토피아 담론에서 섬-이상향에 초점을 맞추었듯 우리의 유토피아 담론에서도 주로 섬-이상향에 초점을 맞추어 정리·기술했다.

그런데 섬이 한국인에게 '일상적 유토피아'로 작용한다는 사실도 간과해서는 안 될 것이다. 좋은 실례로 한국의 전통 정원에 마련된 지당池塘이라 부르는 연못이 그것이다. 종묘 경내에도 연못이 세 군데 있다. 모두 사각형으로 되어 있으며 연못 가운데에는 둥근 인공섬이 있다. 왜 연못을 파면서 반드시 둥근 섬을 설정하였을까. 둥근 것은 하늘을 말하고 네모난 것은 땅을 말한다. 두말할 것 없이 천원지방天圓地方 사상이다. 하늘은 둥글고 땅은 네모남을 이르는 천원지방은 진秦나라 때의 『여씨춘추전』呂氏春秋傳에 나오는 말이다. 동양인들은 하늘을 원형의 둥근 곡면, 땅을 방형의 네모진 평면으로 여겼다. 또한 인간을 포함한 모든 생명체가 기본적으로 천지天地라는 자연으로부터 생성되었고, 천지자연에 의해 생성된 형상체가 방원方圓이라는 틀에서 크게 벗어나지 않는다고 보았다.

마당의 연못을 바라보면서, 일상적으로 작은 섬을 그 구심점에 두고 살아왔던 한국인의 일상적인 '섬 바라보기'는 단순한 공간배치 이상의 의미를 지닌다. 섬이 없다면 집안이라는 우주의 공간이 설정되지 못하고, 그 섬이 있음으로써 하늘이 존재한다는 심성이 지금도 우리에게 흐르고 있는 중이다. 21세기의 시점에서도, 한국형 연못을 팔 때 으레 섬을 설정하고 나무를 심어주는 관성이 장기지속하고 있는 것은 우리 일상에 섬이 자리매김하고 있다는 좋은 사례일 것이다.

2／ 이 책은 섬–이상향 담론의 장기지속성을 다루는 본론과 그에 딸린 보론으로 구성되어 있다. 보론은 글자 그대로 본론에 대한 보론이다. 본론을 위해 보론을 첨부하였는지, 아니면 보론을 위해 본론을 교양적 차원에서 전개하였는지는 읽는 이들에게 판단을 맡기고자 한다. 과거 지나간 '화석'으로서의 섬–이상향 담론이 본론이라면, 오늘날 이어도–이상향 담론은 현재 활동 중인 활화산처럼 반죽상태라고 할 수 있다.

오늘날 한국사회에서 또 하나의 섬–이상향 담론이 이어도–이상향 담론으로 생성되고 있음을 주목한다. 이어도–이상향 담론은 용암으로 치자면 바로 엊그제 화산이 폭발하여 흘러내리기는 했으나 아직 굳지 않은 현대적 서사敍事이다. 이어도는 20세기 들어와서 '만들어진 전통'이기 때문이다. 홉스봄의 표현을 빌려 말하자면 이어도는 '만들어진 전통'이며, 따라서 오래전부터 제주도에서 구전되어왔을 것이라는 착시현상에 대한 반대급부를 전제로 한다.

이어도가 어떻게 지식인 집단의 손에 의해 만들어지고 있는지, 그 전모를 분석하고자 한다. 보론으로 항목을 별도로 분리해낸 것은 이어도–이상향 담론이 현재진행형의 서사라는 이유에서다. 조선 후기 해도출병설을 마지막으로 사라졌던 섬–이상향 담론이 20세기에 들어와 다시 이어도를 매개로 그 장기지속성이 확인되었음에 주목한다.

이어도-이상향 서사는 아직 덜 굳은 용암이라서 서사 군데군데 빈약성을 노출시키고 있다. 따라서 '잘 만들어진 서사'는 아직 아니다. 과연 이어도 서사는 단단한 고체로 변할 것인가, 반죽상태로 뒤죽박죽 남을 것인가, 그도 아니면 해체되어 사라져버릴 것인가. 우리는 우리가 살아가는 시대에 하나의 유토피아가 형성·착종·해체되는 다양한 양태를 목격하는 중이다.

이어도가 만들어진 전통이란 것은 새삼스러울 게 없다. 전통이 늘 새롭게 만들어진다는 사실 자체가 전혀 놀랄 일이 아니기 때문이다. 홉스봄은 '만들어진 전통'에서 전통 만들기가 단순 조작이나 왜곡이 아니라 당대의 필요에 의해 합법칙적으로 만들어질 수밖에 없었던 저간의 상황을 잘 서술한 바 있다.[5] 만들어진 전통이라 하더라도 늘 등장하는 일정 형식의 의식, 장중함과 화려함으로 치장된 엄숙함과 위신, 유구한 과거로부터 이어져온 정통성 등 아우라를 자아내는 공적인 의례 때문에 대개는 예전부터 있어온 것이려니 별다른 의문을 제기하지 않는다. 그러나 시기가 오래된 것처럼 보이는 만들어진 전통들도 종종 그 기원이 근래에 새로이 만들어진 것들이 많다. 이어도가 그러하다.

'만들어진 전통' 용례는 넓은 의미로 사용되고 있으나 그렇다고 부정확한 의미는 아니다. 그 용례에는, 만들어졌으나 형식적으로 제도화된 전통과 단기간에 쉽게 눈에 띄지 않게 나타나 매우 빠른 속도로 체제를 잡아가는 전통이 포함된다. 수많은 '만들어진 전통'은 따져보면 극히 최근의 것이며, 그 내용은 계승된 것이라기

보다 발명된 것이다. 그러면서도 '만들어진 전통'은 제 나름의 과거를 구성하면서 과거와의 연속성을 인위적으로 내세우려 든다. '만들어진 전통'에는 서로 중첩되는 세 가지 유형이 있다. 첫째, 실재하는 것이든 인위적인 것이든 해당 공동체의 사회통합이나 소속감을 구축하거나 상징화하는 것들이다. 둘째, 제도·지위·권위관계를 구축하거나 정당화하는 것들이다. 셋째, 그 주요 목표가 사회화나 혹은 신념, 가치체계, 행위규범을 주입하는 데 있는 것들이다.[6] 이어도가 제주사회에서 지니는 문화적 가치관, 공동체적 연대의식, 영적 세계관, 중국과 관련된 해양주권적 상징성의 필요로 인한 이어도의 재창조 등을 두루 고려한다면 위의 지적과 일치할 것이다.

『그리스인들은 신화를 믿었는가』에서 폴 벤느는 단순히 그리스인들이 신화를 믿었는가, 믿지 않았는가에 대해 답하지 않고 있다.[7] 그는 그러한 물음을 통해 우리 인간이 역사 속에서 어떻게 자기 시대의 진실을 구성하고 상상해왔는가를, 즉 역사의 '진실 프로그램'과 '구성적 상상력'을 밝히고자 했다. 그리스 사람들은 무지하기 때문에 신화를 믿은 것이 아니었다. 그네들에게는 신화와 과학의 영역은 불가분의 관계였다. 이에 반하여 현대인들은 극단적인 나눔을 즐겨 선택한다. 핵심 논점은 바로 그 책의 부제 '구성적 상상력에 대한 논고'에 있다. 폴 벤느는 모든 시대는 자기 시대에 맞는 '진실 프로그램'을 가지고 있다고 한다. 그것은 그 이전 시대나 그 이후의 시대의 것이 아니라 바로 그 당대의 사람들이 선택하고 만든 진실 프로그램이다. 즉, 그들이 상상력으로 구성한 진실 프로그램이자 그들이 만든 구성적 상상력인 것이다. 그리고 그것이 바로 자신들의 시대에 하나의 신화가 되는 것이다. 이런 관점에서 볼 때, 이어도-이상향 담론도 동시대인이 선택한 프로그램에 의해 만들어진 구성적 상상력이자 새롭게 탄생한 신화로 여겨진다.

본 책에서 이어도-이상향 담론 형성이 사소한 오류나 착시, 혹은 그릇된 의도에서 출발했음을 분석하고 있으나, 필자는 그러한 오류나 착시, '그릇된 의도' 등을 나무라거나 비판하는 데 그 목적을 두지 않는다. 그러한 착시에도 불구하고, 왜 우리들이 이어도-이상향 담론을 아무런 저항 없이 접수하였는가 하는 점, 또 아무도 모르는 사이에 흡사 담합이라도 한 듯 이어도 담론을 저마다 확대재생산시켜온 우리들의 심성사心性史가 중요하기 때문이다.

르 고프Le Goff가 『연옥의 탄생』을 통해 중세인들이 어떻게 연옥관을 만들어나갔는가에 주목하였다면, 이어도 역시 심성사에서 말하는 당대 집단심리의 감성지도感性地圖가 만들어낸 산물임을 주목하고자 한다. 실제 해도에 존재하지 않는 이어도란 섬을 감성지도에 등재시킨 집단심리의 망탈리테mentalités가 중요하기 때문이다. 마샬 샬린스가 역사적 메타포와 신화적 진실을 말했을 때, 그는 결론적으로 역사 속에서의 구조를 강조하고자 하였다.[8] 이어도가 제주의 역사 속에 자리잡게 되는 구조를 파악함은 제주민의 심성사와 매우 밀접하게 연관된다. 이는 폴 벤느가 말한 역사의 '진실 프로그램'과 '구성적 상상력'을 밝히는 것과 연관될 것이다.

이어도를 심성지도로 그려내고 나서 이상향으로 설계해나가는 심성사적 운동이 우리 자신도 모르는 사이에 집단심리적으로 전개되었음은 우리도 모르는 사이에 '섬-이상향'이라는 인류 문명의 원형질이 내적으로 작동하였다는 증거이기도 하다. 그리하여 이 책은 섬-이상향 담론의 세계사적 궤적을 살펴보면서, 우리 시대에 창조된 이어도-이상향의 심성사를 규명하는 두 가지 이야기로 구성될 수밖에 없다. '한 지붕 두 가족'처럼 상호 다른 본론과 보론의 이야기가 함께 엮인다. 섬-이상향 담론은 이어도-이상향 담론과 상호 연관은 되지만 내적으로는 다른 이야기일 수밖에 없기 때문이다. 따라서 책 한 권에서 두 가지 이야기를 동시에 읽어야 하는 방식을 취하게끔 본론과 보론으로 분리 서술하였다.

3 유토피아 이야기책은 동서고금을 막론하고 넘쳐 흐른다. 유토피아의 안식처, 피신처, 정착처, 그리고 마스터플랜이 구사되는 종착역으로 섬이 다수 원용되고 있지만 막상 섬은 주목받지 못하였다. 섬의 심성, 나아가서 바다의 심성을 읽어내지 않았기 때문이 아닐까. 한국의 유토피아 자료를 모아나가면서, 그 많은 유토피아 이야기들을 천일야화처럼 엮는다? 그런 생각도 해본 적이 있었다. 그러나 유토피아 일반보다도 섬-유토피아가 아주 정확하고도 침착한 걸음걸이로 다가온 것이다. 발터 벤야민Walter Benjamin의 『아케이드 프로젝트』Arcade Project를 읽어나가면서 의미심장한 대목을 하

나 끄집어내본다.

역사를 바라보는 시각에서의 코페르니쿠스적 전환은 이러하다. 즉 지금까지는 과거에 존재했던 것을 고정점으로 보고, 현재는 일일이 손으로 하나하나 확인하면서 인식을 이러한 고정점 쪽으로 끌어오려고 노력하는 것으로 생각되어왔다. 그런데 이제 이러한 관계를 역전시켜, 과거에 존재했던 것은 변증법적 전환, 각성된 의식이 돌연 출현하는 장이 되어야 한다. (……) 프루스트가 아침에 채 잠에서 깨어나지 않은 상태에서 가구를 실험적으로 재배치한다는 얘기를 통해 말하고자 하는 것, 블로흐가 체험된 순간의 어두움이라고 말한 것은 바로 여기 역사적인 것의 차원에서, 집단적으로 일어나는 것과 하등 다르지 않다. 옛날에 존재했던 것에 대한 아직 의식되지 않은 지식이 존재하는데, 이러한 지식의 촉구는 각성의 구조를 갖고 있다.[9]

미궁의 바다에서 미지의 섬을 꿈꾸던 옛 사람들의 사고틀 속에서 섬-이상향이 가능하였다면, 오늘날 우리들은 휴가를 받아 섬으로 일탈할 가능성을 늘 꿈꾸곤 한다. 실제 섬-이상향의 담론은 이른바 전근대사회를 기점으로 막을 내렸다. 그러나 사람들은 여전히 바다를 찾는다. 그리고 섬을 찾는다. 사람들은 여전히 소설 제목처럼 '그 섬에 가고 싶다'고 말한다.[10] 그 소설의 작가는 유년의 섬, 소박한 추억록을 이야기하고 있다. 어쩌면 보편적인 사람들이 꿈꾸는 그런 섬이다. "내 유년의 섬, 그 어느 후미진 고샅길 혹은 솔밭 모퉁이 고갯길 위에서 그들과 나는 우연히 만났었고, 그리고 또 우연히 헤어졌다"는 그런 '사랑의 섬'이다. 보편적으로 휴식의 섬, 레저스포츠의 섬, 여행의 섬, 그런 것을 꿈꾸고 있을 것이다. 그 일상의 꿈속에 과거의 역사적 경험들이 변증법적으로 재해석될 수 있을 것이다.

미지의 공간, 미궁의 바다는 거의 사라졌다. 지구상에서 숨겨진 섬이란 존재하지 않는다. 위성으로 지구를 통제하는 시대에 각 개인들이 소유한 GPS는 아주 친절하게도 각각의 섬으로 정확히 안내해줄 것이다. 그럼에도 사람들은 꿈꾼다. 그 섬에 가면 그 무엇인가 있을 것만 같다고……. 누구나 다치바나 다카시立花隆 식의 무인도에서의 일탈적 삶을 일시나마 꿈꾸곤 한다.[11] 때로 오늘날은 거의 일어나지 않는 무인도로의 표류, 심각한 서바이벌 게임 등을 꿈꾼다. 아직 인류 문명의 유전인자 같은 섬─이상향의 장기지속이 끝나지 않았기 때문이다.

쥘 미슐레의 『바다』 서문의 첫 구절, "바다! 이 말 자체가 얼마나 어마어마한지, 그 조용한 공허가 얼마나 큰지 알 수 없다"는 대목을 떠올려본다.[12] 미슐레는 바다가 생명의 거대한 도가니, 영원한 수태, 생명의 탄생이 끊이지 않는 곳이라고 했다. 그 바다에 떠 있는 섬은 바다의 심장과도 같은 무한의 공간이다. 따라서 섬─이상향 담론은 바다가 있는 한 끝나지 않을 것이다. 아폴로 우주선이 달에 착륙하였다고 하여 달의 신화와 달빛, 달이 끌어당기는 조수

간만의 차이가 사라지지 않는 것처럼 바다가 있는 한 섬은 존재하며, 섬이 존재하는 한 새로운 이상향 담론이 만들어질 것이다. 이 책의 보론에서 다룬, 바로 미궁의 바다가 사라진 시대에 새롭게 탄생한 이어도-이상향 담론은 섬-이상향 담론이 아직 끝나지 않은 과제임을 암시하는 것이 아닐까.

서언_주

1 에릭 홉스봄 지음, 황의방 옮김, 『의적의 사회사』, 한길사, 1978.

2 캄파넬라 지음, 임영방 옮김, 『태양의 도시』, 삼성출판사, 1977.

3 윌리엄 모리스 지음, 박홍규 옮김, 『에코토피아 뉴스』, 필맥, 2008.

4 이들 유토피아에 관해서는 루이스 멈퍼드의 저술을 참조하면 가장 친절한 도움을 받을 수 있을 것 같다. 그런데 멈퍼드는 본 책에서 다룬 프랜시스 베이컨의 섬-이상향에 관하여 평가절하한 느낌이다(루이스 멈퍼드 지음, 박홍규 옮김, 『유토피아 이야기』, 2010). 같은 제목을 달고 나온, 이인식이 편찬한 『유토피아 이야기』도 좋은 길라잡이다(이인식, 『유토피아 이야기』, 갤리온, 2007).

5 에릭 홉스봄 지음, 박지향·장문석 옮김, 『만들어진 전통』, 휴머니스트, 2004.

6 에릭 홉스봄, 앞의 책, 33쪽.

7 폴 벤느 지음, 김운비 옮김, 『그리스인들은 신화를 믿었는가』, 이학사, 2002.

8 Marshall Sahlins, *Historical Metaphors and Mythical Realities*, Michigan University Press, 1981.

9 발타 벤야민 지음, 조형준 옮김, 『아케이트 프로젝트 제4권: 방법으로서의 유토피아』, 새물결, 2008, 10쪽.

10 임철우, 『그 섬에 가고 싶다』, 살림, 1991.

11 다치바나 다카시 지음, 이규원 옮김, 「무인도의 산책」, 『사색기행』, 청어람미디어, 2004.

12 쥘 미슐레 지음, 정진국 옮김, 『바다』, 새물결, 2010, 10쪽.

1.

인류 최장기 프로젝트인 아틀란티스

가라앉은 긴 벽과 버려진 넓은 거리, 바다 아래로 피신한 완벽한 폼페이였다. 네모 선장은 내 눈앞에 바로 이런 광경을 보여주었다. 내가 어디 있는 것인가? 도대체 여기가 어디인가? 나는 어떤 값을 치르고라도 알아야만 했다. 내가 뭔가 말하려 하자 네모 선장은 나를 저지하더니 분필돌 조각을 집어 들고 검은 현무암에 한 단어를 썼다. 바로 아틀란티스였다.

쥘 베른, 「해저 2만리」

1 / 크레타 섬은 그리스 문명이 꽃피기 전에 소아시아에 강력한 영향력을 끼쳤던 소아시아 문명의 발상지이다. 섬에는 명건축가 다이달로스가 만든 거대한 미궁 '라비린토스'가 있었고, 그 속에서 반인반우半人半牛 괴물인 미노타우로스가 살았다고 전해진다. 해신海神 포세이돈이 제물로 쓰라고 눈처럼 흰 황소를 보내왔으나 미노스가 약속을 지키지 않고 황소를 살려두자, 포세이돈은 그 벌로 왕비 파시파이를 이 황소와 사랑에 빠지게 했고, 그 결과 괴물 미노타우로스가 태어났다. 미노스 왕은 미노타우로스를 가두기 위해 다이달로스에게 미궁을 짓게 했다. 그 뒤 미노스의 아들 안드로게오스가 아테네인들에게 죽임을 당하자, 미노스는 그에 대한 복수로 9년마다(또는 다른 이야기에 따르면 해마다) 아테네의 소년 7명과 소녀 7명을 공물로 바치게 하여 미노타우로스가 잡아먹도록 했다. 세 번째 제물이 바쳐질 때 아테네의 영웅 테세우스가 스스로 나서서

미노스와 파시파이 사이에서 난 딸 아리아드네의 도움을 얻어 이 괴물을 처치한다. 크레타 섬의 미궁은 어쩌면 인류가 꿈꾸어온 섬의 원형질인지도 모른다. 섬 그 어딘가에 미궁이 숨어 있고, 그 안에 미노타우로스가 살고 있다는 믿음이 인류의 가슴속에 작동하고 있는지도 모른다.

이처럼 섬은 일찍부터 신화의 모태였다. 섬-이상향이라는 담론이 쉽게 받아들여진 배경도 그것이 인류 본성의 미궁과도 같은 문화적 원형을 의미하기 때문이다. 서양에서 섬-이상향 담론의 대표적 화소話素는 역시 아틀란티스다. 아틀란티스가 섬인지, 대륙인지는 분명치 않다. 아틀란티스가 섬이 아니라 또 하나의 사라져간 대륙이라는 주장도 있어 혼란은 쉽게 정리되지 않는다. 이미 고대부터 아틀란티스가 단순한 전설에 불과한지, 또는 이 낯선 섬의 존재에 진실성이 있는지에 대해서도 많은 논쟁이 있었다. 그러나 어떤 미궁의 공간임은 분명하다.

아리스토텔레스는 아틀란티스에 관한 모든 이야기는 지어낸 것에 불과하다고 주장했다. 그러나 포세이도니오스는 아틀란티스가 실재했다고 생각했다. 아틀란티스를 둘러싼 다양한 논쟁은 현재도 호사가들의 입방아에 오르내리고 있으며, 역사가들의 의미 있는 주목을 받아왔다. 아틀란티스가 과거에서부터 사람들에게 행사했던 마력은 기후적으로 온화하고 비옥한 미지의 땅에 대한 갈망이고, 그 갈망은 일상생활이 미치지 않는 더 나은 세상에 대한 갈망이다. 기원전 700년에 살았던 그리스의 시인 헤시오도스Hesiodos

는 최초로 '축복받은 자들의 섬'에 관해서 썼다. 기나긴 내전 후에 로마의 유명한 시인 호라즈는 시민들에게 '아르바 베아타', 즉 행복한 섬으로 이주할 것을 조언했다. 플라톤과 호메로스부터 『로빈슨 크루소』를 쓴 다니엘 디포, 그리고 하이어달까지 학자, 시인, 작가 그리고 선원들은 멀리 떨어진 행복한, 혹은 위험한 섬에 대해 꿈꿨고, 이런 이야기를 읽은 독자들 또한 미궁의 섬에 관한 백일몽 같은 꿈을 꾸었다.[1]

플라톤이 『크리티아스』*Kritias*에서 아틀란티스를 서술하고 2,000여 년이 흐른 뒤, 드디어 영국의 토마스 모어는 『유토피아』*Utopia*란 책으로 유토피아 개념을 만들어냈다. 이로써 인류가 꿈꾸어온 이상향은 유토피아란 단어로 함축되어 현재에 이르며 만국 공용어가 되었다. 섬-이상향 담론도 지극히 유토피아적이다. 유토피아는 라틴어로 '아무데도 없는 곳'을 뜻하는 'Nusquama'로 번역된다. 유토피아의 머리글자 u는 그리스어에서 '없다'ou는 뜻과 '좋다'eu는 뜻을 모두 지니며, topia는 장소를 뜻한다. 따라서 유토피아는 '이 세상에 없는 곳'outopia과 '좋은 곳'eutopia의 뜻을 동시에 지니며 실제 지리학적으로는 존재하지 않는 장소다.

살기에는 너무나 좋지만 닿을 수는 없는 곳. 유토피아라는 말을 처음 만들어 쓴 영국의 토마스 모어도 유토피아라는 섬나라는 '존재하지 않지만'nowhere '좋은 곳'eutopia이라고 언급하였다. 유토피아는 진실의 초월로 구성되므로 진실의 실현인 동시에 부인되는 개념이다.

직시해야 할 것은 유토피아는 미래가 아니라 '다른 곳'이라는 점이다. 사실 이것은 미래 예측의 과정에서 새로운 세계를 상상하는 것이 아니라, 새로운 세계를 지금, 여기 바로 구세계 한가운데에 세운다는 것이다. 대부분의 유토피아 이야기에서 그 다른 곳이 섬이나, 모든 접촉이 단절된 어떤 광대한 처녀지로 설정되는 것은 새로운 세계 건설을 위한 공간적 장치이다. 새로운 세상을 설계하기 위해서는 어떤 그럴듯한 공간적 장치가 요구된다. 미지의 섬은 새로운 세상을 만드는 데 필요충분조건을 제공한다. 그 '다른 섬'은 미지의 낙원이거나 죽음의 세계인 피안일 수 있다. 분명한 것은 현실의 섬과는 분명히 구별되는 '다른 섬'이라는 점이다.

2 / 인간의 영원한 꿈인 이상향은 하나로만 존재하지 않는다. 비교문화학자로서 일본 주오中央대학에서 가르치고 있는 리처드 해리스는 파라다이스를 아르카디아Arcadia, 유토피아, 천년왕국Millenium, 헤스페리데스Hesperides, 엘리시온Elysion, 올림포스, 이렇게 여섯 가지로 구분한 바 있다.[2] 한편 J. C. 데이비스는 코케인Cockaygne, 아르카디아, 완전도덕국가Perfect Moral Commonwealth, 천년왕국, 유토피아로 구분한 바 있다.[3]

정밀한 분석틀이지만 파라다이스를 모두 모아놓은 리스트도 아니고 서로 간에 공통점이 전혀 없는 배타적인 리스트도 아니다. 파라다이스 신화 하나에 여러 가지 특징이 들어 있을 수도 있고,

동시대에 동일 문화권 안에서도 여러 가지 유형의 파라다이스가 등장한다. 또한 그 개념이 너무도 모호해서 어떤 카테고리에도 속할 수 없는 파라다이스도 있다. 더군다나 이와같은 분류법은 주로 서양인들의 가치판단에 속하는 것도 있으며 동양적 세계관에서 볼 때는 다른 생각, 다른 용어, 다른 분류가 가능한 지점이 있다.

파라다이스의 많은 공간들이 섬, 혹은 바다 건너의 땅으로 설정된다. 아르카디아를 예로 들면 분명하다. 유토피아의 일종인 아르카디아에는 아틀란티스, 뮤, 팔리울리 등이 포함되는데 모두 지각변동으로 인해 바닷속으로 잠겨버렸다. 또한 헤스페리데스 추종자들은 현존하는 파라다이스를 찾아 항해를 즐긴다. 아발론에 등장하는 켈트족의 섬, 이반Iban족의 쿠망 랜드Kumang Land 등 여행자에 관한 이야기책, 민속에서 전해오는 이야기, 그리고 지리학상에도 헤스페리데스가 등장한다. 제임스 롬James Romm은 이에 대해 '신화와 과학 간의 절묘한 교차'라고 말했다. 호머Homer, 스트라보Strabo, 플리니Pliny, 헤로도투스Herodotus 등이 얘기한 파라다이스는 어쩌면 미지의 세계를 개척하러 떠났던 항해에 대한 왜곡된 기억일지도 모른다. 예를 들어 서쪽 멀리에 있다는 '행운의 섬'이란 카나리아 제도를 말하는 것일 수도 있다. 보물섬을 찾아 떠나는 이 같은 헤스페리데스적인 파라다이스는 뒤에 언급할 우리의 이상향인 무릉도, 요도, 삼봉도 등에서 구체적으로 발현되고 있다. 우리의 이상향 체계라고 이 같은 세계사적 유형에서 크게 벗어나 있는 것이 아니기 때문이다.

서양인의 고대적 세계관은 지중해에 머물렀으며, 거대한 기둥이 서 있는 지브롤터 해협을 빠져나가 대서양으로 나아감은 죽음을 의미했다. 게다가 대서양의 섬들은 늘 환상을 불러일으켰다. 실제로 카나리아 제도는 헤스페리데스 섬이나 행운의 섬으로 여겨지며 오랫동안 서구인들의 상상력을 지배했다. 고전 시대의 끝에 서 있는 솔리누스Solinus는 그 제도를 '줄잡아 40일간 항해해야 도달할 수 있는 바다의 가장 먼 곳'이라고 묘사했다. 그는 섬들을 차례로 언급하며, '옴보리온이라는 섬에는 나무만큼이나 큰 갈대가 있는데, 검은 갈대에서는 쓴 즙이 나오고 흰 갈대에서는 단 즙이 나온다. (⋯⋯) 또 니바리아 섬에는 항상 눈이 온다'고 주장했다. 또 카나리아 제도에는 '엄청나게 커다란 개들'이 있다고 했다.[4]

3/ 아틀란티스는 플라톤시대부터 2,000여 년에 걸쳐 뜨거운 논쟁의 대상이 되었지만 오늘날까지도 확실한 해답은 얻지 못했다. 아틀란티스학이라는 관점에서 플라톤은 분명 비조鼻祖다. 플라톤은 그 당시 세계의 전부라고 생각되었던 중동 일대를 여행하면서 시라쿠사siracusa, 이탈리아 시칠리아 섬 남쪽의 항구도시와 이집트에 오랫동안 머물렀다. 외조부였던 솔론도 젊은 시절 이집트에 머문 경험이 있어 때때로 손자인 플라톤에게 옛날 이집트 신관神官들의 호의로 그리스, 이집트, 아틀란티스의 과거에 대해 쓴 고문서를 읽고 배웠다고 이야기해주었다. 여행을 떠난 플라톤의 발길도 자연히 이집트로

향한다. 그 여행에서 플라톤은 아틀란티스 역사에 대해 알게 된다.

만년에 플라톤의 뇌리에 떠오른 것은 젊은 날 들었던 아틀란티스의 비극이었다. 이상국가를 이룩했던 아틀란티스 사람들이 점점 오만과 타락의 길로 접어들었고, 드디어 신의 노여움으로 대륙은 붕괴되고 아틀란티스 사람들도 모두 바닷속으로 가라앉았다는 이야기가 그 시대의 아테네인들에게 교훈이 되지 않을까 생각했다. 플라톤은 구전을 되살려 아틀란티스를 정리한다. 죽기 전에 쓴 『티마이오스』Timaios와 『크리티아스』에 그 이야기들이 전해온다. 『크리티아스』에는 플라톤의 독자적인 우주론, 자연론, 인간의 감각론, 육체론, 생물론 등이 논리정연하게 기술되어 있다.

『크리티아스』 1부는 플라톤이 조부에게서 들은 대로, 솔론의 시대부터 9,000년 전 아테네와 아틀란티스 사이에 일어난 전쟁에 관한 이야기로 시작된다. 아틀란티스에 용감하게 대적해 승리를 거둔 아테네를 찬양하며, 아테네 건국 배경과 자연환경의 우수성, 그리고 선조들이 이룩한 이상적인 사회상과 행적에 관한 이야기가 실렸다. 2부는 헤라클레스의 기둥 바깥 세계에 위치해 있다가 안쪽으로 쳐들어와 아테네와 그리스 사회를 위협했던 막강한 세력인 아틀란티스 제국에 대한 이야기다. 섬이 바닷속으로 사라졌다는, 훗날 세인들의 관심을 독차지하게 되는 아틀란티스 전설이 2부에 포함된다. 마지막 부분은 다소 의아스러운 부분이다. 앞 이야기와 달리 불쑥 신들이 아틀란티스로부터 그네들의 엄청난 능력을 거두어들였음을 강조하고, 아틀란티스 통치자의 타락 과정을 집약적으

로 제기한다.[5]

　『크리티아스』에 의하면, 아틀란티스는 어디까지나 '섬'이었다. 남쪽 해안가에서 섬 중앙에 걸쳐 거대 평야가 있었으니 섬의 모든 평야들 중에서 가장 아름답고 기름진 곳이었다. 광대한 평야는 질서정연하게 29개의 종단 수로와 19개의 횡단 수로로 나뉘었으며, 농업용수도 공급받고 물건도 운반하였다. 도시부polis는 원형의 외각 성벽으로 둘러싸여 있고 정중앙에는 바닷물로 둘러싸인 중앙섬이 자리잡았다. 도시는 일반 시민의 집으로 빼곡하였고, 수로 주변 곳곳에 위치한 항구는 세계 각지에서 돌아온 선박과 상인들로 가득 차 밤낮으로 시끌벅적하였다. 도시 중앙부metropolis는 보다 정교하였다. 도심을 칭칭 둘러싼 여러 겹의 해수띠, 중앙섬 출입로인 다리와 터널, 군선의 기지와 조선소 역할을 하는 선착장, 궁전 근위병 숙소, 황금 담장으로 둘러싸인 포세이돈 신전, 신성한 법이 새겨진 오레이칼코스 비석, 왕이 기거하는 황금 울타리 성역, 온천과 냉천, 숲, 왕실용·일반용·부인용·가축용 욕장浴場이 있었다.

　포세이돈은 클레이토와의 사이에서 다섯 쌍둥이, 즉 10명의 아들을 낳았다. 그들은 성장하여 이 나라와 주위의 섬을 지배하고 큰 동맹왕국을 만들었다. 첫 번째 쌍둥이이자 먼저 태어나 가장 나이가 많은 아틀라스(아틀란티스라는 이름은 여기서 비롯)는 모든 왕들 중 최고의 지위를 갖는 지배자였다. 섬은 자원이 풍부하였고 이에 힘입어 아틀란티스는 부유하고도 강대한 나라가 되었다. 특히 기름진 평야 지역은 6만 개의 구역으로 나뉘어 각 구역마다 지도자가 한 명씩 임명되었으며, 시민들은 곡물과 병기를 나라를 위해 바치고 병사로도 차출되었다. 동맹을 맺은 왕들은 5년과 6년 간격으로 번갈아가며 국사를 협의하기 위해 포세이돈 성역에 모였다. 황소를 희생물로 바치는 다양한 제사 의식을 거행한 후 향연을 열었고, 암청색 예복을 몸에 걸치고 불을 끈 다음 둥글게 모여 앉아 밤새 재판을 하였다. 판결은 후세의 사람들이 기억할 수 있도록 황금판에 기록되었다.

오랜 세월 동안 아틀란티스인은 아테네인과 같이 덕성 있게 살고 있었다. 그러나 포세이돈으로부터 받은 신적인 부분이 점차 없어져감에 따라 점점 타락해갔다. 제우스는 권력과 재물에 대한 그들의 파렴치한 야망과 탐욕을 보고서 장래를 위해 벌을 내리기로 결심하고는 우주의 중심에 있는 자신의 궁전에 신들을 소집한다. 여기서 『크리티아스』는 중단된다.

4 / 플라톤이 이상적인 나라로 손꼽은 아틀란티스의 참극은 바다와 육지, 산에서 동시에 일어났다. 홍수 때문에 사라졌다고도 하고, 아니면 화산의 분화, 지진, 홍수, 높은 해일이 들이닥쳐 섬을 파괴하고 사람을 사라지게 했다고도 한다.[6] '아틀란티스 신화설'을 주장하는 사람들은 아틀란티스 문명은 만들어진 이야기로 그런 문명은 지구상에 존재하지 않았고 인류 문명은 약 7,000년 전 원시적인 단계에서 싹을 틔웠다고 해석한다. 반대로 '아틀란티스 실재

설'을 주장하는 사람들은 어느 날 인류 역사상 전무후무한 비극이 아틀란티스에서 일어나 그 대륙이 하루 만에 두 동강이 나버렸다고 설명한다. 너무도 갑작스러운 천재지변으로 사람들은 바다나 강물 속으로 던져졌고, 모든 도시와 마을은 그 충격으로 용암을 뿜기 시작한 화산의 불길 속에 삼켜졌으며, 그 대륙은 아비규환의 지옥도를 그리며 이 지구상에서 사라졌다는 주장이다. 문명을 전수하는 인간들이 갑자기 사라졌기 때문에 인류 문명은 그때부터 일단 종지부를 찍는다. 그 후 수천 년의 시간을 거치며 문명이 다시 싹트고 자라서 오늘과 같은 문명을 이룩하게 되었다고 설명한다. 아틀란티스 대륙의 멸망 시점을 대략 1만 2,000년 전의 일로 추산하는 주장들이다.

그러나 아틀란티스는 결코 사라진 것이 아니었다. 사상가와 철학자, 문학가와 과학자들은 다양한 방식으로 신화를 재창조하였다. 아틀란티스의 철학적 원형을 그런대로 잘 이어온 아틀란티스학의 비조들은 역사나 사상가들이었다. 아틀란티스에 반영된 섬－이상향 담론은 장기지속적으로 이어졌다. 섬－이상향의 고리는 서구 사람들의 심성을 지배하는 중요한 매개물로서 발효를 거듭하다가 불현듯 현현顯現하였다. 토마스 모어의 『유토피아』와 프랜시스 베이컨의 『새로운 아틀란티스』가 그것이다.

아틀란티스는 이같이 일정한 계기를 만나 새롭게 만들어져간 것이다. 우리가 익숙하게 알고 있는 아틀란티스 담론은 후대에 만들어진 새로운 해석들이 누적된 결과물이다. 심성사적 측면에서 볼 때 아틀란티스의 창조는 죽은 사람의 영혼이 죄를 정화하기 위하여 머무는 연옥의 탄생만큼이나 의도적이고 가공적인 측면이 없지 않다.

아틀란티스 붐에는 문학인의 몫이 컸다. 단테의 『신곡』이 연옥의 대중화와 직결되었다면, 아틀란티스를 소재로 한 소설을 읽고 그것의 존재를 인지하는 대중들의 수가 증폭되었다. 쥘 베른 Jules Verne, 1828~1905은 1870년에 출간된 공상과학소설 『해저 2만리』를 통해서 낭만적 아틀란티스 신화를 창조하였다. 소설은 태곳적에 가라앉은 아틀란티스라는 도시를 고대 그리스나 로마 세계를 모델로 하였다.[7] 소설은 엄청난 반향을 일으켰고 아틀란티스 붐이 일어났다. 없어진 아틀란티스를 소재로 한 무수한 소설, 시, 신문 기사, 그림이 발표되었고, 미국 최고의 우즈 홀Woods Hole 해양연구소에서는 자신들의 조사선을 아틀란티스 호로 명명했다. 간행물, 극장, 호텔, 서점, 건축회사, 레스토랑, 심지어 '바다의 님프-아틀란티스'라는 수중 스트립쇼에까지 그 이름이 등장하였다.

아틀란티스의 전설을 가장 복잡하고 정교한 역사로 창조, 혹은 '재발명'한 톨킨을 빼놓고 갈 순 없다. 톨킨은 『아칼라베스』Akallabeth, 또는 『누메노르의 멸망』Downfall of Numenor에 언급된 대로 33세기의 역사를 아우르는 상세한 연대기를 편찬했다. 누메노르는 아틀란테 혹은 아틀란티스로 번역된다고 한다. 톨킨의 아틀란티스는 별 모양의 섬이었으며 누메노르, 혹은 '서쪽의 땅'으로 불렸다. 이 섬의 사람들은 신들과 전쟁을 벌여서 파멸을 초래한다.[8]

아틀란티스라는 이름은 완벽하게 세속화되어버린 감이 있지만 아틀란티스가 지니는 수수께끼 자체가 통속화된 것은 아니다. 아틀란티스라는 테마는 여전히 다양한 방면에서 비정상적일 정도로 활발하게 연구되고 있다.[9] 많은 이들이 지금 이 순간에도 아틀란티스를 찾고 있다. 혹자는 아틀란티스가 남극 대륙 밑이나 버뮤다 해협에 있다고 한다. 아틀란티스 자체가 이상향으로서의 성격을 강하게 지녔으므로 그러한 이상향의 구체적 장소를 확인하겠다는 행위 자체가 이미 불투명한 전제를 안고 출발하는 셈이다. 아틀란티스를 찾는 사람들은 이런 의문점을 제기하곤 한다.

- 아틀란티스가 (어떤 형태로라도) 존재했는가?
- 그런데 아틀란티스는 섬이었는가?
- 멀리 떨어진 대륙은 아니었는가?
- 섬과 같이 여겨졌던 육지는 아니었는가?
- 언제 아틀란티스가 번성했을까?
- 아틀란티스가 자연재해로 파괴되었다는 사실을 확인할 수 있을까?[10]

독일 학자 아돌프 슐텐은 4년 동안 사라진 대서양의 도시를 찾아다녔다. 그러나 타르테소스가 전설적인 아틀란티스라는 그의 추측은 가장 모험적인 고고학이 내릴 수 있는 결론이며, 새로운 고대 역사의 구체적 장소를 발견하려는 시도였다. 슐텐은 과달키비르

강의 합류점 어딘가에 고대 유럽의 가장 부유한 도시가 묻혀 있을 것이라고 믿었다. 타르테소스는 기원전 1100년부터 붕괴되기 직전인 기원전 500년까지 약 600년 동안 전성기를 맞은 것으로 알려졌다. 타르테소스의 고고학 유적과 발굴상황은 학문적으로 잘 정리되어 있으며 오늘날 스페인 세빌리아 근처의 안달루시아 권역에 포진하고 있다. 그의 이론에 따르면 아틀란티스는, 플라톤이 『크리티아스』에서 언급한 것과 다르게 헤라클레스의 기둥 바깥 세계, 즉 지중해가 아니라 대서양 변에 위치하고 있다. 이 영명한 고고학자는 자신이 찾아냈다고 믿는 타르테소스를 이렇게 노래했다.

좁고 오래된 골목에는 고대 로마와 카르타고에서도 볼 수 있었던 가게들과 수공업 공장들이 있다. 이곳에서는 포도주 창고에서 3,000년 전에도 별로 맛이 다르지 않았을 와인을 마실 수 있다. 이곳에서는 가장 좋은 대하, 오징어, 조개, 그리고 그밖에 한 번도 본 적 없는 해산물을 2,500년 전 타르테소스 조리법에 따라 먹어볼 수 있다. 그리고 아직까지도 대서양은 한때는 높이 15m 높이의 벽을 쌓아 주석과 은을 저장해놓았던 도시 카디스의 절벽을 향해 파도를 밀어 보낸다. 그리고 우리는 아직까지도 그 파도소리에서 침몰한 아틀란티스의 노래를 들을 수 있다.[11]

잃어버린 섬을 찾아 나서는 사람들의 심성은 보물섬을 찾는 유아들의 심성과 다를 것이 없다. 설혹 아틀란티스가 아니더라도 지각변동으로 인하여 바닷속으로 사라진 '잃어버린 문명'을 찾아 나서는 사람들이 많다.[12] 인도 북서부 드와카Dwarka의 수중 유적지, 일본의 요나구니Yonaguni 수중세계, 나아가 비밀지도에 입각해 사라져간 문명의 흔적을 찾아 나서고 있다.[13] 비단 문명뿐 아니라 침몰한 선박을 인양하여 보물을 찾는 사람들이 있다. 스페인 수송선단의 카리브 해 보물선 찾기, 스웨덴 왕국 전성기의 바사 호 건지기,[14] 울릉도 근해의 러시아 발틱함대 돈스코이 호 보물 찾기,[15] 비운의 초호화 유람선 타이타닉 호 탐사 등이 계기적으로 벌어지고 있다. 수중고고학의 많은 부분은 이들 보물선 찾기에 할애되고 있다. 수중세계를 찾거나 잃어버린 섬을 찾는 심성은 대부분의 사람들이 알 수도 없고 볼 수도 없지만 언젠가 기적처럼 다가올 수도 있는 수중세계와 섬에 관한 판타지를 가슴속 깊이 DNA처럼 간직하고 있기 때문이다. 아틀란티스적인 그 무엇은 인류에게 숙명과도 같은 또 하나의 알려지지 않은 DNA이기 때문이다.

사실 섬을 찾아 나서는 방랑과 탐험은 인류의 오래된 상징적 행위이기도 하다. 오디세우스가 10년간 바다를 떠돌면서 늘 들렀던 곳이 섬이다. 신성한 신의 암소들이 살고 있는 섬, 마녀 키르케circe가 사는 섬, 괴물 키클롭스cyclops의 섬, 식인종의 섬, 조녀鳥女들이 살고 있는 사이렌 섬이 그것이다. 어찌 보면 가공의 섬, 미궁의 섬을 반드시 찾아야만 하겠다는 '미궁의 이상향 찾기'는 조선시대에도 삼봉도·요도 찾기에서 잘 드러난다. 이 점에 대해서는 뒤에서 별도의 설명이 있을 것이다.

1장_주

1 이바르 리스너 지음, 최영인·이승구 옮김, 『고고학의 즐거움』, 살림, 2008, 284쪽.

2 파라다이스를 여섯 가지로 구분하는 구분법과 그에 관한 개괄적 설명은 다음을 참조(리처드 해리스 지음, 손덕수 옮김, 『파라다이스』, 중명, 1999, 30~115쪽).

3 J. C. Davis, *Utopia and the Ideal Society*, Cambridge University Press: London, 1981(김영한, 「이상사회의 분류기준」, 『한국사 시민강좌』 10집, 일조각, 1992, 167쪽 재인용).

4 매튜 라이언스 지음, 정주연 옮김, 『불가능한 여행기』, 이레, 2006, 129쪽.

5 『크리티아스』의 원전에 충실한 번역본은 정암학당에서 펴낸 텍스트를 참조(플라톤 지음, 이정호 옮김, 『크리티아스』, EJ북스, 2007).

6 오카다 히데오 지음, 김도희 옮김, 『오만한 문명에 대한 경고』, 나무생각, 2000.

7 쥘 베른 지음, 김석희 옮김, 『해저 2만리』, 열림원, 2007.

8 존 클라크 외 지음, 김성은 옮김, 『지도 박물관』, 웅진지식하우스, 2007, 240쪽.

9 플라톤, 앞의 책, 109쪽.

10 앤드류 콜린스 지음, 한은경 옮김, 『아틀란티스로 가는 길』, 김영사, 2006, 14~15쪽.

11 이바르 리스너, 앞의 책, 312쪽.

12 Graham Hancock, *Underworld: The Mysterious Origins of Civilization*, Crown Publishers: New York, 2002.

13 Graham Hancock, 앞의 책.

14 Marika Hedin, *VASA: The Story of a Swedish Warship*, VASAMUSEET: Stockholm, 2010.

15 유해수, 『울릉도 보물선 돈스코이호』, 지성사, 2007.

2.

섬에서 유토피아 찾기와
대항해시대

여자들과 마찬가지로 남자들에게도 / 이만큼 한가하고 정직하고 / 순수한 일거리는 어디에도 없네 어디에도 지배자는 없다네 / 자연은 모두에게 모든 것을 내놓는다네 / 힘들이거나, 땀 흘릴 필요도 없이 / 배반, 반역, 불화, 검, 칼, 대포, 무기, 기계들은 / 추방될 것이라네 / 자연 그 자체가 모든 것을 풍부히 제공하고 / 우리의 순결한 백성들을 먹이기에 / 넘쳐흐를 정도로 많이 제공할 것이기 때문이라네

셰익스피어, 『템페스트』, 1611

1 / 고대로부터 중세, 다시금 근현대에 이르기까지 섬–이상향 담론은 장기지속성을 지니고 이어져온다. 아틀란티스가 2,000년 이상의 역사를 가지고 그리스로부터 현재까지 회자되고 있으며, 토마스 모어의 『유토피아』로 섬–이상향이 본격적으로 탄생한다. 플라톤이 『국가』에서 보여주었던, '철인왕이 다스리는 이상국가' 라는 영감이 토마스 모어에게 전승된 것이다.[1] 그런데 모어의 『유토피아』가 탄생한 시점은 대항해시대가 열리던 순간과 일치한다. 대항해시대는 미지의 바다와 섬과 대륙에 대한 열망을 불러일으켰으며, 유토피아가 그러한 신세계에 설정되는 것은 지극히 자연스러웠다. 이는 유토피아 담론의 종착지가 불행하게도 원주민들에게 빼앗은 땅일 수 있음을 암시한다. 하여간 유토피아 담론은 유럽 내부의 요구에 의해 생성되었다.

모어가 쓴 『유토피아』의 원제는 '사회생활의 최선의 상태에 대하여, 그리고 유토피아라고 불리는 새로운 섬에 대해서의 유익하고 즐거운 저작'이다. 초기 자본주의에 대한 신랄한 비판이라는 점에서도 주목을 끌지만, 더 나아가 인류의 영원한 염원, 곧 자유와 평등이 실현된 행복한 사회생활을 하고 싶다는 염원을 대변한다는 점에서 더욱 의의가 크다.

모어는 1478년 런던에서 태어났다. 헨리 8세가 이혼문제로 로마 교황청과 등을 돌리자 가톨릭을 옹호하던 모어는 대법관직을 사퇴하고 앤 왕후의 대관식에 불참함으로써 국왕의 노여움을 산다. 결국 반역죄로 몰려 사형선고를 받는다. 사형을 받던 광경이 실로 감동적이다. 사형 집행리에게 "내 목은 대단히 짧으니 조심해서 자르게"라고 태연히 농담을 건네며 최후를 맞이했다. 그의 나이 57세였으니, 1535년 7월 6일의 일이었다. 훗날 로마 교황청은 그를 복자福者와 성인의 반열로 올려놓는다.

『유토피아』는 초기 영국 산업혁명을 시대적 배경으로 저술되었다. 새로운 생산양식의 도입으로 영국사회는 혼란을 겪고 있었고, 이로 말미암아 실업자가 속출하여 사회적 혼란이 야기되었다. 농촌은 인클로저 시스템Enclosure System으로 황폐해져 밭은 목장이 되고, 농부는 유랑민이 되었다. 『유토피아』 1권은 영국의 이러한 사회현상을 날카롭게 비판한다. 그러나 『유토피아』의 핵심은 토마스 모어가 라파엘과 대화를 나누는 형식으로 서술된 2권이다.

라파엘은 1498년에 포르투갈의 바스코 다 가마Vasco da Gama, 1469~1524가 희망봉을 돌아 인도로 향했던 항해선 '성 라파엘 호'St.

Raphael를 상징한다. 『유토피아』에서 모어는 아메리고 베스푸치 Amerigo Vespucci, 1454~1512를 언급하고, 1507년에 초간본이 나온 그의 책 『4대 항해』를 언급하는 것으로 보아 당대 대항해시대의 머나먼 섬이 유토피아의 모델로 작동하였음을 암시한다. 미지의 섬을 찾아 나서는 모험은 15세기 이래 모든 서양문학의 기본 테마가 된다. 훗날 스티븐슨의 『보물섬』이 창작된 것도, 아이들에게 보물섬 이미지가 확실하게 각인된 것도 모두 15세기 이래의 담론에서 영향을 받은 것이다. 새로운 섬을 찾아 나서는 항해적 탐험은 이어도를 찾아 나서는 항해적 탐험에서도 그 일관된 방식이 확인된다.

라파엘은 베스푸치의 항해에 가담하여 세계를 탐방하며 그 와중에 유토피아라는 섬을 발견한다. 그 섬에서 5년 이상을 체류하면서 경험한 이야기를 모어에게 들려준다. 라파엘의 항해 증언이 모어의 섬을 재구성하는 데 어떻게 개입되었는가를 매튜 라이언스 Mathew Lyons는 그의 저서 『불가능한 여행기』「유토피아를 찾아 항해한 이야기」편에서 이렇게 설명하고 있다.

1499~1550년 아메리고 베스푸치가 자신의 이름을 붙인 대륙으로의 항해에 라파엘 히슬로데이가 있었던 것이 거의 확실하다. 이 사람은 포르투갈 선원으로 토마스 모어의 『유토피아』(1515)에 중요한 정보제공자였다. 히슬로데이는 베스푸치의 네 번의 항해 중 세 번을 함께했는데, 마지막 항해에서 자신과 스물세 명의 동료들은 '여태껏 가본 곳 중 가장 먼 곳에' 상륙했다고 모어에게 주장했다.[2]

모어는 유토피아의 위치를 구체적으로 설명하지 않았지만 베스푸치의 항해에서 영향을 받았음이 분명하다. 베스푸치의 항해 시기인 1499~1550년과 『유토피아』가 발간된 1515년이란 연대를 주목할 일이다. 머나먼 섬은 '아무데도 없는' 세계와 '다른 곳'의 모습을 부여하기 위해 동원된 장치이다. 대항해에서 얻은 미지의 섬에 관한 판타지 설정은 뒤에서 설명할 프랜시스 베이컨의 『새로운 아틀란티스』에서도 동어반복된다. 유토피아와 파라다이스를 창출하는 과정에서 섬이 그만큼 절대적이기 때문이다.

모어의 유토피아 섬은 '극소수의 법률로 만사가 순조롭게 운영되고, 덕이 존중되는 나라로 모든 사람이 모든 것을 풍부히 갖고 있는 나라'이다. 유토피아 섬의 공유제도는 환상적이다. 화폐 없는 경제, 모든 것이 공공의 소유이고 생산도 꼭 필요한 것만을 집중적으로 생산함으로써 불필요한 노동을 배제하고 인간다운 활동을 위한 자유 시간을 최대한도로 보장하는 제도. 인간이면 누구나 꿈꾸는 세계이며 한번쯤 상상해본 사회이다.[3] 공정한 분배를 통해 빈부 차이 없이 행복하게 살 수 있도록 사유재산제 자체를 폐지한다. 모어는 일종의 사회주의를 구상하였다고 볼 수 있는데 완전한 평등사회는 그의 꿈이었다. 그렇지만 그가 그린 유토피아에는 여행의 자유가 없으며, 사생활이 보호될 수 없는 나라이기도 하다.

토마스 모어의 『유토피아』 출현 이후, 가히 유토피아 붐이 일었다. 바람은 저 멀리 아메리카 대륙에까지 번졌다. 스페인·포르투갈 등 이베리아 사람들이 아메리카에서 원주민 대량학살극을 연출하고 있을 때, 그곳에까지 『유토피아』가 전달된다. 영국에서 토마스 모어가 참수를 당한 바로 그해에 바스코 데 키로가는 인디언 공화국의 건설을 제안한다. 인디언공화국이란 인디언이 노예사냥꾼의 위협에서 벗어나 가족 단위로 선교사의 보호를 받아가며 농사를 짓고 살아가는 일종의 자치 지역이었다. 이 모델에 따라 두 개의 마을이 건설되지만 역사적으로 모든 유토피아 계획들이 그러했듯이 이 경우도 실패로 끝난다. 하지만 정복과 학살에 몰두하던 광기와 혼란의 시기에 어떤 형태로든 질서 있는 사회를 꿈꿨던 바스코 데 키로가의 노력은 평가할 만하다.[4]

이런 식의 실험은 얼마든지 예시할 수 있다. 모어의 후계자들은 그를 두 가지 측면에서 바라보았다. 하나는 로마 교회의 입장을 지켰다는 측면에서 중세적 보수주의의 옹호자로 간주하는 경우이고, 다른 하나는 유토피아적 사회주의자로 간주하는 경우이다. 사실 모어의 『유토피아』는 철학적 낭만주의로 여행기나 정치경제학에 관한 논문, 혹은 유럽 휴머니즘의 기념비로 간주할 수도 있다.[5]

그가 선택한 공간이 외떨어진 섬이 아니고 육지였다면? 번거롭게 오가는 여러 외적 요인과 빈번한 내왕에 따른 요인들을 계산해서 서술하지 않으면 안 되었으리라. 적어도 유럽 대륙에 유토피아를 독자적으로 설정할 만한 빈 땅, 즉 미개지가 더 이상 남아 있지 않기 때문이다. 대항해시대의 섬은 그의 유토피아를 위한 적절한 공간이었던 셈이다.

2 / 1561년 런던에서 대법관의 막내아들로 태어난 프랜시스 베이컨은 궁정가이자 정치가이며 법률가였고 인본주의자이자 문필가로서 모든 분야에서 두각을 나타냈다. 날로 권세가 높아가던 중 뇌물수수 혐의로 의회의 탄핵을 받아 관직과 직위를 박탈당한다. 그 뒤 조용한 교외 저택에 칩거하면서 연구와 저술활동에 전념하였다. 이때에 『헨리 7세의 치세사』, 『자연사 및 실험사』, 『삶과 죽음의 역사』 등 그의 주요 저서들이 많이 출간된다. 기술과 과학문명에 대한 무한한 신뢰를 바탕으로 한 그의 유토피아는 토마스 모어의 '일하지 않으면 먹지도 말라'는 그리스도적 공산사회와 대조를 이룬다. 그는 『새로운 아틀란티스』의 첫 장을 이렇게 시작한다.

중국과 일본을 향해 페루에서 출항한 우리는 남태평양의 물살을 가르며 일 년간 항해를 계속하였다.

바로 대항해시대를 표현한 부분이다. 배는 태풍을 만나 표류를 시작한다. 그런데 예상치 않은 일이 일어나 이름 모를 섬에 당도한다. '아니나 다를까 서서히 육지가 모습을 드러냈다'고 하면서 대개의 표류기들이 표착하던 일반 서술방식을 취한다. 벤살렘이라는 섬에 상륙하면서 이야기가 시작된다. 표류민들은 벤살렘 왕국의 지도자라 할 수 있는 솔로몬 학술원의 회원들을 만난다. 아틀란티스가 되살아나고 있다.

아틀란티스에 관해 쓰여진 기록이 기껏해야 문학적인 허구라고 당신네 유럽 사람들은 생각할 것입니다. 가령, 바다의 신 포세이돈의 자손이 거기에 살았으며, 거대한 신전과 궁전·도시·언덕이 있었으며, 항해하기 좋은 여러 강이 흐른다느니, 길쭉한 돌들이 가지런히 놓인 비탈길처럼 신전에 오르는 높은 계단이 있었다는 이야기들이 전해옵니다. 그렇지만 그것은 허구나 전설이 아니라 모두 사실입니다. 당시 코야라 불린 페루나 티람벨이라 불린 멕시코와 마찬가지로 아틀란티스도 실제로 존재했습니다. 병력이나 선박, 경제력 등 모든 면에서 자신만만한 국가였습니다.

베이컨은 학술원 회원의 입을 통하여 과학문명이 그려낼 새로운 아틀란티스를 구상하도록 한다. 거대한 호수, 인공우물과 분수, 건강의 방이라는 특수한 방, 여러 광물질이 섞인 거대한 목욕탕, 나무와 약초에 적합한 토양을 연구할 과수원과 정원, 생명의 연장, 과실 품종 개발을 위한 과학기술 등 솔로몬 학술원 회원이 지닌 물질적 자산과 과학적 능력에 대한 확신이 있었다. 이처럼 베이컨이 구상한 '새로운 아틀란티스'New Atlantis는 과학적 물질문명으로 채워지는 사회였다.[6] 그가 새로운 아틀란티스에 'New'를 붙였음은 틀림없이 당시에 아메리카를 부르던 신대륙New Continent , 혹은 신세계New World에서 차음했음이 틀림없다.

새로운 아틀란티스는 풍요의 왕궁이고 물질문명의 왕국이다. 에리히 프롬Erich Fromm의 표현을 빌리면, 모어의 유토피아는 '존재'의 왕국인 반면에 베이컨의 유토피아는 다다익선多多益善을 지향하는 '소유'의 왕국인 듯이 보인다. 언뜻 보기에 베이컨의 유토피아는 타락하기 이전의 에덴동산이나 천국, 그리스 신화의 황금시대를 연상케 한다. 베이컨의 『새로운 아틀란티스』가 에덴동산과 흡사한 미래 세계의 청사진을 보여준다면, 모어의 『유토피아』는 타락 이후의 인간이 그릴 수 있는 최상의 세계를 보여준다.[7]

베이컨의 과학적 유토피아에서 인간의 꿈은 곧 현실이 된다. 베이컨의 새로운 아틀란티스도 미지의 섬에서 이루어졌다. 대항해시대 이래의 미지의 신대륙일 수도 있지만, 그 자신 아틀란티스를 거론하는 것으로 보아 베이컨 식 유토피아론도 아틀란티스학의 전통에서 벗어나지 않는다. 그러나 그가 꿈꾸었던 과학적 유토피아는 오늘날 디스토피아로 다가오고 있다.[8]

3/ 대항해시대에 섬들은 속속 발견되고 점령되어 통치된다. 중요치 않은 무인도나 작은 섬들은 통치에서 벗어나 있었으나 언제라도 백인들이 상륙하여 점령할 조건을 갖추고 있었다. 웬만한 섬에 인간이 들어서 있지 않은 경우는 없었다. 그러나 백인들 시각에서는 웬만한 규모의 원주민이 살고 있더라도 거의 무인도로 간주하였다. 무인도라는 개념에는 언제나 발 디디고 차지하는 사람이 임자라는 속셈이 깔려 있다. 이러한 무인도에 당도한 대표적인 인물이 로빈슨 크루소다.

1719년, 다니엘 디포Daniel Defoe는 알렉산더 셀커크 등의 여행객이나 부랑아의 회고담을 부분적으로 취재한 『로빈슨 크루소』를 내놓는다. 아마 이 책만큼 세계적으로 많이 번역·모방·번안된 책이 있을까. 원제는 『요크의 선원 로빈슨 크루소의 생애와 이상하고 놀라운 모험』The Life and Strange Surprising Adventures of Robinson Crusoe of York이다. 평범한 뱃사람인 로빈슨 크루소는 무역선을 타고 기니아로 향하던 도중 서인도에서 좌초되어 홀로 무인도에 표류한다. 배에서 저장품을 실어 나른 다음 혼자 살아나갈 수 있는 견실한 방법으로 식량과 주거지, 옷감 등을 스스로 마련한다. 식인종들의 포로프라이데이를 구출하여 충직한 하인으로 삼고, 드디어는 영국 반란선의 선장을 구출하여 고국으로 돌아온다. 『로빈슨 크루소』는 유토피아를 지향한 소설은 아니다. 그러나 이 소설은 인간이 문명의 이기를 버리고 무인도에서 홀로서기를 할 수 있다는 가능성을 보여줌으로써, 반대로 인류 문명에 대한 비판을 겸하고 있다.

이제 본격적인 섬−이상향 시대가 열린다. 『로빈슨 크루소』가 세상에 나온 지 불과 7년 뒤인 1726년, 18세기의 대표적 풍자작가 조너선 스위프트가 『걸리버 여행기』 4부작을 내놓는다. 『걸리버 여행기』 역시 대항해시대의 섬−이상향 전통에 놓여 있다. 걸리버는 1699년 5월부터 1715년 12월까지 16년 7개월에 걸쳐 네 차례 여행을 떠난다. 소인국인 릴리퍼트 여행기, 대인국인 브롭딩내그 여행기, 하늘의 섬나라인 라퓨타와 주변 국가 여행기, 말[馬]의 나라인 휘늠 여행기는 『걸리버 여행기』 내의 각각 독립된 작품이다.[9] 1699년 첫 여행을 떠난 걸리버는 심한 폭풍우를 만나 배가 난파당하고, 그렇게 바람과 물결에 떠밀려 가까스로 도착한 섬이 릴리퍼트였다. 1702년 두 번째 여행에서 폭풍우를 만나 남겨진 곳도 거대한 섬 부롭딩그다. 1706년 세 번째 여행에서도 걸리버는 해적들에게 붙잡혀 바다 한가운데 무인도에 남겨진다. 18세기 초반 대영제국의 대외팽창과 대항해시대의 해양력이 유토피아 섬 찾기와 맞물려 있음을 알 수 있다.

1801년에 토마스 스펜스Thomas Spence는 스펜소니아 견문기를 출간한다. 평민의 불평등과 계급상태의 개선이 스펜소니아 무인도에서의 새로운 사회 건설로 희구되고 있는 것이다. 섬에서의 균등한 사회 건설, 이는 섬-이상향의 전형적인 모습이기도 하다. 작가는 스펜소니아 섬나라를 스웰로 선장을 통해 설명하고 있다.[10] 이 견문기는 아들들을 위해 한 척의 상선을 만든 아버지의 우화로 시작한다. 아버지는 아들들에게 사업으로 얻는 이익은 평등하게 나누어야 한다고 명한다. 어느 날 항해를 떠난 그 배가 난파하여 한 섬에 닿자 아들들은 즉시 다음과 같이 결론을 내린다. 이 섬에서도 아버지가 정한 배의 법을 적용하지 않으면 엄청난 불편을 경험하게 되리라. 따라서 아들들은 섬의 재산은 구성원 전원의 재산이기 때문에 이곳에서의 이익도 배에서와 마찬가지의 방법으로 평등하게 나누어야 한다고 선언했다. 그리고 아버지가 준 배의 이름을 따서 그 섬을 스펜소니아라고 불렀다. 이어 아들들은 공무원을 뽑아 섬에 사는 모든 개인이나 가족이 그들이 원하는 바에 따라 토지를 나눠 갖도록 했다. 또 토지의 사용권에 대해서는 그 가치에 따라 일정한 지대를 공공이익을 위해 내도록 했다. 그 지대는 적절하다고 판단되는 경우, 공적 비용에 충당하거나 전원에게 분배했다.

15세기 이후에 전개된 서양의 '섬 찾기'와 '섬-이상향' 설정은 제국주의의 해양 팽창과도 연관된다. 그러나 그 시원은 이미 고대 성경에서부터 마련되었다. 아르카디아 전통 중의 중요 요소는 파라다이스이며, 잃어버린 에덴동산이 어딘가에 있을 것이란 믿음은 성경 이래로 오랜 유럽인들의 소망이었다. 이슬람 세력에 대항하기 위해 서방의 기독교 국가들이 동맹을 맺고자 찾아 나선 프레스터 존prester John 왕국은 고대의 '행운의 섬'과 에덴동산이 복합된 전설이며, 아름다운 낙원으로 알려진 성 브렌던St. Brendan 섬과 안틸리아Antilia 섬은 대서양 서쪽에 있는 것으로 전해져 끊임없는 탐험의 대상이 되었다. 심지어 콜럼버스도 자신이 발견한 신대륙을 에덴동산이라고 믿어 의심치 않았다. 사실상 아메리카의 발견은 파라다이스 신화를 완전히 상쇄하는 계기가 되었다. 왜냐하면 아메리카는 지상낙원과 아르카디아의 상징이 되어 그 자체가 새로운 파라다이스 신화를 창조해냈기 때문이다.[11]

1492년 이래로 대항해의 거센 물결은 전 지구를 휩쓸었다. 섬이 속속 발견되었으며 서양인의 이름으로 개명되어갔다. 태평양의 어느 섬이 아니라 유럽 한복판이었다면 디포의 『로빈슨 크루소』나 스위프트의 『걸리버 여행기』가 가능했을까. 유토피아의 적실한 공간으로 섬이 배당되었음은 대항해시대의 필연적 산물이다. 미지의 황금의 나라와 직결된 이상적인 신세계 발견에 대한 꿈은 마르코 폴로와 콜럼버스를 비롯하여 후대의 많은 탐험가들의 동기가 되었다.

가령 세계를 주름잡았던 네덜란드 동인도회사voc의 17인 위원회는 1639년 '코레아를 발견하라'는 훈령을 내려 원정군을 파견했다. '금과 은의 섬'Goud-en Zilvereilanden 원정, 일명 보물섬 원정으로 불린 이 대항해는 VOC의 오랜 꿈이었다.[12] 네덜란드의 보물섬 원정은 실패로 돌아갔지만 이는 당대에 세계 곳곳에서 '보물섬'을 찾아 나선 제국주의식 팽창을 설명해주는 좋은 예다. 15세기 이후 서양의 역사가 섬-이상향을 줄기차게 설정하고 있지만 그 배경에는 대항해시대의 신세계 발견과 영토 확보, 섬에서의 원시적 삶에 대한 동경 등이 중첩된 결과이다.

그렇다면 20세기에 올더스 헉슬리Aldous Huxley가 그의 소설 『섬』Island을 통하여 태평양의 어느 섬에서 120년 동안 번영한 이상세계를 보여준 이유가 무엇일까. 섬의 미궁, 섬의 환상, 섬의 착시 등이 20세기에도 유효하다는 증거가 아닐까.

4 플라톤은 아틀란티스의 침몰 시기를 기원전 1만 년으로 보았다. 이러한 시기 추정은 지질학적으로는 논쟁의 여지가 있지만, 마야 성전에 기록된 대서양의 파라다이스, 마야인의 고향섬 침몰과 비교해보면 그 시기가 놀라울 정도로 맞아떨어진다. 흥미로운

사실은 미국 남서부 사막에서 오랜 기간 거주해온 호피Hopi족 역시 그들의 고향인 태평양의 뮤이야Muia 섬이 신에 대한 불복종 때문에 침몰했다고 믿는다는 점이다. 태평양의 사모아 군도 주민들도 뮤Mu라는 잃어버린 섬에 대하여 놀라울 정도로 비슷한 신화를 이야기한다. 그 외에 폴리네시아 원주민들은 빵 과일 나무가 자라는 침몰된 섬 팔리울리Paliuli에 대해서 기억한다.

하와이 제도에서는 헤스페리데스적 파라다이스를 찾아볼 수 있다. 하와이 제도에는 12개의 파라다이스 섬이 아직도 존재하고 있는데 신이 숨겨놓았기 때문에 보이지 않는다고 한다. 섬 위치는 알려져 있지만 그곳을 가리키는 것은 금지되어 있다. 켈트족의 신화에는 파라다이스 섬을 향하여 항해하는 이야기가 매우 많은데, 아서 왕이 상처를 치료했다는 아발론 섬, '성자들의 약속받은 땅' 성 브렌던 섬, 그리고 영원한 젊음의 섬 티르난오그Tir Nan-Og 등이 좋은 예다.

근현대에서도 헤스페리데스적 파라다이스는 계속 이어진다. 19세기의 이주민을 현혹했던 젖과 꿀이 흐르는 유대인의 약속의 땅과 미국이라는 기회의 땅을 들 수 있다. 신대륙에 대한 이상향적 동경도 이에 포함된다. 인도를 향해 떠났던 히피들의 행렬도 헤스페리데스적 파라다이스 운동에 포함된다. 10세기에 페르시아의 시인 피르다우시Firdausi는 직설적으로 이렇게 노래했다.

이 세상에 지복의 파라다이스가 있자면,

바로 이곳,

바로 이곳,

바로 이곳이다

섬을 매개로 한 섬 – 이상향은 제3세계, 혹은 제4세계 곳곳에서 확인된다. 태평양의 신화 곳곳에서 유난히도 자주 발견되는 물 밑에 가라앉은 산, 혹은 섬에 관한 이야기가 그것이다. 태평양신화 속에는 바닷속 어딘가 신비로운 섬이 있으며, 그 섬에서 사람들이 살아간다는 믿음이 있다.[13]

옛날 옛적에 정신 나간 형과 신중한 동생이 살고 있었다. 세상 사람들은 정신 나간 형이 너무 무섭기 때문에 가까이하려고 하지 않았다. 형과 동생이 어느 날 고기를 잡으러 배를 타고 울리히 산호초 바깥으로 멀리 나갔다. 동생은 악한 마음을 먹고 정신 나간 형의 목에 돌을 매달아 물속으로 밀어 넣었다. 그러고는 뒤를 돌아보지 않고 섬으로 돌아왔다. 그리고 나서 며칠 뒤, 동생은 다시 고기를 잡으러 바다로 나갔다. 그때 어디선가 익숙한 목소리가 들려왔다. 형의 목소리였다. 깜짝 놀라서 도망을 치는데 형이 애절하게 '한 번만 내 이야기를 들어달라'고 하는 것 아닌가. 형은 이렇게 말하였다. '물속에 들어가니 집도 있고 사람들도 살고 있더라. 어느 친절한 사람을 만나서 로프 만드는 방법도 배우고 고기 잡는 독특한 방법도 배워왔다. 그 사람은 내가 미쳤다고 생각하지 않았기 때문에 여러 기술들을 친절하게 가르쳐준 것이란다. 미쳤다고 생각하면 아무 것도 되지 않지만, 미치지 않았다고 생각하는 순간, 모든 문제가 쉽게 풀렸단다.'

동생은 자신이 형을 미쳤다고 생각하여 물속으로 밀어 넣은 것을 대단히 부끄럽게 생각하였다. 그는 형을 배에 태우고 섬으로 돌아왔다. 그로부터 두 형제는 고기를 엄청나게 잡으면서 잘살게 되었다. 오늘날 많은 사람들은 울리히 근처의 바닷속에 비밀스러운 섬이 있다고 믿고 있다. (미크로네시아 울리히Ulithi 신화)[14]

미크로네시아Micronesia 축Chuuk의 웨노weno 섬에도 비슷한 이야기가 전해온다. 아버지 유언으로 섬을 찾게 된 막내아들에게 섬의 소유권이 돌아간다. 본디 물속에 있던 섬이었는데 막내아들의 신심으로 섬을 끌어당겨서 솟구치게 한 것이다. 오늘날 웨노 북쪽 1마일 지점에 있는 피지라스Pisiras 섬이 그것이다.[15] '축의 소년을 수중세계로 데리고 간 돌고래 소녀'같은 이야기는 축 주변에 수중에 가라앉은 산들이 즐비함을 말해준다. '깊게 내려가자 마침내 숲이 우거진 바다에 닿았으며 온갖 색깔의 풀들이 우거졌다'고 수중세계를 노래하고 있다.[16]

이들 이야기는 몇 가지 진실을 말해준다. 태평양 곳곳에 노출된 섬도 있지만 물에 잠긴 해산海山이 많다는 뜻이다. 해산 같은 지질학적 실체가 '바닷속 섬을 다녀온 이야기'에 반영되었을 것이다. 웨노 섬의 피지라스는 어느 날 갑자기 수면으로 올라온 섬을 발견한 사람이 그로부터 소유권을 주장하게 되었다는 이야기로 받아들일 수 있다. 오늘날도 태평양의 섬들은 부단히 움직인다. 섬이 움직인다 함은 그 섬을 받치고 있는 거대한 산이 움직인다는 뜻이며, 물속에 잠긴 해산도 심각할 정도로 요동치고 있다는 의미다. 축에서 전해오는 다양한 이야기들, 가령 '왜 화노Fano는 모엔Moen으로부터 떨어지게 되었는가', '왜 우만Uman의 일부분이 무릴로Murilo 쪽으로 이동했는가' 따위는 해저지형 변화를 압축적으로 설명한다. 이처럼 '불의 꼬리'Ring of Fire, 즉 환태평양화산대의 움직이는 섬과 산들 덕분에 태평양은 늘 젊게 출렁이고 있는 중이다.[17]

그런데 이상적 공간은 광활한 바다에만 존재하는 것이 아니다. 내륙에 위치한 호수의 섬도 중요한 의미를 지닌다. 아스텍 문명의 수도였던 테노치티틀란Tenochtitlan이 그것이다. 13세기에 북멕시코에서 이동해온 수렵민족인 아스텍족이 텍스코코 호湖의 신비로운 작은 섬에서 신의 계시를 받아 테노치티틀란이라는 도시를 구축하였다(1325년). 이때 받은 신의 계시는 독사를 물고 날아간 독수리가 선인장 위에 앉으면 그곳에 도시를 세우고 정착하라는 것이었다. 독수리가 내려앉은 곳에 세워진 테노치티틀란은 "선인장의 땅"이란 뜻으로 이렇게 부족의 전설에 따라 세워진 것이다.

테노치티틀란은 호수 위에 떠 있는 둘레 10여 킬로미터의 장방형 섬으로 건설되었으며 동쪽으로 티오판, 서쪽의 아차코알코, 남쪽의 묘트란, 북쪽의 쿠에포판 등 방위에 따라 네 구역으로 나누어졌다. 아스텍족의 거점으로서 호상의 작은 섬에 건설된 조그만

마을이었으나 15세기에 들어와 아스텍족의 세력 증대와 더불어 군신軍神 위칠로포츠틀리의 대신전大神殿과 제왕의 궁전을 중심으로 확대·재건되어 16세기 초에는 인구 20만의 대도시가 되었다. 호안의 중요 도시와는 세 개의 제방 도로로 연결되어 있었고 차풀테펙으로부터의 수로도 완비되어 있었으며 도시 북쪽에는 트라테롤코라는 상업지구가 있어 큰 시장이 상설되어 있었다.

1519년 페르난도 코르테스와 그의 부하들이 마야를 정복하고 테노치티틀란으로 진격했다. 코르테스가 당도하기 전부터 아스텍인들은 언젠가는 턱수염을 가진 백인 신 케찰코아틀(깃털 달린 뱀이라는 뜻)이 돌아와 제국을 통치할 것이라고 두려워하면서도 이를 기대하고 있었다. 백인 신 대신에 턱수염을 가진 백인 코르테스가 나타났다. 코르테스는 이런 두려움을 알고 있었고 멕시코 횡단 원정에 이것을 이용했다. 몬테수마 황제는 그를 매수하려고 했으나 스페인 정복자는 아스텍의 지배를 싫어하던 종속 부족들과 동맹을 맺었다. 몬테수마는 수도 테노치티틀란으로 코르테스를 유인했으나 함정임을 눈치 챈 코르테스에게 오히려 포로로 잡혔다. 그는 황제가 포로로 잡혀 있는 한 아스텍인들이 공격하지 못할 것이라고 생각했다. 그러나 몬테수마가 스페인 정복자에게 굴복하자 백성들은 그에게 등을 돌렸다. 결국 아스텍 제국은 1521년 스페인 정복자들의 공격으로 무너지고 말았다.

테노치티틀란이라는 도시가 섬에 건설된 것은 단순히 방어상의 유리함 이상의 의미를 지닐 것이다. 물론 호수의 섬이라는 지정학적 우월성을 이용하여 방어에 유리하게 설정하였음은 분명하나 독수리가 날아와 앉은 신성한 섬이라는 도시적 이상향이 구현된 좋은 사례가 아닐까. 그네들은 보트를 이용하여 육상과 오갔으며 의식주·식량 문제를 해결하기 위해 서쪽의 담수지를 막아 농지를 조성했다. 수로를 두 개 만들어 어느 한쪽이 청소 중이거나 못 쓰게 되었을 경우에도 식수를 확보할 수 있도록 했다. 도로는 정기적으로 청소했으며 쓰레기는 배에 실어 바다에 버렸다고 전해진다.

2장_주

1 유토피아에 관한 개괄적인 다이제스트는 다음을 참조(이인식, 『유토피아 이야기』, 갤리온, 2007).

2 매튜 라이언스 지음, 정주연 옮김, 『불가능한 여행기』, 이레, 2007, 236~239쪽.

3 황문수, 「유토피아에 대하여」, 『유토피아』, 범우사, 1972, 196~211쪽.

4 마르크 페로 엮음, 고선일 옮김, 『식민주의 흑서』, 소나무, 2008, 226쪽.

5 토마스 모어의 『유토피아』를 둘러싼 다양한 시각과 변주의 이론적 테제들에 관해서는 다음을 참조하면 될 것이다(Edited by Robert M. Adams, *UTOPIA(A Norton Critical Edition)*, Norton: New York, 1975).

6 베이컨은 동시대의 전형적인 젠틀맨이었다. 그는 남성적인 것과 여성적인 것, 젠틀맨적인 것과 평민적인 것, 국가에 이익이 되는 것과 손해가 되는 것을 분명하게 구분했고 차별화했다. 또한 자연지식을 해묵은 순환의 고리를 끊어줄 초인으로 의인화했다. 오늘날 베이컨은 대다수 인류가 신봉하는 '우화'의 저자로 알려졌다(최재천·주일우 엮음, 『지식의 통섭』, 이음, 2007, 64~66쪽).

7 프랜시스 베이컨 지음, 김종갑 옮김, 『새로운 아틀란티스』, 에코리브르, 93~132쪽.

8 프리드리히 엥겔스(Friedrich Engels, 1820~1895)는 1892년 『공상적 사회주의와 과학적 사회주의』 영어판 서문에서 "영국 유물론의 실질적인 원조는 베이컨"이라고 하면서, "그에게 있어 유일하고 참된 철학은 자연철학이었으며 특히 여러 감각들의 경험에 기초한 물리학은 자연철학 중 가장 중요한 것이었다"고 하였다. 베이컨을 둘러싼 다양한 시각이 존재함을 알 수 있다.

9 조너선 스위프트 지음, 류경희 옮김, 『걸리버 여행기』, 미래사, 2003.

10 루이스 멈퍼드 지음, 박홍규 옮김, 『유토피아 이야기』, 2010, 148~149쪽.

11 김영한, 「이상사회의 분류기준」, 『한국사 시민강좌』 10집, 일조각, 1992, 176~177쪽.

12 지명숙·왈라벤 지음, 『보물섬은 어디에: 네덜란드 공문서를 통해 본 한국과의 교류사』, 연세대출판부, 2003, 85쪽.

13 2007년 9월 미크로네시아 필자 현지조사. 주강현, 『적도의 침묵』, 김영사, 2008 참조.

14 Gene Ashby, *Never and always-Micronesian Legends, Fables and Folklore*, Rainyday Press: Pohnpei, 1983, 12~13쪽.

15 Gene Ashby, 앞의 책, 17~18쪽.

16 Bo Flood, *Pacific Island Legends*, Honolulu, 1999, 148쪽.

17 주강현, 『적도의 침묵』, 김영사, 2009.

3.

무릉도원에서 해인국까지

진晉 태원太元 연간에 고기잡이를 업으로 하는 무릉의 어떤 사람이 계곡을 따라가다 길의 원근을 잃고 말았는데 홀연히 도화桃花 숲을 만났다. 물가의 양편 수백 보 안에 다른 나무는 없었고, 향기로운 풀은 아름답게 자라고 떨어진 꽃잎은 어지럽게 날리고 있었다. 그 어부는 대단히 신기하여 다시 앞으로 나가보니 숲이 끝났다. 숲이 끝나고 물줄기도 사라진 곳에 문득 산이 나타났다. 산에는 작은 입구가 있었는데 마치 광선이 비치는 것 같았다. 그는 배를 버리고 그 입구로 들어갔는데 처음에는 극히 협소하여 겨우 사람이 통행할 정도였다. 다시 수십 보를 들어가자 넓고 탁 트인 곳이 나타났다. 그곳의 토지는 평탄하고 넓었으며, 집들이 정연하게 늘어서 있었고 양전良田과 아름다운 못, 뽕나무와 대나무가 있었으며, 도로가 교차하고 개와 닭의 울음소리가 들렸다.

도연명, 「도화원기」

1 당연히 동양세계에도 동양식 유토피아가 있다. 중국의 경우, 다양한 이상향 담론이 계기적으로 등장한다. 동양적 섬-이상향 담론을 살펴보기 전에 동양식 유토피아의 전형적인 모습을 검토해 본다. 선가仙家에서의 신비주의적 색채가 짙은 몽유도원적 이상향 으로부터 근세의 태평천국 담론에 이르기까지 장기지속된다. 유토 피아의 음과 의미를 동시에 살린 '조탁방'鳥托邦(존재하지 않는 나라)이란 말도 흔히 사용되고 있지만, 『예기』禮記 예운禮運편에서 '대도'大道가 구현된 사회의 상황을 표현한 대동大同으로 유토피아의 개념을 표 기한 대목이 더 일반적이다. 예운편은 이렇게 말한다.

대도大道가 행해지면 천하에 공의公義가 구현된다. 현자를 (지도자 로) 뽑고 능력 있는 사람에게 (관직을) 수여하며 신의와 화목을 가 르친다. 그러므로 사람들은 자신의 어버이만 어버이로 여기지 않고 자기 자식만 자식으로 여기지 않는다. (……) 재화가 땅에 떨어지는 것을 싫어하지만 반드시 (사적으로) 저장할 필요가 없다. 스스로 노동하는 것을 싫어하지 않지만 반드시 자기만을 위해서 일하지도 않는다. 그러므로 (남을 해치려는) 음모가 생기지도 않고 도적이나 난적亂賊도 발생하지 않는다. (집집마다) 바깥문을 닫을 필요가 없다. 이런 상태를 '대동'大同이라고 한다. 지금 대도가 숨고 천하는 (개인의) 가家가 되었다.

노자, 장자와 맹자도 대동사상을 빠트리지 않았다. 현재 많은 사람들이 공지하고 있는 천하위공天下爲公과 세계대동世界大同이란 두 개념도 『예기』 예운편이 최초로 제시하였다. 노자가 생각한 이상향의 풍경은 '소국과민'小國寡民의 소세계이다. 이는 자연의 공간적 격절도 아니고 인위적인 폐쇄와 단절의 결과도 아니며, 이러한 단위를 다수를 포괄한 천하라는 정치질서와 그것을 통치하는 성인, 또는 천자天子를 설정하는 것이다. 따라서 도화원과는 그 성격이 판이한 것이다.[1]

캉유웨이康有爲, 1858~1927가 『대동서』大同書를 제출하였을 때, 이는 2,000년 전 『예기』의 전통을 잇는 것이기도 하지만, 이를 부정하고 전혀 새롭게 재구성한 근대적 성격을 표출한 것이기도 했다. 캉유웨이는 대동세大同世를 사회개량의 최종목표로 삼고 그것을 전문적으로 논하였다. 쑨원도 천하위공이란 넉 자로 혁명의 최종목표를 표현하였다.

춘추전국의 어지러운 시대를 살다간 이들은 전쟁이 없고 일상의 복락이 보장되는 유토피아행 티켓을 희구하였다. 대표적인 것이 무릉도원이다. 동진東晉, 317~420의 문인 도연명陶淵明, 365~427의 『도화원기』桃花源記에 나오는 무릉도원이 그것이다.

후한後漢 말기 이래의 혼란은 위진남북조魏晉南北朝에도 이어진다. 이민족에게 중원을 빼앗긴 채 남쪽에 건업한 동진東晉은 혼란이 극심하여 100여 년 동안 하루도 조용한 날이 없었다. 도연명은 혼란스러웠던 동진과 송나라 교체기에 살았다. 혼탁한 시대를 살면서 순응자연을 실천하고 초월과 달관의 삶으로 절개를 굽히지 않았다. 때가 되면 돌아갈 줄을 아는 「귀거래사」歸去來辭를 읊은 시인답게 「도화원시병기」桃花源詩幷記에서 도화원이라는 이상향을 그려냈다. 이로써 동양적 유토피아의 전형이 탄생한다. 도화원은 도연명의 창작이 분명하나, 혹시나 당대에 구전되어왔던 이상향을 도연명이 재정리한 것이 아닐까.

무릉 땅의 어부가 길을 잃고 헤매다가 도화원이라는 마을에 당도하여 극진한 대접을 받고 살아간다. 자신들은 진秦나라 때 전쟁을 피해 들어와 인간세상과 관계를 끊고 살아왔다고 말한다. 그들의 행복한 삶의 비결이란 간단하였다. "농사 짓고 살아간다. 입고 먹고 자는 것을 편히 한다. 자연 그대로 존중하고 살아간다. 다른 곳과 관계를 맺지 않는다. 전쟁을 하지 않는다" 등이다. 쉽지만, 결코 쉽지만은 않은 삶이었기에 무릉도원 같은 이상향으로 기록이 남았을 것이다.

진晋 태원太元 연간에 고기잡이를 업으로 하는 무릉의 어떤 사람이 계곡을 따라가다 길의 원근을 잃고 말았는데 홀연히 도화桃花 숲을 만났다. 물가의 양편 수백 보 안에 다른 나무는 없었고, 향기로운 풀은 아름답게 자라고 떨어진 꽃잎은 어지럽게 날리고 있었다. 그 어부는 대단히 신기하여 다시 앞으로 나가보니 숲이 끝났다. 숲이 끝나고 물줄기도 사라진 곳에 문득 산이 나타났다. 산에는 작은 입구가 있었는데 마치 광선이 비치는 것 같았다. 그는 배를 버리고 그 입구로 들어갔는데 처음에는 극히 협소하여 겨우 사람이 통행할 정도였다. 다시 수십 보를 들어가자 넓고 탁 트인 곳이 나타났다. 그곳의 토지는 평탄하고 넓었으며, 집들이 정연하게 늘어서 있었고 양전良田과 아름다운 못, 뽕나무와 대나무가 있었으며, 도로가 교차하고 개와 닭의 울음소리가 들렸다. 그 사이를 왕래하며 농사를 짓는 남녀의 의복은 바깥세상의 그것과 똑같았으며, 노란 더벅머리를 늘어뜨리고 있었고, 모두 조용하게 스스로 즐기는 것 같았다. 그들은 어부를 보자 크게 놀라며 어디서 왔냐고 물었다. 그가 낱낱이 대답하자 그들은 집으로 데리고 가 술을 내놓고 닭을 잡아 음식을 만들어 대접하였다. 그들은 자기들의 조상이 진대秦代의 난을 피하여 처자와 읍인邑人을 이끌고 이 절경으로 와 다시 나가지 않았기 때문에 외부의 인간세계와 격절되었다고 하며 지금이 어떤 세상이냐고 물었다. 그들은 한漢이 있었다는 것은 물론 위魏·진晋도 몰랐다. 어부가 일일이 들은 것을 말해주자 그들은 모두 탄식하였다. 나머지 사람들도 모두 그를 집으로 초대하여 술과 음식을 내놓았다. 수일을 머문 후에 그가 작별할 때 그 안의 사람들은 바깥사람들에게 말하지 말 것을 부탁하였다. 어부는 밖으로 나와 그 배를 타고 길을 찾아 나오면서 곳곳에 표지를 해두었다. 그는 군의 치소治所에 이르러 태수를 찾아 여차여차하였음을 말하였다. 태수는 즉시 사람을 파견, 그가 갔던 곳을 따라 일전에 남긴 표지를 찾았으나, 끝내 헤매기만 하였을 뿐, 그 길을 찾지 못했다. 남양南陽의 고사高士 유자기劉子驥는 이것을 듣고 흔연히 가 보았으나, 성공하지 못하고 곧 병사하였다. 그 후 그 길을 찾는 사람이 아무도 없었다.

외부와 격절되어 밭과 아름다운 못도 있고, 뽕나무와 대나무가 우거지고 개와 닭 울음소리가 들리는 비교적 풍족한 도화원 가는 길이 거칠어 왕래가 힘들었다는 것은 이 사회가 얼마나 정적인가를 말해준다. 낯선 방문객은 바로 이 고요한 정적을 깬 파문이었다. 그래서 그들은 일단 신기하여 술과 음식을 내어 환대하며 외부의 소식을 물었다. 그러나 그를 보내며 외부세계에 자신들의 존재를 알리지 말 것을 당부한 것은 도화원 생활도 외부와의 접촉이 시작되면 유지될 수 없다는 것을 시사하는 것이다.[2]

이 글이 세상에 나온 후, 천수백 년간 사람들은 무릉도원을 즐겨 입에 올리고 인간세계에 없는 세외도원世外桃源으로 칭하였다. 도화원 가는 길은 지극히 아름다우며, 부유한 소농경제가 그림처럼 펼쳐지고, 빈부 차별도 없고 풍족한 삶을 누리며, 전쟁을 피하여 숨어들어온 세계이기 때문이다.[3]

2 도화원 자체가 육지에 위치한다고 해도 어쩌면 이곳은 섬 같은 존재이다. 그렇다면 중국에서 섬 자체를 이상향으로 삼는 경우는 없었을까. 당연히 섬을 이상향으로 삼은 이야기들이 많다. 『사기』史記 「봉선서」封禪書에서 다음과 같이 말한다.

제나라 위왕威王과 선왕宣王, 연나라 소왕昭王 때부터 사람을 보내 봉래蓬萊, 방장方丈, 영주瀛州를 찾게 했다. 삼신산三神山은 발해渤海 바다 가운데 있고, 세상과 멀지 않은 곳에 있었지만 사람이 오는 것을 저어하여 바람을 일으켜 배를 먼 곳으로 보내버린다고 전해진다. 일찍이 그곳에 도착한 이가 있었는데, 여러 신선과 불사의 약이 있으며 사물과 짐승은 모두 흰색이고 황금과 은으로 궁전을 지었다 한다. 이르지 못한 채 멀리서 바라만보면 그것은 마치 구름과 같고 다가가면 삼신산은 바다 아래에 있는 듯하다. 배가 다가가면 바람이 갑자기 불어 밀쳐내어 결국은 그 섬에 도착할 수가 없었다. 안타까워하지 않은 왕이 없었다.

중국학계에서는 이 같은 현상을 '바다의 신기루'로 파악한다.[4] 신기루에 대한 묘사는 이미 『한서』漢書 「천문지」天文志에 등장하고 있다. "바닷가 신의 기운은 누대를 닮았다. 넓은 기운이 궁궐을 짓는다. 구름 같은 기운은 산천과 사람들이 모여든 것 같다"고 하였다. 고대인들은 바다 가운데 있는 섬을 신선이 사는 산이라고 생각했다. 해변에 접해 있는 제齊나라와 연燕나라 사람들은 동해상에 봉래산, 방장산, 영주산의 세 개의 산이 있는데 그곳에는 황금과 은으로 된 궁전이 있고, 흰색의 새와 짐승이 있으며, 불사약을 가진 신선이 살고 있다고 믿었다.

진秦대 왕가王嘉의 『습유명산기』拾遺名山記에는 "봉래산은 한편으로 방구라 불리기도 하고 운래라 불리기도 한다. 높이가 2만 리이고 폭이 7만 리이다. 물은 얕고 금옥 같은 자갈이 있다. 이것들을 주워보면 다듬지 않아도 빛나고 깨끗한데 신선들은 이것을 먹는다"고 하였다. "방장의 산은 일명 만치巒雉라 한다. 동방의 용이 있는 곳이다"라고도 했다. "영주는 일명 혼주魂州, 또는 환주環州라 하기도 한다"고 했으며 신선이 비바람을 피하거나 놀러 나오는 곳이라고 하였다. 봉래설화는 중국의 신선사상과 맞닿아 있으며, 사람들로 하여금 인간세계 외에 불멸의 신선세계가 있고 그곳에는 불사의 약이 있음을 믿게 하였다.

서복동도徐福東渡 전설도 '바다의 신기루' 믿음의 연속선상에 있다. 서복은 서불徐市이라는 이름으로도 나타나며 제나라 출신으로 진나라의 방사方士로 일했다. 천하를 통일한 진시황은 불로장생을 위해 불로초를 구하러 사방으로 신하를 보냈으나 끝내 아무도 구해오지 못했다. 서복은 자기가 영약을 구하러 가야 할 차례임을 알고 진시황에게 상소를 올렸다.

저 멀리 바다 건너 봉래, 방장, 영주의 삼신산에 신선이 사는데, 동남동녀童男童女를 데리고 가서 모셔오고자 합니다. 이에 시황은 크게 기뻐하여 동남동녀 수천을 뽑아 그에게 주고 바다로 나가 신선을 찾아오게 하였다. (『사기』, 「진시황본기」)

그리하여 기원전 219년에서 210년 사이에 서복은 두 차례에 걸쳐 여행을 한다. 그의 행적은 우리나라를 거쳐 일본까지 폭넓게 이어진다. 60척의 배와 5,000명의 일행, 3,000명의 동남동녀, 각기 다른 분야의 장인이 동반했다고 한다. 그는 진황도를 떠나 다시는 돌아오지 않았다. 진시황의 폭압을 피하여 불로초를 핑계 삼아 집단적이고도 계획적인 정치적 망명을 선택한 것이 아닐까.

『삼국지』와 『후한서』에는 서복이 중국을 떠나 이주夷洲 또는 단주亶洲에 도달하였다고 한다. 중국에서 이주는 대만, 단주는 일본을 가리킨다. 하지만 우리는 우리 식으로, 그 단주가 제주도 서귀포라 믿고 있는 중이다. 물론 그 믿음 가운데는 학술적 진위와 무관하게 중국 관광객을 한 명이라도 더 유치하고픈 계산법도 개입되어 있을 것이다. 하여튼 서복 이야기는 중국, 제주도, 일본을 잇는 고대의 해양루트가 존재하였음을 암시한다. 그런 의미에서 볼 때 제주도는 변방이 아니라 고대적 해양세계의 징검다리였다.[5]

3 서복동도와 연장된 이야기가 송나라 때까지 이어진다. 해인국海人國 이야기가 그것이다. 해인국은 해상의 세외도원世外桃源으로

'해도海島의 이인夷人'이 궐에 나와 글을 올려 그 견문을 서술하는 형식으로 표현된 이상사회다. 작자 왕우칭王禹偁은 거야巨野 출신으로 후주後周 현덕顯德 원년인 954년에 출생하여 1001년에 사망한다. 『송사』宋史「본전」本傳에 의하면, 대대로 농사를 지은 집안으로 북송 초기의 걸출한 시인이요 문학평론가였다. '폐단의 혁파와 복고'를 큰 소리로 외쳤으며 문학개혁을 전개하면서 전도명심傳道明心설을 제창하였다. 북송 사회개혁의 선구자로서 정치와 경제 부문에서 자기개혁론을 개진하였다.[6]

왕우칭은 북송 초기 태조·태종과 진종 3대에 걸쳐 생활하였으며, 그 시대는 송 왕조의 개창기로서 통치가 공고해지는 시기였다. 그는 출신이 한미寒微하였을 뿐 아니라 입사入仕 후에도 세 번씩이나 출척당하고 또 세 번이나 입직하였기 때문에 비교적 백성에 근접하여 그네들의 고통을 이해하고 있었다. 여러 가지 표면적 현상을 투시하여 북송 초기 사회의 적폐積弊를 관찰할 수 있었으며, 사회에 잠재한 위기를 이해하였다. 더욱이 어린 시절부터 열심히 독서하여 견문과 식견이 넓었고 안목이 탁 트인 사람이었다. 왕우칭이 사회개혁안으로 제시한 몇몇 방략은 간결하지만 뜻이 명쾌하여 북송 왕조의 통치를 공고히 하는 데 깊은 의의가 있었다. 평생 백성을 매우 사랑하였으니, 세상을 떠난 후에 왕우칭이 근무한 지방의 백성들이 사당을 지어 기념하였다. 군주제를 부정하지는 않았으나 그의 군주관은 마땅히 '이理의 도道를 얻은 자', 즉 민의民意를 체현하며 백성을 위하여 생각하고 백성을 행복하게 만들 수 있는 자여야 했다. 그는 39세에 '군주는 백성을 천天으로 삼는다'는 단문을 지어 '백성을 잘 교화하는 자는 천을 법칙으로 삼고, 천을 잘 아는 자는 백성을 우선시한다'는 원칙을 제시하고 다음과 같이 주장했다.

지금 나의 후자後者는 만백성을 기르고 구야九野, 천하의 땅를 평탄하게 정돈하였다. 위로는 오직 하늘을 받들고 아래로는 홀아비와 과부를 긍휼히 여긴다. 스스로 백성을 하늘로 삼으니 만방이 귀의한다.

군주가 명군이면 백성들은 밭을 갈고 우물을 파서 마시며 밭 사이에서 배를 두드린다. 산택山澤의 자원을 이용하여 맥직麥稷으로 세를 바친다. 희희낙락할 뿐이며 제왕의 권력이 있다는 것을 알지 못한다. 그러나 군주가 암군이면 백성들은 초야에서 일어나 농기를 버리고 팔을 휘두르며 장대를 높이 들고 이리와 같은 무리들을 모아 왕공王公을 참칭하며 흉흉한 마음으로 신기神器를 훔치려 한다.

반란의 원인을 군주의 무도로 돌리는 관점은 대담한 것이었다. 일반 사대부들이 노동을 경시하고 대중을 천시한 것과 달리 노동을 사회 재부의 원천 중 하나로 보았다.

재용財用을 생산하는 것은 토지이지만 토지를 개간하는 것은 인민이다.
인민이 많으면 토지가 개간되고 재용이 족하면 국가가 안정된다.

왕우칭의 주관적 소망은 비록 선량하였지만 중국 봉건제는 이미 하강기에 있었고, 그는 만신창이로 도탄에 빠진 백성의 생활을 목도한다. 주관적인 소망이 객관적 현실과 첨예하게 모순되었을 때, 왕우칭은 '심산궁곡의 수레길이 통하지 않는' 산간벽촌에서 '스스로 경작하고 스스로 거두며 자족하고, 요·순이 나의 제왕이라는 것도 알지 못하는 화외化外, 문명 밖의 생활을 발견한다. 그러나 현실 생활에서는 자기의 이상을 실현할 길을 찾지 못하였기 때문에 단지 환상 속에서 자신의 세외도원을 찾는 것으로 그치고 만다. 991년, 상주常州로 좌천되었을 때『녹해인서』錄海人書란 글을 짓는다. 도연명의『도화원기』를 모방하여 희희낙락함이 인간의 세계와 같지 않은 '대동사회'를 소묘한 것이다. 그 글 가운데에는 진秦 말 해도의 이인이 예궐하여 상서한 다음과 같은 내용이 수록되어 있다.

신臣은 해상에 거주하며 어염漁鹽을 멋대로 채취하여 자급자족하여 살고 있었는데, 이번 가을 조수를 타고 배를 띄웠더니 해안이 점점 멀어졌습니다. 얼마 되지 않아 홀연히 질풍이 일고 성난 파도가 사방에서 일어나 어디론가 한참 떠내려갔습니다. 이틀 밤이 지나자 바람은 고요하고 파도는 잠잠해졌으며, 하늘도 맑게 개었습니다. 뱃머리에 기대 바라보니 섬에서 사람들이 웃고 떠드는 소리가 있었고, 자세히 보니 조그마한 경작지도 있었습니다. 등을 내놓고 엎드려 해를 쪼이는 사람, 발을 물에 담그며 앉아 있는 사람도 있었으며, 그물과 낚시로 어별魚鼈을 잡는 남자, 약초를 캐는 부인도 있었습니다. 희희낙락함이 인간세계에서는 있을 수 없는 풍경이었습니다.
신이 사정을 물었더니 어떤 사람이 신에게 읍하며 말하였습니다.
"우리는 본래 중국 사람이었는데 천자가 서복에게 신선을 찾으라
고 하였을 때 이곳으로 실려왔습니다. 서복이 데리고 온 동남동녀
가 바로 우리들입니다. 서복은 요사한 사기꾼으로 신선도 봉래산도
찾을 수 없다는 것을 알았지만 여기에 와서 일생을 마칠 계획을 한
것입니다. 우리는 배 안의 곡식을 뿌려 해마다 수확을 거두었고, 바
닷속의 어류로 매일 배를 채웠습니다. 또 섬 안의 화초를 취하여 나
물로 먹었습니다. 그래서 우리는 영구히 죽지 않을 수 있었습니다.
우리가 죽으면 바다에 수장합니다. 아이가 태어나면 섬에서 술戌,
장성의 역役, 아방궁의 노역도 모르게 살아가므로, 비록 태반이나
뜯어가는 부賦와 삼족을 멸하는 형벌이 있다 한들 우리를 어쩌겠습
니까?" 그들은 음식을 내어 신을 대접하며 이렇게 말하였습니다.
"당신은 우리의 사정을 천자에게 전할 수 있습니까? 천하의 부세를
가볍게 하고 천하의 군대를 쉬게 하며 천하의 노역을 없애면 만민
은 우리처럼 즐겁게 살 수 있습니다. 무엇 때문에 또 신선을 찾고
장수하기를 바란단 말입니까?"[7]

왕우칭이 상상한 해양세계는 당시 죽음의 선상에서 고투하며
낙원을 추구하는 대중의 소망을 승화시킨 것이다. 그것은 결국 바
라볼 수는 있으나 도달할 수는 없는 '해상의 신기루'였다. 이 점을
왕우칭도 명확히 인식하고 단지 해인海人의 입을 빌려 전해 들은 신

기한 이야기를 '천자에게 알리고', '천하의 부세를 가볍게 하고 천하의 군대를 쉽게 함으로써', '인민을 즐겁게' 하고자 했던 것이다. 그러나 이조차 실현할 자신이 없어 최후에는 단지 수록하여 후세에 보임으로써, 후세의 독자들이 자신의 이상과 심정을 이해해줄 것을 기대하였다. 그가 꿈꾼 해양세계의 해인국은 불과 100여 호에 지나지 않는 작은 세계이며, 외부와 단절되었기 때문에 '등을 내놓고 해를 쪼이거나 발을 물에 담그며 앉아 희희낙락'한 생활을 유지하는 사회일 뿐이다.

사상적 내용에서 보면 『녹해인서』는 『도화원기』의 자매편으로 손색이 없으며, 뒤에 나온 강여지康與之의 『서산은처』西山隱處와 함께 중국의 공상적 농업사회주의의 귀중한 자료가 아닐 수 없다.

3장_주

1   이성규, 「중국 대동사상의 역사적 전개와 그 특징」, 『한국사 시민강좌』 10집, 1992, 223쪽.

2   이성규, 앞의 논문, 228쪽.

3   진정염 지음, 이성규 옮김, 『중국의 유토피아사상』, 1990, 122~123쪽.

4   곡금량 편저, 김태만·안승웅·최낙민 옮김, 『바다가 어떻게 문화가 되는가』, 산지니, 2008, 278쪽.

5   주강현, 『제주기행』, 웅진지식하우스, 2011, 20쪽.

6   진정염, 앞의 책, 281~288쪽.

7   『小畜集』 권14.

4.

조선식 무릉도원에서
수중세계까지

고성군에 사는 유동지가 동네 사람 24명과 함께 배를 타고 한 섬에 미역을 따러 갔다. 그런데 갑자기 서북풍이 크게 불어 여러 날 표류하게 되니 물도 먹지 못하였다. 바람이 멎고 나서 한 곳에 닿고 보니 모두 죽고 세 명만이 살아남았다. 세 사람이 모래사장에 누워 있는데 두 동자가 나타나서 선생의 명이라며 우상羽觴을 주니, 세 사람이 이를 마시고 기력을 회복하였다. 세 사람은 인도하는 동자를 따라서 노옹老翁을 만나게 되는데 노옹이 살고 있는 섬은 동해의 단구丹邱로서 그곳에서는 물만 마시고 풀로 옷을 해 입는다고 하였다.

『청구야담』靑邱野談, 「유동지劉同知 이야기」

1 우리 선조들은 이상향을 옥야沃野, 승지勝地, 복지福地, 동천洞天, 낙토樂土, 부산富山, 선경仙境 등 이루 헤아릴 수 없이 많은 단어들로 표현하였다. 옥야는 비옥한 땅을 나타내는 말이니 뛰어난 생산성을 강조한 용어이고, 복지는 아름다운 계곡이나 동굴 속 세상을 나타낸다. 낙토는 낙원이라는 말에서 볼 수 있듯이 세상 힘든 것이 없는 즐거운 땅이라는 의미이며, 부산은 물자가 풍족하여 가난이 없다는 의미를, 선경은 신선이 살 만큼 깨끗하고 아름답다는 뜻이다. 동천은 본래 도교에서 신선이 모여 사는 땅을 의미하는데 속세의 때가 미치지 않은 깨끗한 공간임을 강조한 단어였다.[1]

중국의 봉래와 영주, 방장은 한국에도 지대한 영향을 미쳤다. 제주 한라산을 영주산이라 부르는 것도 이 같은 영향 때문이다. 시황제가 오래 살고픈 욕망 때문에 불로초를 찾기 위해 서복을 보냈듯이 조선 사람들도 영원히 늙지 않는다는 신선이 사는 곳과 같은 공간을 희구하였다. 화려한 꽃이 만발한 도화원은 곧바로 불로장생의 복숭아가 피어나는 신선의 세계로 이어졌다. 김홍도의 〈군선도〉群仙圖, 1776가 대표적인 사례일 것이다. 〈군선도〉는 전설의 산 곤륜산에 사는 서왕모의 잔치에 초대받아 가는 19명의 신선들을 그렸다. 그림에는 세 무리의 신선들이 보인다. 뿔이 하나 달린 소를 탄 노인, 호리병을 들여다보는 젊은이, 나귀 등에 거꾸로 오른 채 독서에 열중하는 노인, 딱따기 나무토막을 든 노인이 보인다. 왼쪽에는 나물을 캐려는 듯 바구니와 호미를 어깨에 걸친 여인들이 걸어간다. 곤륜산에는 3,000년에 한 번 봉숭아꽃이 피고 복숭아가 아주 먹음직스럽게 열린다. 서왕모의 잔치에 가서 그 복숭아를 얻어먹으면 불로장생하게 된다는 이야기가 있다.

무릉도원 이야기도 중국에서 끝난 것이 아니다. 중화 질서 내에 온존한 중국적 지식의 주요 수입국이었던 조선에서도 곳곳에 무릉도원의 흔적이 남아 있다. 아주 간단한 즉자적인 예로 지명을 들 수 있을 것이다. 가령 동해시 삼화동의 호암소에서 용추폭포에 이르는 약 4킬로미터에 달하는 계곡을 무릉계곡이라 호칭한다. 삼척부사 김효원金孝元이 이름을 붙였다고 전해오며, 신선이 노닐었다는 전설에 따라 무릉도원이라고 부른다. 두말할 것 없이 무릉도원처럼 깊고 깊은 숨겨진 땅이었기에 후대에 붙여진 지명일 것이다.

무릉도원이 아니더라도 사람이 제대로 살 수 있는 길지가 곳곳에 마련되어 조선식 유토피아의 땅을 설정해준다. 『정감록』鄭鑑錄, 『유산록』遊山錄, 『삼한산림비기』三韓山林秘記, 『남사고비결』南師古秘訣,

『도선비결』道詵秘訣, 『토정가장결』土亭家藏訣 등에서 쉽게 확인되는 십승지지+勝之地가 대표적일 것이다. 이들 자료에서 대체적으로 공통되는 공간은 다음과 같다. 영월의 정동쪽 상류, 풍기 금계촌, 합천 가야산 만수동 동북쪽, 부안 호암 아래, 보은 속리산 아래의 증항 근처, 남원 운봉 지리산 아래의 동점촌, 안동 화곡, 단양 영춘, 무주의 무풍 북동쪽 등이다. 이들 지역은 모두 교통이 불편하여 접근하기 힘든 오지였다. 이런 곳이 선호된 것은 난리가 났을 때 백성들이 취할 수 있는 방도란 난리가 미치지 않을 만한 곳으로 피난하여 보신하는 것뿐이었기 때문이다. 십승지에 대한 열망은 조선 후기와 일제강점기에 매우 두드러지게 나타났으며, 한국전쟁 때에도 광범위한 영향력을 미쳤다. 그러나 십승지 사상에서 찾아볼 수 있는 피란·보신의 소극성은 단지 그것으로 그치지 않고 항상 새로운 이상세계를 대망하는 적극성과 연결되어 있다.

계룡산이 『정감록』의 이상세계가 구현되는 공간으로 설정되었던 것도 조선식 유토피아의 계산된 장치였다. 굳이 『정감록』 등의 반열에 오르지는 못했더라도 민간전설에서 길지로 손꼽은 공간은 전국 어디에나 있었다. 두 가지 예만 들어본다. 식장산食藏山은 충청도 지방에 널리 퍼져 있는 이상향이다. 가난한 효자에게 양식을 무진장 대주었다는 전설이 그것이다. 식장산은 여신이 주재하는바, 그녀의 치맛자락 밑에 산다는 안도감이 이 산마을 사람들을 떠나지 못하게 하는 가장 큰 원인이었다. 계룡산에 가면 쌀바위란 아주 특이한 이름의 바위가 있다. 가뭄이 들 때, 사람들이 그 쌀바위에 가면 쌀이 하염없이 나와서 굶주린 사람들을 구해주었다는 전설의 바위이다. 이 같은 쌀바위 이야기도 분명히 민중들이 꿈꾸던 이상향이다.

사실 각국의 설화는 대부분 '코케인'Cockaygne과 관련된 소재들을 풍부하게 갖고 있다. 이상향의 형태 중에서 가장 환상적인 것이 코케인이기 때문이다. 유럽에서 코케인의 기원은 고대에서 비롯되었지만 그것이 가장 현저하게 발현된 것은 오히려 중세 말이었다. 코케인이란 말 자체가 영국의 민중시 「코케인의 나라」The Land of Cockaygne에서 유래한다. 코케인의 나라는 무엇보다 음식의 천국이다. 기름과 우유와 꿀과 포도주의 강이 흐르고, 교회와 수도원은 온통 음식으로 만들어졌다. 중세 코케인의 완전한 현대판은 1930년대 미국 노동자들과 부랑자들이 애창하였던 민요, 〈큰 과자바위의 산〉The Big Candy Mountain과 〈빈자의 천국〉Poor Man's Heaven이다.[2] 식장산이나 쌀바위나 이들 미국 민요나 그것에 담겨진 이상향은 크게 다를 게 없을 것이다.

2／ 조선형 무릉도원의 압권은 역시 일본 텐리대天理大에 소장된 안견安堅의 〈몽유도원도〉夢遊桃源圖이다. 안견은 호군護軍을 지냈으며 화원의 신분이었다. 많은 화가들의 후견인 역할을 한 안평대군安平大君, 1418~1453의 절대적 후원을 받았을 것으로 추측된다. 〈몽유도원도〉는 안평대군이 1447년 4월 20일에 꿈속에서 도원을 여행하

고 그 내용을 안견으로 하여금 그리게 한 뒤, 당시의 명사들을 시켜 찬시讚詩를 짓게 한 결과물이다. 3일 만에 완성되었다는 속설과 달리 치밀한 화법을 보면 한국회회사의 전반에 걸쳐 최고의 반열에 놓일 작품임에 틀림없다.

그림이 장중하다. 안개 속을 거닐듯, 미로 같은 도화원 숲에서 자칫 길을 잃을 것만 같다. 안평대군의 발문과 그가 1450년 정월 초하룻날 지은 시, 신숙주申叔舟·이개李塏·정인지鄭麟趾·박팽년朴彭年·서거정徐居正·성삼문成三問 등 당대의 대표적 명사들이 자작시를 자필로 써놓은 것 등 모두 23편의 찬문이 곁들여 있다. 그리하여 〈몽유도원도〉는 단순히 하나의 그림으로서만이 아니라 당대의 시·서·화詩·書·畵 삼절三絶이 갖추어진 종합예술로서의 품격을 지닌다. 안평대군은 1450년, 즉 〈몽유도원도〉가 완성되고 3년 뒤에 여섯 행의 주서朱書를 남긴다.

이 세상 어느 곳이 꿈꾼 도원인가   世間何處夢桃源

은자의 옷차림새 아직도 눈에 선하거늘   野服山冠尙宛然

그림 그려 보아 오니 참으로 좋구나   著畵看來定好事

여러 천 년 전해지면 오죽 좋을까   自多千載擬相傳

그림이 다 된 후 사흘째 정월 밤   後三日正月夜

치지정에서 마침 종이가 있어   在致知亭因故有作清之

한마디 적어 맑은 정취를 기리노라

안평대군이 아른하여 잠이 들었는데 꿈도 꾸게 되었나 보다. 대군이 다녀온 도화원은 도연명의 「도화원기」와 다를 바 없다. 평소에 얼마나 도화원을 대망하였으면 꿈에서까지 똑같이 나타났을까. 대군이 박팽년과 더불어 어느 산 아래에 당도하니, 층층의 멧부리가 우뚝 솟아 있고, 깊은 골짜기가 그윽한 채 아름다웠으며, 복숭아나무 수십 그루가 심겨 있었다. 오솔길이 숲 밖에 다다르자 여러 갈래로 갈라져 서성대며 어디로 갈 바를 몰랐다. 한 사람을 만나니 산관야복山冠野服으로 길이 읍하며 이르기를, "이 길을 따라 북쪽으로 휘어져 골짜기에 들어가면 도원이외다"라고 하였다. 말을 채찍질하며 찾아가니, 산벼랑이 울뚝불뚝하고 나무숲이 빽빽하며 시냇길은 돌고 돌아서 거의 백 굽이로 휘어져 사람을 홀리게 했다. 골짜기를 돌아가니 마을이 넓고 틔어서 2, 3리쯤 될 듯하여, 사방의 벽이 바람벽처럼 치솟고, 구름과 안개가 자욱한데, 멀고 가까운 도화 숲이 어리비치어 붉은 놀이 떠오르고, 또 대나무 숲과 초가집이 있는데 싸리문은 반쯤 닫히고 흙담은 이미 무너졌으며, 닭과 개와 소와 말은 없고, 앞 시내에 오직 조각배가 물결을 따라 오락가락하니, 정경이 소슬하여 신선의 마을과 같았다. 이에 주저하며 둘러보기를 오래 하고, 박팽년에게 이르기를, "바위에도 가래를 걸치고 골짜기를 뚫어 집을 지었다더니, 어찌 이를 두고 이름이 아니겠는가. 정말로 도원동이다" 하였다. 곁에 두어 사람이 있으니 바로 최항, 신숙주 등인데 함께 시운을 지은 자들이다. 서로 짚신감발을 하고 오르내리며 실컷 구경하다가 문득 깨었다.

「도화원기」의 조선 버전이다. 도원도는 중국에서도 여러 화가들에 의해 연연이 이어진 장기지속적 화풍 전통이나 안견에 이르러 비로소 조선적인 도원도가 탄생한 것이다.[3] 왼편 하단부로부터 오른편 상단부로 대각선을 이루며 이어지는 특이한 이야기 전개법, 왼편으로부터 현실세계의 야산, 도원의 바깥과 안쪽 입구, 도원으로 구분되는 따로 떨어진 경물의 조화, 고원高遠과 평원平遠의 강한 대조, 도원의 넓은 공간, 환상적인 산들의 기이한 형태, 이 모든 것은 안견의 독창성을 웅변한다. 화면 왼쪽 아래에서부터 오른쪽 위로 꿈속에 나타났던 장면이 점층적으로 전개되는데, 화면 왼쪽은 현실세계, 중간은 도원으로 들어가는 동굴과 같은 험난한 길, 오른쪽에는 복숭화꽃 만발한 이상세계가 펼쳐진다.

회화에 반영된 무릉도원이 보다 즉자적이고 실감나는 인상을 준다면, 구술 민담이나 고문헌에도 무릉도원이 엿보인다. 무릉도원은 아니더라도 우연히 길을 잃어 선경으로 들어가는 설정은 야담에 비일비재하다. 『계서야담』溪西野談의 이李 진사 이야기도 그중의 하나다. 이 진사는 문외인門外人으로 선군先君과 같이 수업하였다. 그 종형 모某가 안산에 갔다가 길을 잃어 헤매던 중 갑자기 큰 들판이 펼쳐지며 꽃이 난만하고 신기한 짐승이 뛰노는 선경에 들어선다. 이생李生이 의아하게 여기며 한 초가에 들어가니 20여 세 된 미녀가 이생이 올 줄 알았다며 웃으면서 맞이한다. 여자가 이생이 시에 능하다는 말을 듣고 일부러 길을 잃게 하여 그곳에 이르게 한 것이라 하고 자신이 지은 시를 보여준다. 『계서야담』 이야기는 길을 잃은 나그네가 숙소를 찾다가 우연히 선경에 들어갔다가 다시 돌아오는 무릉도원형 유토피아의 한 전형이다. 신돈복辛敦復, 1692~1779의 『학산한언』鶴山閑言에 실린 아래 이야기도 무릉도원의 조선식 버전이다.

아산 대동촌에 사는 홍초가 금강산에 갔다가 급하게 걸어가고 있는 한 스님을 만난다. 어디 가냐고 물으니 아주 먼 곳이라고만 대답한다. 홍초가 따라가려 하자 다리 힘이 대단하지 않으면 갈 수 없는 곳이라며 거절한다. 홍초가 간곡히 청하자 스님이 홍초를 아래위로 한참 훑어보더니 따라와도 좋다고 허락한다. 험한 길을 오르내리며 몇 리나 갔을까. 높은 고개 하나를 넘으니 거대한 모래더미가 앞에 놓였다.

'이 모래더미는 아주 부드럽고 약하지. 발을 조금이라도 더디게 옮기면 폭 빠져버려, 내가 하는 것을 잘 보고 발걸음을 빨리 옮겨야만 무사할 수 있지.' 홍초는 스님을 따라 빨리 걸었다. 어느덧 꼭대기에 이르렀는데 산허리를 빙 두른 길이 갑자기 끊겼다. 홍초가 아래를 내려다보니 완전 절벽이었다. 정신이 아찔했다. 맞은편 절벽과의 간격은 한 길이 넘었다. 스님은 태연히 가볍게 뛰어넘었다. 그러나 홍초는 따라갈 수가 없었다. 발만 동동 구르고 있는데 스님이 몸을 눕히며 홍초에게 자기 품에 안기라고 했다. 홍초가 몸을 날리니 스님이 안아서 건네주었다.

그 뒤로도 가파른 산길을 몇 굽이나 돌아 한 곳에 이르니 완전히 딴 세상이었다. 경치가 빼어나게 아름답고 논밭은 기름졌다. 집들이 서로 이웃해 있는 마을은 배나무가 우거지고 집집마다 곡식이 가득하고 사람들도 여유가 있어 보였다. 바깥세상에서 손님이 왔다고 귀하게 여겨 집집마다 홍초를 초대하여 맛있는 음식을 대접한다. 한 달쯤 지났을까. 홍초가 이제 집에 돌아가려고 왔던 길을 물으니, 스님은 '왔던 길은 올 수만 있지 갈 수는 없는 길일세. 저쪽으로 좀 더 가면 나갈 수 있는 길이 있지' 하며 쑥을 엮어서 방석 두 개를 만들었다. 방석을 가지고 수십 리를 걸어 높은 산등성이를 넘어가니 한 너른 바위가 있었다. 스님은 방석 한 개를 홍초에게 주고 자기도 다른 하나를 등에 붙이고 바위 위에 누웠다. 그러자 바위가 움직이면서 밑으로 내려가더니 한참 후에 멈췄다.

눈앞에 아주 높은 봉우리가 있고 봉우리 꼭대기에는 둥근 바위가 있었다. 그 위에 쇠뿔처럼 튀어나온 것이 마주보고 있었다. 스님이 아주 기이한 것을 보여주겠다며 홍초를 봉우리 꼭대기로 데려간다. 스님이 뿔처럼 튀어나온 것을 돌멩이로 두드리니 점차 구부러지며 오그라들었다. 다시 두드리니 조금 전처럼 커졌다. 홍초가 무엇인지 물으니 큰 고둥인데 고용이라고도 부른다 했다. 높은 산꼭대기에만 있는 것인데 그것으로 소식을 전할 때 부는 고둥을 만든다 했다. 그곳으로부터 30여 리를 가니 강원도 고성이 나왔다.[4)]

3 / 이강李矼이 지은 『가림이고』嘉林二稿의 「의도기」義島記도 섬—이

상향 담론의 좋은 사례이다.[5] 서당에 다니는 대동가의 소년들이 배를 타고 표류하여 겪은 일종의 모험담으로 소년들이 당도하였던 섬을 유토피아로 그리고 있다. 주위 수십 리로 수백 호가 모여 사는 의도는 임금이나 윗사람이 없고, 조세나 공납을 바치는 것도 없다. 소설은 섬 주민들을 만주족의 지배를 반대하여 망명한 명나라 유민으로 그리고 있다. 피난 온 유민들이 어느 섬에 정착하여 자신들만의 유토피아를 건설한 것으로 나타난다. 섬-이상향의 전형적인 모습이다. 바다의 섬으로 선경이 설정된 예는 『청구야담』의 「유동지 이야기」가 압권이다.[6]

고성군에 사는 유동지가 동네 사람 24명과 함께 배를 타고 한 섬에 미역을 따러 갔다. 갑자기 서북풍이 크게 불어 여러 날 표류하게 되니 물도 먹지 못하였다. 바람이 멎고 나서 한 곳에 닿고 보니 모두 죽고 세 명만이 살아남았다. 세 사람이 모래사장에 누워 있는데 두 동자가 나타나서 선생의 명이라며 우상羽觴, 새깃 모양으로 된 술잔—인용자 을 주니, 세 사람이 이를 마시고 기력을 회복하였다.

세 사람은 인도하는 동자를 따라서 노옹老翁을 만나게 되는데 노옹이 사는 섬은 동해의 단구丹邱로서 그곳에서는 물만 마시고 풀로 옷을 해 입는다고 하였다. 그곳에서 편안한 나날을 보내던 세 사람은 노옹을 졸라서 삼만여 리 떨어진, 해돋는 고을을 구경할 수 있도록 하였다. 세 사람이 배에 올라 동자가 준 경액瓊液, 신비로운 약물—인용자을 세 번 마시자, 배가 이미 언덕에 닿아 일출을 볼 수 있었다. 마침내

세 사람이 고향으로 돌아가기를 원하자, 노인은 섬의 하루가 인간의 일 년이니 표류한 지 50년이 지났다며 되돌아가도 생소할 것이라고 하였다. 그래도 돌아가길 간청하니, 노인은 배를 태워주면서 지남철指南鐵을 주어 갈 방향을 일러주었다.

유동지는 돌아오는 배 속에서 경액 세 병을 훔쳤다. 세 사람이 동자의 도움으로 무사히 고향땅 고성으로 되돌아와 보니, 만나는 사람마다 낯이 설었고 부모와 처자식이 죽은 지 오래되어 손자가 집주인으로 있었다. 유동지는 훔친 경액을 하루 한 번 먹어 200년 동안 병이 없이 지냈는데, 고성 원님이나 인근 수령 등이 부르면 표류했던 이야기를 들려주곤 하였다.

이야기 구조는 매우 단순하다.

① 동해의 고성 사람들이 섬에서 미역을 따다가 집단적으로 표류했다.

② 모두 죽고 3인만 남았는데 두 동자에게 구원을 받는다.

③ 동자를 따라서 이상한 섬으로 가서 노옹을 만나 선경에서 살게 된다.

④ 일출을 보겠다는 핑계를 대고 일출을 본 뒤에 고향으로 돌아갈 것을 간청한다.

⑤ 허락을 받아 고향으로 돌아오게 되며 경액을 마시고 신선처럼 오래 살았다.

작은 배를 타고 조업하다 보면 표류는 능히 일어날 수 있는 일이며, 대개 표류자들이 사망하고 약간 명만 남는 것도 일반적이다. 노옹을 만난 곳은 섬에 있는 일종의 선계仙界로 비정比定된다. 선경에서 되살아온 귀환 드라마도 익숙하다. 살아 돌아왔기에 이런 증언을 남길 수 있었으리라. 선경에서는 하루가 일 년이니 그 살기 좋은 유토피아에서의 시간이 인간세계와 다름을 알 수 있다.

조경趙絅, 1586~1669의 『용주유고』龍州遺稿에는 「통천 어부들의 풍랑기」通川海尺飄風說가 전해온다.[7] 모험적 기행문으로서 마치 서양의 『걸리버 여행기』를 연상시키는데, 특히 동해에서 풍랑을 만나 무려 5개월 동안을 표류하였다고 한다. 그들이 정박한 곳이 혹시 사할린, 아니면 아이누들이 살던 북해도가 아니었을까.

대구大口잡이로 생업을 삼던 어부 다섯 명이 어느 날 밝은 밤에 배를 타고 바다에 나가서 그물을 거두고 있었다. 갑자기 큰 바람이 일어나서 하늘에 닿을 듯한 파도가 그들이 탄 배를 밀고 바다 가운데로 내몰았다. 돛대고 삿대고 다 쓸모가 없었다. 배 밑에 납작 엎드려서 하늘에 대고 살려 달라고 애원만 할 뿐이었다. 밤새도록 밀려가다가 다음 날 아침 해가 밝을 무렵 그들의 배는 어느 바닷가 언덕에 밀려 올라가 있었다.

배에서 내려 보니 해변에 인가 수십여 채가 서 있었다. 집들은 마치 소금집[鹽幕] 같았다. 목도 마르고 배도 고파서 그 집으로 찾아 들어갔다. 그 집에는 6, 7명의 여자들이 있었는데 키는 열세 자尺쯤 되고 얼굴 생김새는 거칠고 억세어 사람같이 보이지 않았다. 여자들은 마침 말먹이 죽을 나무그릇에 담아다가 말에게 먹이고 있었다. 그때 남자 수삼 명이 마을로 들어왔다. 사내들이 어부들을 보자 험상궂게 큰 소리로 으르렁대더니, 일행 중 두 사람을 붙잡아서 마치 고양이가 새 새끼를 찢어 죽이듯이 무참하게 죽였다.

나머지 세 사람은 마구간으로 도망쳐 들어가 숨었다. 마구간에는 개 정도밖에 되지 않는 작은 소와 큰 말들이 있었다. 마소의 오줌똥 속에서 하룻밤을 자고 다음 날 새벽에 여자들이 들어와서 그 짐승을 몰고 나가는 틈을 타 바닷가의 배가 있는 곳으로 도망쳐 나왔다. 배를 바다로 밀어 넣은 뒤에 거기에 올라타고 바다로 도망쳐 나오면서 그 마을을 돌아보았다. 그러자 무지스러운 남자들이 떼를 지어 따라오다가, 배가 이미 멀리 떠난 것을 보고는 큰 소리로 욕을 하고 있었다.

살아남은 세 사람은 그곳을 벗어난 뒤에 몇 달이 걸려 북청으로 돌아왔다. 어부를 고용하였던 주인이 얼굴을 몰라볼 지경으로 모습이 변해 있었다. 그나마 굶어 죽지 않은 것은 지나온 섬 중에 부추나 미역 같은 식물이 많아서 양식 삼아 먹었기 때문이다. 그들이 떠다니다가 정박하였던 그 지방은, 그들 생각으로는, 옛사람들의 전설로 내려오던 개부락일 것이라고 하였다. 파도에 떠밀려 떠난 때는 3월이었는데 돌아온 때는 8월이라 하니, 그들이 정박하였던 곳이 얼마나 멀었는지 알 만하였다.

『청구야담』의 이야기와 차이가 있다면, 통천 어부들이 다녀온

곳은 선경이 아니라 무시무시한 섬이란 점이다. '전설로 내려오던 개부락'介部落, 동해 가운데 있다는 개씨 부락이라고 하여, 당대 사람들에게 동해의 미지의 섬 마을이 전설로 유포되었던 곳으로 비정한다. 중세시대 동해안 사람들의 지리관 속에는 일본 이외에도 어떤 미지의 공간에 관한 암묵적인 인식이 있었으리라. 개 정도 크기의 소가 존재하는 이상한 공간, 표류민에게 따스하게 대해주는 관행과는 달리 거칠게 죽여버리는 험악한 공간은 실재 가능한 공간일 수는 없다. 거인족에게 잡힌 걸리버의 신세를 방불케 하는 이 흥미로운 이야기는 섬이 반드시 이상향은 아니더라도 미지의 신비로운 공간으로 묘사되었다는 결정적 증거이기도 하다. 작자는 "이선자라는 사람이 어느 날 나에게 자기가 통천에 있을 때 들은 것이라고 하며 해준 이야기이다"로 시작함으로써 이야기의 신뢰도를 높이고자 하였다. 사실과 허구, 실재와 환상, 경험과 추측 등이 맞물리는 중세 사회의 해양세계관을 들려주는 좋은 사례가 아닐 수 없다.

4 섬은 신들이 정착하는 근거지가 되기도 한다. 서해의 어청도와 외연도 일대에는 이런 전설이 전해진다. 고대 중국, 한나라의 득세로 밀려난 제齊나라의 전횡田橫 장군이 이곳으로 망명해 왔다. 그는 한나라의 줄기찬 회유와 협박을 물리치고 가신들과 함께 바다로 나와 반양산에 숨어들었다가 종국에는 부하들을 지켜내기 위해 낙양으로 소환당해 스스로 목숨을 끊었고, 섬에 있던 500여 명

의 부하들도 그와의 의리를 지키기 위하여 모두 죽음을 택했다. 외연도 당집의 「전공사당기」田公祠堂記에 전해오는 사연이다. 어청도에도 전횡 장군을 모신 치동묘淄東廟가 있다. 문짝은 떨어지고 그림들은 훼손되었어도 한때 화려했던 영광을 보여주는 건축물, 팔각 기와지붕에 아홉 개의 사각기둥이 떠받치고 있으며 처마에는 열세 개의 사각기둥이 세워져 있다. 이 머나먼 섬에 이만한 격식을 갖춘 기와집을 짓고 화공을 모셔와 민화와 산수화를 그려놓고 전횡 장군의 영정을 중앙에 모셨다.[8]

　『사기』의 「전횡열전」에 간략한 내용이 엿보인다.[9] 기원전 202년경, 한고조가 서초西楚의 패왕이었던 항우를 물리치고 천하를 통일하자 항우는 자결하였으며, 당대 재상이던 전횡은 군사 500을 이끌고 망명길에 나선다. 전횡은 패장敗將이 분명하다. 돛단배에 의지하여 정처 없이 동쪽으로 나아가던 전횡은 중국을 떠난 지 3개월 만에 어청도에 당도한다. 안개가 자욱하여 앞이 보이지 않는데 갑자기 푸른 섬이 문득 나타났다고 한다. 이에 전횡은 배를 멈추도록 명령하고 어청도라 명명하면서 이곳에 정착하였다. 전횡은 오늘날 어청도 봉수대가 남아 있는 산 정상에 올라서서 부채를 펼쳤다고 한다. 그가 부채를 펼치면 서해를 항해하던 모든 배들이 휘감겨 딸려왔다. 이상은 당연히 '전설 같은 역사'이다.

　전횡이란 인물에 대한 사실 규명은 쉽지 않다. 더더구나 그의 한반도 망명설에 관한 입증도 쉽지 않다. 그러나 천하를 다투던 싸움에서 패배한 군사들의 비극적 결말을 고려한다면, 그네들의 대류 탈출과 한반도로의 동진은 예상가능한 일이며, 서해를 떠돌다 맨 처음 어청도에 당도하였음직한 전설도 사실에 부합된다. 중국에서 가장 가까운 섬이기 때문이다. 부채로 배들을 휘감았음은 전횡이 제해권을 장악하던 사실의 반영이며, 빈곤한 섬에서 노략질로 버텨나가던 사실을 방증함이 아닐까. 이후 전횡 일행의 행적은 묘연하다. 필경 중국으로 되돌아갔을 수도, 아니면 잔류하였을 수도 있다. 아무도 모른다. 그래서 '전설 같은 역사', 혹은 '역사 같은 전설'이다. 어쨌든 전횡은 신이 된다.

전횡 장군 신격화 범주가 인근 바다에 걸쳐 있음은 중국과 한반도 사이에 위치한 이들 도서의 국제적 성격을 말해주는 것이기도 하다. 사람들이 언제부터 중국 고대사회의 장수를 신으로 모시게 되었는지는 불분명하다. 임경업이 연평도에서 조기의 신이 되었다면, 전횡은 보령 앞바다에서 당숲의 신이 되었다. 둘 다 희생양으로 죽은 장군이라는 공통점이 있다. 패장이라고 할 수 있는 장군들이 서해의 어업신으로 숭앙받는 것은 해양문화사적으로 대단히 흥미로운 대목이다.

왜 하필 머나먼 이국땅 섬에서 신이 되었을까. 중국 고대사의 수수께끼가 머나먼 서해의 섬에서 하나의 드라마를 펼치고 있는 셈이다. 머나먼 중국 땅, 그것도 제나라까지 거슬러 올라가는 고대사회의 한 장군이 서해의 신이 되었다는 점은 당대 사회에서 중국의 동해, 우리의 서해 사이에서 무언가 알 수 없는 모티프적인 사건이 전개되었음을 암시하는 것으로도 읽힌다. 하지만 애석하게도

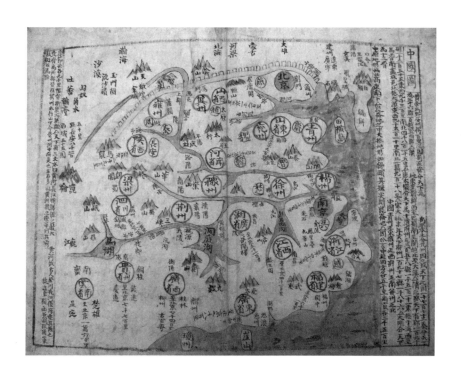

청나라 때 〈中國圖〉에 표현된 전횡도(미국 국회도서관 소장).
중국과 한반도 사이 해상에 오로지 전횡도만 존재하는 것처럼 과도하게 부각되어 있다.

문헌 증거가 없어 모호할 뿐이다. 그러나 '모호하다'는 말은 그만큼 신화적 진실에 가깝게 다가서 있다는 증거일 수도 있다.

　앞의 지도를 보자. 무언가 의미심장하다. 전횡도가 지나칠 정도로 극대화되어 있다. 전횡도는 중국 칭다오에도 있다. 왜 같은 명칭의 섬들이 중국과 한반도에 걸쳐 흘러 다니고 있을까. 오지의 섬에 신으로 안착한 신화적 요소들이 지도에 극대화된 경우이다. 섬은 이처럼 어쩔 수 없이 신들이 좌정하는 공간이기도 하다.

5／해양세계에서 만나는 전혀 다른 세계는 대체로 죽음을 무릅쓰고 도달해야 하는 피안이다. 한국인에게는 보편적인 이승·저승관이 반영되어 있다. 육신에서 이탈한 넋은 저승을 찾아가고, 육신은 이승에 남는다. 이승은 고통스럽기도 하지만 행복한 곳일 수도 있고, 저승은 서천西天세계처럼 최고의 행복을 구가하는 곳일 수도 있고 반대로 지옥처럼 지극한 고통을 내려주는 곳일 수도 있다. 이렇듯 이승과 저승은 양가성을 지닌다. 저승은 조선시대 중세 국어로는 '뎌싱'으로 지시대명사 '뎌'와 '싱'生이 결합한 말이다.[10] 저승이란 말에는 '죽어서도 생이 있다'라는 뜻이 있다. 한국인에게는 '죽어서도 삶이 이어진다'는 의식이 있었다고 볼 수 있다. 황천黃泉 무가 〈바리데기〉에 따르면, 저승은 이승의 끝에서 다시 육로 삼천리, 해로 삼천리 너머에 있다. 10종 지옥을 지나 다시 높은 산과 험한 길, 끝없는 바다를 건너야 비로소 생명수가 흐르는 저승에

닿는다.[11] 생명수로 말미암아 영생불사하는 저승은 한국적 엘리시온Elysion으로 세계적 보편성을 지닌다.

유토피아 개념으로 볼 때 엘리시온은 파라다이스를 이승의 삶 반대편의 내세로 표현한다. 그리스–로마 신화에서 저승의 지배자는 제우스의 아우인 하데스이고, 그곳에 가려면 여러 개의 강과 벌판을 건너야 한다. 첫 번째 강이 아케론 강, 두 번째가 코퀴토스 강, 세 번째가 플레게톤 강, 네 번째가 레테 강이다. 레테 강은 망각의 강으로도 불리는데 이 강을 건너면 이승의 일을 까맣게 잊게 되며 저승의 백성으로 태어난다. 레테 강을 건너면 커다란 벌판이 나오는데 오른쪽으로 가면 극락의 들판인 엘리시온이 있다. 축복받은 사람들이 영생의 삶을 구가하는 이곳에는 공정한 재판관으로 이름 높은 라다만티스의 지배 아래 착한 혼령들이 끝없는 행복 속에 살아간다. 레테 강 건너 벌판의 왼쪽에는 타르타로스가 나오는데 무한지옥인 이곳은 이승에서 못된 짓을 했던 혼령들이 가는 곳이다. 타르타로스 벌판을 지나면 저승의 마지막 강인 스틱스 강이 나오는데 건너면 영원히 돌아올 수 없는 증오의 강이다.

고대인들은 저마다 엘리시온에 머물기를 대망하였다. 호메로스의 말을 인용하자면, '삶 자체가 바로 평온인' 파라다이스다. 사람이 죽어서 복된 내세의 전혀 새로운 땅으로 간다는 한국인의 전통적인 믿음, 즉 피안과 차안을 구분하고 사후에 선경으로 들어갈 수 있다는 믿음은 분명히 엘리시온적이다. 죽어서나 갈 수 있다는 이어도 담론의 형성 안에는 이 같은 요소가 잠복되어 있는 중이다.

4장_주

1   서신혜, 『조선인의 유토피아』, 문학동네, 52~53쪽. 이 책에서는 동양의 이상
사회를 모든 것이 천부적으로 충족된 신화적 이상공간인 산해경형, 도교적 이상공간
이되 인간이 거주할 수 없는 신국인 삼신산형, 인위적 권력을 배제하여 현실 속에 이
룬 이상공간인 무릉도원형, 현실 속에 이룩한 유교적 이상공간인 대동사회형으로 나
누었다(65쪽).

2   김영한, 「이상사회의 분류기준」, 『한국사 시민강좌』 10집, 일조각, 1992, 168~
171쪽.

3   김원룡·안휘준, 『한국미술사』, 서울대출판부, 1994, 270~271쪽.

4   『학산한언』(이강옥, 『보이는 세상, 보이지 않는 세상』, 보림, 2004, 142~143쪽
에서 재인용)

5   이우성·임영택 역편, 『이조한문단편집』 상, 일조각, 1973, 337~339쪽 재인용.

6   「識丹邱劉浪漂錄」, 『靑邱野談』.

7   조면희, 『우리 옛글 백 가지』, 현암사, 1997, 362~363쪽 재인용.

8   주강현, 『관해기 2』, 웅진지식하우스, 2006, 166쪽.

9   「전횡열전」, 『사기』 권94.

10   『家禮諺解』.

11   국사편찬위원회 편, 『상장례, 삶과 죽음의 방정식』, 두산동아, 2005, 24~25쪽.

5.

섬으로 간 의적

재물이란 천하의 공변된 것이요, 재물을 쌓아두는 사람이 있으면 반드시 쓰는 사람이 있고, 지키는 사람이 있으면 역시 가져가는 사람도 생기는 법이라, 주인 같은 분은 쌓아두는 사람이요, 지키는 사람이라면 나 같은 사람은 쓰는 사람이요, 가져가는 사람이라 할 터이지요. 줄어들고 자라나는 이치와 차고 기우는 변화는 곧 조화의 상도常道라.

『청구야담』, 「어소장투아세부객」語消長偸兒說富客

1 / 인간에게는 유토피아를 꿈꾸는 변혁의 DNA 같은 그 무엇이 있다. 대부분 굴종적이고 예속적인 삶을 묵묵히 받아들일 수밖에 없을지라도 유토피아를 기다리는 인간의 꿈은 너무도 절실하다. 인간은 어떤 고통 속에서도 살아갈 수 있지만 희망 없이는 도저히 버텨나갈 재간이 없는 것이다. 이어도가 갑자기 이상향의 표징처럼 다가왔다는 것은 일상의 나날 속에서 그 무언가 희망의 미래를 꿈꾸는 DNA가 꿈틀댔기 때문이다. 집단 무의식처럼 그 DNA는 꿈틀꿈틀 기어 나와 이상향의 담론체계를 만들어내고 끝내 이어도를 이상향으로 결정짓는 일을 꾸며낸 것이다.

섬-이상향, 그리고 변혁운동에서 섬이 왜 중요하게 다가왔는지 역사적으로 고구할 필요가 있다. 홉스봄은 전통시대 변혁아들의 무정부주의적·구세적 세계관을 주목한 바 있다. 농민들의 유토피아는 징세원, 노동자 모집원, 대지주, 관리 등에게 핍박받지 않는 자유로운 촌락이었다. 통치받은 적은 있지만 통치한 적은 없는 농민들은 복합기구인 국가기관과의 접촉이 거의 없었으며, 그것을 다만 '냉혈의 괴물'로만 경험했을 뿐이다. 그들은 이러한 적대적 힘에 대하여 전통적 권력자들조차 오직 취약한 방패밖에 제공할 수 없다는 것을 알게 되었다. 그리하여 농민에게 국가는 부정적 실체였고 곧바로 해체되어야 할 것이었다. 농민반란은 자연히 무정부주의적 성격을 띠게 되었다. 이러한 정치적 전망은 폭넓은 이데올로기적 견해에 의해 종종 강화되었다. 농민들은 세상의 무질서로부터 구원받을 것을 꿈꾸어왔다. 즉, 농민들은 구세주Mahdi가 폭정으로부터 세계를 구할 것이고 '하늘의 아들'Son of Heaven이 하늘의 명령을 진정으로 구현할 것을 믿었다. 농민의 무정부주의와 구세적인 세계관은 모두 농민반란의 이데올로기적인 힘이 되었다.[1]

에릭 울프의 견해에 따르면, 현대적 관점에서 볼 때에 전근대 사회의 전前 정치적인 대중변혁운동은 많은 점에서 몽매하고 초보적인 단계에 속한다. 그러나 결코 비중이 없거나 주변적 운동이 아니었다. 대중의 각성이야말로 그 시대를 역사에서 가장 혁명적인 시기로 돌입시킨 원동력이었다. 전근대시대에 전 세계에 풍미했던 산적이나 비적의 출현은 아마도 가장 원초적인 형태의 조직화된 사회적 항쟁이었다. 많은 사회에서 산적들의 행위를 사회적 항쟁으로 생각하는 자들은 빈민이며, 그들은 산적을 보호하고 그를 자신들의 투사로 우상화하여 신화 속의 인물, 즉 의적義賊으로 만들었다. 영국의 로빈 후드, 폴란드와 슬로바키아의 야노시크Janosik, 안달루시아의 디에고 코리엔테스Diego Corrientes 등은 모두 실존했던 인물의 변형이다. 빈민에 대한 보답으로 산적들은 그 자신이 의식 있는 사회적 반항자가 아닐 때에도 그에게 기대된 역할에 충실하려고 노력했다. 따라서 부자에게 취한 것을 빈민에게 나누어주고, 자기방어나 정당한 복수의 행위가 아니면 결코 살인을 저지르지 않으면서 사회적 반항을 했던 무수한 인물들이 발견된다. 로빈 후드라는 인물은 하나의 원형archetype일 뿐이다.[2]

의적은 국가나 지배계급과의 마찰로 인해 탈법행위를 하게 되는 인물이며 농민반란의 원초적 형태다. 보편적·불변적 현상인 의적행위는 억압과 가난에 항거하는 국지적 농민소요이기도 하다. 부자와 억압자에 대한 복수의 함성이고, 억압자를 짓누르고 싶어하는 막연한 바람이며, 개인적 탈법행위의 정당화이다. 그러나 그 원망顧望은 매우 온건하다. 전혀 새롭고 완전한 세계를 꿈꾸는 것이 아니라 사람들이 정당하게 취급받는 전통사회를 꿈꾸기 때문이다. 적절한 자기방어 수단을 알지 못하는 농촌사회가 비정상적인 긴장·파멸 상태에 직면했을 때, 의적행위는 국지적 성격을 넘어 보다 광범하게 확산된다. 그들은 지배집단에 의해 범죄자로 간주되고 있는 농민 무법자outlaw이지만, 농민사회 가운데 머물며 사람들에 의해서 영웅, 전사, 복수자, 정의를 위해 싸우는 사람, 또는 해방의 지도자로까지 여겨지고 있고, 어느 경우에서라도 칭찬과 원조, 지지를 해주어야 할 사람으로 생각되고 있다. 일반 농민과 반도叛徒·무법자·강도의 이러한 관계가 의적을 흥미롭고 의미심장

한 대상으로 만든다.[3]

각 나라와 시대마다 사회구성체의 토대가 다르고 변혁운동의 필연성이 다를 뿐이지 이상적 사회를 꿈꾸는 대중의 유토피아관은 동일하였다. 우리의 역사라고 예외는 아니었다. 영정조 시대의 황윤석黃胤錫이 지은 『만록』漫錄 12권에는 명화적明火賊이 등장한다.[4] 작자가 자기 고향의 설화를 전하는 형식으로 이야기가 전개된다. 내용은 한 양반노인이 팔량치를 넘다 산적에게 붙잡혔는데, 한동네 이씨 댁의 하인으로 도망쳤던 김단金檀이란 자가 산적의 대장이 되어 있더라는 것이었다. 김단은 영조 초년 전라도에서 활약하던 실존 인물이었다. 작중의 김단은 노인과의 대화에서 대장부로서 세상에 뜻을 펼 날이 없을 뿐 아니라 신분상의 모욕을 견딜 수 없어 도둑이 되었다는 것, 비록 도둑 소리를 듣지만 부자의 재산을 반분하고 탐관오리의 재물을 몰수할 뿐이므로 하늘에 부끄러울 게 없다고 주장한다. 앞의 홉스봄이나 에릭 울프가 언급한 원초적 사회반란의 모습을 조선시대 역시 연출하고 있었던 것이다. 황윤석은 이렇게 마무리하였다.

> 무릇 도둑도 역시 사람이다. 개중에 영웅호걸이며 지략을 갖춘 인재가 없겠는가. 돌아보건대 세상에 쓰임을 못 얻고 관리에게 들볶이어서 마침내 부모의 유체를 가지고 적굴에 투탁한 것이리라. 차라리 산적이 될지언정 용렬한 자의 억눌림을 받고 싶지 않았음인가. 슬프다, 세상에 책임을 맡은 자 왜 이러한 문제를 염두에 두지

않는가.

2/ 지금부터 조선시대 섬-이상향 담론이 어떻게 진화해나갔는
가를 살펴볼 필요가 있다. 섬-이상향 담론의 대중적 버전은 역시
『홍길동전』洪吉童傳이다. 한국인치고 『홍길동전』을 모르는 이, 또한
그가 떠난 '율도국'을 모르는 이 있을까. 『홍길동전』은 중국 명대
의 『수호전』水滸傳이나 『삼국지연의』三國志演義의 영향권이 분명하며,
임꺽정·이몽학 류의 실존인물도 반영되어 있는 것으로 보인다. 이
상향 건설에 대한 작자의 입장이 확실하게 드러나 있어 조선 선비
들이 지니고 있던 유토피아적 성격을 말해준다. 길동이 대문 밖을
나서는 장면부터 그가 장차 일을 벌 것을 독자들에게 암시한다.

길동이 재배 하직하고 문을 나서매 운산이 첩첩하여 지향 없이 행
하니 어찌 가련치 않으리오.

교과서에서 보던 극적인 장면이다. 아버지를 아버지라 부르지
못하고 형을 형이라 부르지 못하는 한을 품고 문을 나섰다. 앞날에
기다리는 것은 가시밭길, 아니면 이를 박차고 나서는 의적의 길밖
에 없을 것이다.

서자 홍길동이 신분차별의 폐습을 타파하고, 탐관오리를 징벌
하다가 건설한 이상국은 율도였다. 활빈당의 활약으로 나라가 소

란스러워지자 임금이 '병조판서로 지내게 하면 조선을 떠나겠다'
는 길동의 말을 듣기로 한다. 조선에서 어떻게든 살지 못하고 조선
을 떠날 운명, 이는 현실세계에 뿌리 내릴 수 없는 이상주의자의
최후 선택이다. 그 후 길동은 임금으로부터 쌀 1,000석을 얻어 제
도라는 섬에서 군사를 기른다. 소설의 마지막 대목에서 길동이 고
국을 떠나 남경으로 가다가 산수가 수려한 율도국을 발견한다. 율
도국은 '도적이 없으며 길에 물건이 떨어져 있어도 줍지 않는 태
평세계'이자 '임금은 한 사람의 임금이 아니라 천하 사람의 임금'
인 민중의 왕국이었다.

　율도국에 들어선 길동과 군사들은 율도국 태수 김현충을 쓰러
뜨리고 철봉이라는 산을 차지한다. 이 사실을 들은 율도국 왕은 항
복하고 홍길동은 왕위에 오른다. 요괴를 퇴치하고 볼모로 잡혀 온
미녀를 구하고서 율도국 왕위에 오른 것이다. 마침 아버지 홍 판서
의 부음을 듣고 고국으로 돌아와 삼년상을 마치고 다시 율도국으
로 돌아가 나라를 잘 다스린다. 길동이 실현하고자 했던 율도국은
적서차별이 없고, 탐관오리들의 부정부패가 없으며, 모든 이가 배
를 곯지 않고 풍족히 사는 이상적인 섬나라였다.

　사실 섬은 척박하다. 제주도 민요에 '하늘 울어 비 갠 날이 있
고, 바람 불어 절 파도 잔날 있나. 섬에 절이 울어도 근심, 바다에
절이 울어도 근심'(여기서 절은 파도 혹은 너울이라는 뜻)이라며 불안정한
삶을 노래한 것이 있다. 섬은 고립적 공간일 뿐 아니라 그 안에서
의 삶은 척박한 풍토로 인해 늘 궁핍하다. 귀양객들이 기록을 통해

섬에서의 모질고 고단한 삶을 노래하고 있음은 당연지사였다. 그럼에도 많은 작가들이 이상향을 그 척박한 섬에 설정하였음은 주목할 필요가 있다. 게다가 중국과 조선의 경계선에 위치한 율도처럼 권력이 미치지 않는 경계의 공간은 그만큼 이상국에 가깝다. 단순한 유토피아가 아니라 사회의 여러 모순을 적극적으로 비판하고 하나의 온전한 나라로서 대안을 제시하는 역사적 의미를 지닌다. 율도국이 조선과 중국에서 떨어진 대양에 건설되었음은 섬–이상향 전통에서 한 치도 벗어나지 않는다. 섬–이상향 담론에서 『홍길동전』은 충실한 작품이며, 한국판 유토피아 문학의 거봉이자 효시라 할 만하다. 작가는 섬을 주목하였으며, 해외로 진출하고 있다.

　길동이 왕위에 올랐다는 율도국도 이어도만큼이나 세인의 관심을 끌고 있다. 대략 중국의 남쪽이거나 일본의 쓰시마 바로 아래에 위치한 이키壹岐 섬 정도로 상상해오다가 근래에는 이 율도국이 유구국琉球國, 즉 오키나와 남쪽 섬인 팔중산八重山, 아에야마 제도라는 설이 나와 주목을 끌었다. 방송국에서는 이를 추적하여 방영하기도 했으며, 설성경 교수는 이를 책으로 엮어냈다. 홍길동 민중영웅설과 유구진출설이 그것이다. 홍길동을 실존인물로 상정하며, 전남 장성군 황룡면 아치실에서 태어나 공주 무성산성을 근거지로 의적형 영웅으로 활약하다가 1500년 이후에 유구로 진출한 민중영웅으로 보았다.[5] 아에야마 제도는 주민 호구수가 몇천 호를 넘는데 조선 사람이 이 섬을 정벌하여 왕국을 건설했다는 전설이 전해온다는 것이다. 유구국이 고려와 조선시대에 지속적으로 교류했음은 『고려사』나 『조선왕조실록』에도 무수하게 나타난다. 율도국을 만들어낸 작가가 유구국을 율도국 모델로 고려했을 가능성을 배제할 수 없다.

유구의 남서부 아에야마로 진출한 홍길동의 활동을 작가 허균이 구체적으로 인지하지는 못했지만, 자신이 탐색한 여러 정황으로 보아 홍길동의 출국, 특히 구 유구로의 진출을 파악하고 소설에서 이를 소재화한 것이 홍길동의 율도국행으로 보인다. (⋯⋯) 작가 허균은 역사 인물 홍길동이 조선에서 처형되지 않고 출국한 사실과 홍길동의 출국 이후의 행선지가 옛 유구였다는 사실을 파악했기에, 그 나라를 율도국이란 이름으로 허구화시켜 서술한 것으로 보인다. 결과를 놓고 본다면, 허균은 역사상에 실재했던 홍길동이 유구의 남서부 아에야마의 하테루마波照間島와 이시가키石垣島에서 민중영웅으로 활동한 사실까지는 알지 못했지만, 그와 유사한 옛 유구국 진출 정보를 소재로 하여 작품 속에서는 홍길동이 율도왕이 되는 것으로 작가적 상상력을 발휘했다고 판단된다. 허균은 결과적으로는 홍길동의 활동 지역이 신 유구 중에서는 옛 유구에 가장 인접한 아에야마이기 때문에 외형상으로 오야케 아카하치 홍가와라가 새로운 유구의 아에야마에서 활동한 사실을 적절히 허구화시켰다고 평할 수도 있다. 이런 소재를 근거로 표현해낸 홍길동전의 율도국 대목은 조선조 백성들이 염원하던 이상의 섬이었던 해랑도에 대한 희망, 그리고 이를 현실화시키고자 한 홍길동의 해외 출국 등이 남방 유

구국의 이상국 설정으로 나타난 결과다.[6]

증거는 불투명하다. '조선 사람이 팔중산을 건설했다'는 전설한 대목을 가지고 『홍길동전』이라는 소설의 주인공이 곧바로 팔중산을 율도국으로 여겼다는 증거로 볼 수 있을까. 그런데 율도국과 이상향을 연결 짓고 이를 현실 속에서 기어이 찾아 나서겠다는 심성학은 하나도 이상할 것이 없다. 뒤에서 살펴볼 해랑도에 대한 당대 민중의 이상향적 염원이라는 지적도 타당하다. 아틀란티스의 실체를 찾는 사람들의 심성학이 이어도 찾기에 그대로 반영되어 있다면 현대판 율도국 찾기에도 고스란히 반영되어 있다.

아에야마 제도가 율도국인가, 아닌가는 의미가 없다. '아무데도 없는 가장 이상적인 그곳'을 찾는 노력은 오랫동안 진행되어왔고, 앞으로도 지속될 것이다. 이상향에 대한 호기심과 기대, 놀라움과 간절함은 사람의 심성을 움직이게 하고 원대한 동력을 불어넣기 때문이다. 율도국은 저기 어딘가, 어쩌면 우리들 마음속에 일상적으로 녹아 있을지도 모른다.

고전소설 속의 율도국이었지만, 1980년대 판화를 보면 중세적 담론이 20세기에까지 영향을 미치고 있음을 알 수 있으리라. 민주화 시위 당시 운동권에서 펴낸 한 자료집에 '율도국'이라는 제목의 판화가 실렸다. 판화 속 민중들은 '해방의 나라'라고 쓰여진 깃발을 높이 들고 있다. 섬-이상향 담론이 20세기 후반까지 내적으로 은연중에 이어졌다는 좋은 사례이리라.[7]

3 / 『허생전』許生傳에서 학정에 견디다 못해 도둑이 된 사람을 데려다 건설한 이상향도 섬이었다. 허생이 그린 섬 역시 섬-이상향 담론에서 구현되고 있다. 허생은 남산 아래 묵적골의 다 쓰러져가는 오막살이집에 살고 있었다. 굶주리다 지친 아내의 푸념을 들으며 집을 나선 허생은 한양 제일의 부자인 변씨를 찾아가 만 냥을 꾼다. 그는 안성으로 내려가 과일장사로 폭리를 취하고 제주도에서 말총을 사서 많은 돈을 번다. 그 뒤 어느 사공의 안내를 받아 무인도 하나를 얻어 변산의 도둑을 설득하여 각기 소 한 필과 여자 한 사람씩 데려오게 하고 그들과 무인도에 들어가서 농사를 짓는다.

허생은 스스로 이천 명이 일 년 동안 먹을 식량을 장만하고 기다렸다. 뭇 도적은 과연 기일이 되자 다 돌아오되 뒤떨어진 자 없었다. 이에 모두를 배에 싣고 그 빈 섬으로 들어갔다. 허생이 도적떼를 데리고 사라지니 온 나라 안이 잠잠하였다. 이에 나무를 베어 집을 세우고, 대를 엮어서 울타리를 만들었다. 지질이 온전하매 온갖 곡식이 잘 자라서 묵정밭을 갈지 않고 김매지 않아도 한 줄기에 아홉 이삭씩이나 달렸다.

허생은 3년간 거두어들인 농산물을 흉년이 든 나가사키長崎에 팔아 100만 냥을 얻는다. 섬사람을 모아놓고 이 섬은 땅이 작은 데다 자신 또한 덕이 부족하므로 떠난다고 하고, 외부로 통행할 배를 불태우고 50만 냥은 바다에 던저버린다. 글 아는 사람을 골라 함께 본토로 돌아와 가난한 자들을 구제하고, 남은 돈 10만 냥을 애초에 안성에서 장사를 시작할 때 빚을 졌던 변씨에게 되갚는다. 그가 섬을 떠날 때의 모습이 인상적이다.

> 허생은 다른 배들을 모조리 불사르며,
> "가지 않으면 오는 이도 없겠지"
> 하고, 또 돈 50만 냥을 바닷속에 던지며,
> "바다가 마를 때면 이를 얻을 자 있겠지, 100만 냥이면 이 나라엔 용납할 곳이 없으리니 하물며 이런 작은 섬일까보냐"
> 하고, 또 그중에 글을 아는 자를 불러내어 배에 태우고,
> "이 섬나라에 화근을 뽑아버려야지"
> 하고는, 함께 떠나왔다.

『허생전』의 무인도는 일본의 나가사키와 사문沙門 사이에 위치하여 배를 타고 사흘 밤낮을 가는 거리에 인간의 발이 닿지 않은 자연 그대로의 섬이다. 꽃과 잎이 저절로 피며 온갖 과실이 저절로 성숙되고 사슴이 떼를 이루고 노닐며 고기들이 놀라지 않는 낙도이다. 허생은 이곳에 집을 짓고 울타리를 만들고 농사를 지어 풍성한 수확을 거둔다. 소설에서는 허생이 땅이 작고 덕이 박하다는 이유로 무인도를 떠나지만, 이곳은 현실사회와는 별도의 이상국으로 설정되어 있다.[8]

허생전의 변산 도적떼 이야기는 허구가 아니라 사실이었다. 영조 연간에 변산 노비도적의 움직임이 다반사로 회자되었으며 관군이 공공연히 활동하는 그들을 잡을 수 없는 지경에 이르렀다. 이인좌의 난(1728)이 일어나기 직전, 변산의 도적떼가 서울을 들이친다는 소문이 낭자하여 한성 사대부가 사람들이 시골로 피신하는 사건도 벌어진다. 노비도적이 변산에 은거하였다는 증거다. 『허생전』에는 변산의 군도群盜에 대해 다음과 같이 이야기하고 있다.

당시 변산에는 군도群盜들이 수천이나 있었다. 주군州郡에서 포졸을 놓아 붙잡으려 했으나 붙잡을 수가 없었다.

실제 사서에는 변산 도적이 어떻게 등장할까. 박연암이 변산 도적의 활약을 충분히 인지하고 『허생전』을 집필하였음이 분명하다. 변산반도 군도의 위협은 당대의 사회적 문제였으므로 연암이 이를 모르고 『허생전』을 집필했을 리 없다.

남중南中의 적환賊患이 치성하였다. 근래 부안의 변산에 도적이 많이 절거竊據하여 백주에 장막을 치고 크게 침략하였다. 변산에는 큰 절이 있는데 적도가 절의 중을 불러 말하기를, '삼동은 밖에서 거처하기가 불가하니 너희들이 잠시 절을 빌려줘야겠다' 하니, 중들이 두렵고 겁나서 감히 누구냐고 묻지도 못하고 모두 울면서 흩어져갔다.[9]

근자에 들으니 호남 유민이 소취嘯聚하여 무리를 지었는데 하나는 변산에 하나는 월출산月出山에 있다. 관군이 잡을 수가 없어서 실로 작은 근심이 아니다.[10]

정석종은 『허생전』의 변산 군도를 해석하면서 섬-이상향을 추구하였던 조선造船사건과 삼봉도三峰島사건으로 연결 지은 바 있다.[11] 무인도의 실재에 대해서는 『청구야담』이나 『동야휘집』東野彙集 등 야담에 표류기 형태로 서술되는 것으로 확인할 수 있다. 영조 연간에 실재 인물의 표류기가 야담화된다는 사실에서 무인도에 대한 당시 사람들의 기대와 희망을 읽을 수 있다. 『허생전』의 무인도는 당대인들의 경향을 소설화한 것이다. 삼봉도사건은 함길도에서 배를 만들어 삼봉도, 즉 오늘날의 울릉도로 건너가려 했던 사건이었다. 그런데 해석에 따라서는 삼봉도를 울릉도로 국한하지 않고 멀리 북해도로 간주하기도 한다. 이상향 삼봉도로 가기 위한 조선 사건은 당시 고통 속에서 시달리던 민중들이 현실로부터 도피하여 섬-이상향으로 가고자 하는 경향이 그들 사이에 얼마나 광범위하게 퍼져 있었던가를 반영한다.

일반 민중들 사이에서는 이상향에서 진인眞人이 나타나 고통 속의 현실로부터 해방시켜줄 것이라는 믿음이 광범하게 존재하고 있었다. 조선 후기 대부분의 반역 모의나 변란에 정진인鄭眞人이 섬으로부터 나오니 그를 맞이해야 한다는 이야기가 운위되던 사실에서도 확인된다.[12] 숙종 연간 폐비 민씨 복위운동을 반대하던 남인

이 화를 입어 실권하고 소론과 노론이 재집권하게 된 갑술환국甲戌
換局 당시에도 서인 측에서는 해도의 정진인이 육지로 치고 들어올
것이며, 이때 자신들이 거느린 노비를 동원할 것이라는 소문에 염
려하였다. 1811~1812년 서북지방 농민전쟁 시의 격문에도 정진
인을 정시수鄭時守로 묘사하고 있으며 그가 섬에서 오는 것으로 되
어 있다.

4 「어소장투아세부객」語消長偸兒說富客이라는 소설이 있다.[13] 낙동
강 연변 강벽리의 대부호가 군도群盜에게 재물을 탈취당한 이야기
를 소재로 삼아 군도의 수령을 민중적 영웅으로 형상화한 작품이
다. 작품에 그려진 대부호는 수많은 농민층의 희생 위에 거대한 부
를 축적하고 호화로운 생활을 영위하면서 오직 중앙의 벌열층閥閱
層에 결탁할 기회만 노리고 있었다.이러한 대부호와 군도들 사이에
첨예한 대결은 불가피하였다. 때문에 강벽리 부호는 명화적을 대
비해 요새지를 확보하고 수하에 600여 명의 하인을 거느리고 대비
한다. 이에 월출도月出島 대장이 출현해서 신출귀몰한 전술을 써서
강벽리 부호에게 일대 타격을 가하고 100만여 금의 재물을 빼앗는
다. 월출도 대장은 강벽리 부호에게 당당히 "재물은 천하의 공번
된 것이라" 며 어느 누구에게 독점될 것이 아님을 주장하고, 벌열층
에 결탁하려는 비굴한 태도를 버릴 것을 종용한다.

　또한 "재물을 쌓아두는 사람이 있으면 반드시 쓰는 사람이 있

고, 지키는 사람이 있으면 역시 가져가는 사람도 생기는 법이라, 주인 같은 분은 쌓아두고 지키는 사람이라면 나 같은 사람은 쓰는 사람이요, 가져가는 사람이라 할 터이지요. 줄어들고 자라나는 이치와 차고 기우는 변화는 곧 조화의 상도常道라" 하였다. 명쾌한 논리와 인품에 감복해서 강벽리 부호까지도 월출도 대장을 호걸남아로 흠모하기에 이른다. 군도들이 재물을 휩쓸어가고 난 뒤 대부호의 600여 하인들이 도둑떼를 추적하자고 하면서 이렇게 말한다.

> 그놈들은 필야 바다에서 노는 무리들이니 육로로 달아날 리가 없지요. 여기서 아무 바다 어귀까지 몇 리입니다. 게다가 아무 바다의 아무 대촌이 아무 해구海口에 있고, 아무 대촌이 아무 포浦 변에 있습니다.

월출도 대장은 "귀하의 3백 바리 재물은 해도海島로 운송해서 1년 쓰임을 충당케 하였으니 감사하오이다"라고 하며 대부호에게 마지막으로 편지를 보낸다. 스스로 호걸스러운 도적을 뜻하는 녹림호객綠林豪客, 즉 녹림객이라는 표현을 사용함으로써 자신들이 섬에 진 치고 있는 의적임을 드러낸다.

세도가들이 명예와 재물을 모두 낚아 속 다르고 겉 다른 행동을 할 때, 녹림객들은 재물을 훔칠지언정 세상을 속이지는 않는다는 자부심을 그대로 드러낸 문학세계가 존재했음은 광범위한 백성들의 공감대 없이는 불가능한 일이다. 당대 백성들이 녹림객의 의

협義俠을 암묵적으로 지지하였기에 이런 문학이 가능하였다. 장길산, 임꺽정 같은 도적의 사회사가 가능했음은 중세 조선사회의 현실조건이었다.

소설 속의 배경도 월출도다. 섬─이상향 담론에서 예외가 아니다. 섬은 유배지였다. 죄인으로 몰려 절해고도絶海孤島로 내몰린 지식인들이 득시글하던 곳이기도 했으니 반역의 꿈이 무르익을 만한 토양을 제공하였다. 당대 소설에 섬을 군도의 무리들이 집결한 공간으로 서술한 것은 시대적 상황과 조건에 부합했기 때문이리라.

5/ 홍길동 같은 한국의 의적들이 왜 하필이면 마지막 승부수를 섬에 걸었을까. 섬은 새 세상을 이끌 진인이 출현하던 신천지였기 때문이다. 사학자 정석종의 해석에 따르자면, 노비들이 다수 섬으로 도망친 상황에서 해도海島로부터 정씨 진인이 출륙出陸을 맞이하는 사건이 자주 벌어진 것은 바야흐로 임금까지도 제거하는 이른바 혁명 단계에 이르렀다는 얘기다. 그들 자신의 힘으로 밀고 나갈 때에는 임금의 존재까지도 부정하게 된다는 사실을 말하는 것이다. 섬의 정씨 진인은 현실사회의 모순을 그들 자신의 힘으로 개변시켜보려는 의적의 존재로 파악할 수 있으며, 그 무리는 해도의 노비가 중심이 되는 도적이 분명하다. 노비 출신의 정진인은 당시 일반 하층 민중에게 깊고 광범위하게 전파되어 있던 예언서 『정감

록』에 등장하는 바로 그 인물인 것이다. 그의 출류은 일반 하층민들이 강력히 희구하는 새로운 평등사회 구현자의 출현에 다름 아니다.[14]

섬이 진인이 출현할 공간으로 지칭되는 데는 보다 본질적인 다른 이유도 있다. 진인이 출현할 섬의 이미지는 역시나 상징이 연출하는 가공할 힘에서 배태된다. 엘리아데Mircea Eliade가 '중심'의 상징을 이야기했을 때, 그 사례로 대개 세계의 중심에 서 있는 산이나 나무, 기둥의 상징을 거론하며 '신성한 산', '대지의 배꼽', '우주목'宇宙木 따위를 꼽았다.[15] 그러나 중심 상징은 산이나 배꼽, 우주목 따위만이 아니라 섬 그 자체가 중요하다.

가령 바이칼Baikal 호수의 복판에는 알혼Olkhon 섬이 있고 부르한 바위가 신성하게 모셔져 있다.[16] 신화에 따르면 지구의 땅이 정리되지 않아 악신惡神이 많을 적에 텡그리(천신)가 부르한 바위에 선신善神을 내려 보냈으며, 선신은 그 자리를 거점으로 삼아 악신을 물리쳤다. 또한 텡그리는 독수리 세 마리를 보냈는데 각각 사람으로 변하여 몽골족·티베트족·탕구트족의 조상이 되었다고 한다. 오늘날 알혼 섬은 브리야트족 샤먼의 가장 신성한 공간이자 영혼의 안식처로 자리매김했다. 이는 섬이 지닌 신성불가침적 성소聖所로서의 특성을 말해준다.

페루의 잉카 문명에 관한 권위자인 역사학자 클레멘츠Clements Markham는 "티티카카Titicaca 호수 고원에서 아직도 풀리지 않는 하나의 신비가 있는데, 그것은 호수 남쪽 측면에 있는 거대한 도시 유적의 존재에 관한 것으로 그것을 누가 세웠는지 전혀 알려지지 않은 상태"라고 썼다. 티티카카라는 이름에는 두 가지 의미가 있으니 하나는 '납덩어리', 또 하나는 '사자의 낭떠러지'다. 호수에는 같은 이름의 티티카카라는 중요한 섬이 존재하며, '태양의 섬'으로 잘 알려졌다. 창조 그 자체가 성스러운 티티카카 호수 위로 '태양의 섬'이 솟구쳐 있고 잉카인들이 바로 이곳에 '태양의 신전'을 세운 것이다.[17]

하물며 머나먼 태양의 섬 이미지에는 '거룩한, 미지의, 신성한, 알 수 없는' 따위의 은유가 일상적으로 잠복되어 있다. 세계의 배꼽은 육지에만 있지 않다. 600여 개의 거대 석상이 신비롭게 서 있는 태평양의 이스터 섬도 세계의 배꼽으로 불려왔다. 태평양의 대양을 나가보면, 대개 불과 해면으로부터 5미터 이하의 낮은 산호초가 떠 있을 뿐 섬을 발견하기란 쉽지 않다.[18] 각각의 산호섬들은 자족적인 공동체 사회를 꾸려왔으며, 토마스 모어 이래로 많은 유토피아 열망자들이 이들 대양의 섬을 모델로 이상향을 서술해나갔음은 당연한 귀결이었다.

진인이라는 미지의 인물군을 창조해낸 『정감록』 저술가들(사상가들), 『정감록』에 의탁하여 해도출병을 강박하고 홍보·선전하였던 실천가들(중세 변혁운동가들), 그네들의 부정확한 움직임과 유언비어로 들려오던 풍문의 진상을 길동이나 허생의 창조자들(문인들)도 부정확하게나마 알고 있지 않았을까. 『정감록』은 분명히 저자가 있지만 알 수가 없다. 변혁가들이니 알려질 턱이 없다. 서지학자

안춘근은 『정감록』이본異本을 집대성하면서 그 사정을, "작자는 밝혀지지 않은 것이 대부분이요, 그것이 밝혀졌다고 하더라도 과학적으로 논증하기 어려운 것들이다"라고 하였다.[19)]

무명의 그네들은 문학적 상상력의 귀결점을 무인도 같은 '섬-이상향'으로 설정하여 중세 독자를 미지의 섬으로 끌어당겼다. 섬-이상향이 당대인에게는 엄청난 사회적 이슈로 받아들여졌음이 분명하다. 중세적 공간과 시간관념 속에서 섬이란 너무도 머나먼 '다른 곳'이었기 때문이다. 중세인들이 율도 같은 이상적 섬을 단순한 이야깃거리로만 받아들였을 리 만무하다. 수백 년 동안 조정을 괴롭혀온 해랑도 같은 섬으로의 일탈은 민중이 선택할 수 있는 최후의 탈출구 중 하나였기 때문이다.

1 에릭 R. 울프 지음, 곽은수 옮김, 『20세기 농민전쟁』, 형성사, 1984, 287쪽.

2 에릭 홉스봄 지음, 진철승 옮김, 『원초적 반란』, 온누리, 1984, 28쪽.

3 E. J. Hobsbawm, *Bandits*, New Press, 2000, 10쪽.

4 이우성·임영택, 『이조한문단편집』 하, 일조각, 1973, 21쪽.

5 설성경·정철, 『실존인물 홍길동』, 중앙M&B, 1998, 187쪽.

6 설성경, 『홍길동전의 비밀』, 서울대출판부, 2004, 268쪽, 272쪽.

7 혜누리민주청년회 산하 문예비평, 1992. 1. 22(민주화운동자료관 추진위원회 소장).

8 소재영, 「한국문학에 나타난 이상향 연구」, 『동양학』 23, 단국대 동양학연구소, 1993.

9 『영조실록』, 영조 3년 10월 임인년.

10 『영조실록』, 영조 3년 7월 갑진년.

11 정석종, 「조선 후기 이상향 추구경향과 삼봉도」, 『벽사 이우성 교수 정년퇴직 기념논총—민족사의 전개와 그 문화』 하, 창작과비평사, 1990, 56~58쪽.

12 정석종, 『조선후기의 정치와 사상』, 한길사, 1994.

13 『청구야담』 권5.

14 정석종, 앞의 책, 121쪽.

15 미르치아 엘리아데 지음, 이재실 옮김, 『이미지와 상징』, 까치, 1998, 39쪽.

16 2003년 7월 필자 바이칼 현지조사.

17 그레함 핸콕 지음, 김정환 옮김, 『신의 거울』, 김영사, 2000, 343~359쪽.

18 H. W. Menard, *ISLANDS*, Scientific American Library: New York, 1986, 3쪽.

19 안춘근, 『정감록집성』, 아세아문화사, 1973, 10~11쪽.

6.

무릉도·요도·삼봉도
변증

삼봉도가 동해 가운데 있으며, 둘레가 심히 크고 사람도 많으나 예부터 나라의 교화를 벗어나 도망친 사람들이 만든 섬이다. 빈한하고 미천한 자를 위하여 망명 역적인 황진기가 장군이 되어 정진인鄭眞人을 모시고 울릉도에서 나오고 있다. 청주와 문의가 먼저 함락되고, 서울이 함락될 것이매, 이씨李氏 대신에 정씨鄭氏가 들어서서 가난 없고 귀천 없는 새 세상을 만들 것이다.

『성종실록』 성종 13년 2월 5일

1 섬–이상향 담론이 극적으로 현현顯現된 표징은 아무래도 무릉도라 불리던 울릉도가 좋은 사례일 것이다. 울릉도는 매우 오랜 세월 동안 무릉도로 불리면서 세인의 관심을 끌었고 무진장한 해중보배가 쌓여 있는 섬으로 회자되었다. 울릉도가 본디부터 '환상의 섬'이었던 것은 아니다. 선사고고학의 발굴성과로 미루어 이미 선사시대부터 울릉도에 사람이 주거하였음은 정확한 사실史實이다. 신라 이사부의 우산국 정벌은 적어도 울릉도에 소읍 정도의 해양왕국이 실존했음을 뜻한다. 이사부 정벌 이후 고려시대에도 우산국 전통은 미약하게나마 이어졌다. "우릉羽陵 성주城主가 그 아들 부어잉다랑夫於仍多郞을 보내 토산물을 바쳤다"는 1032년의 기사가 그것이다.[1] 그러나 고려시대 동북 여진의 내습으로 인하여 울릉도는 피폐해지며, 이전의 세를 유지하지 못한다. 이상의 역사적 사실은 울릉도와 주변 해역이 한민족의 역사 속에 정확하게 들어와 있

으며, 국가 차원에서 경영되고 있었음을 방증한다.

그러나 조선시대에 들어와 왜구를 빌미로 전국적으로 해양 억제정책이 수행되면서 울릉도는 오로지 수토관搜討官들이 간헐적으로 시찰할 뿐, 공식적으로는 비워진 섬이 된다. 관리를 안 한 것은 아니나 사실상 섬을 비워둔 이른바 공도空島정책이 그것이다. 섬이 비워지게 되면서 수백여 년간 울릉도는 '환상의 섬'으로 변모한다. 금단은 환상을 낳기 마련이다. 환상은 비밀의 궁전과도 같아 마법을 창조하게 된다. 그 마법은 때로 반역의 세계를 섬에 세우게 하였다. 울릉도가 비어버린 상태는 대한제국기에 공식적으로 고종황제에 의해 개척령이 반포될 때까지 지속되었다.[2]

선조시대 문장 8대가로 불린 이산해李山海, 1539~1609의 『아계유고』鵝溪遺稿에 「울릉도」란 시편이 등장한다. 울릉도를 신선이 사는 곳으로 간주하고 신선이 먹는 복숭아인 반도蟠桃가 아무도 찾는 이가 없는 가운데 절로 익어간다고 하였다. 울릉도가 신선이 사는 곳으로 승격되어 노래됨은 시인의 당대적 허풍과 시적 관습에서 비롯된 감도 없지 않지만, 울릉도의 뛰어난 경관과 천혜의 자원에서 비롯되었을 것이다. 인간의 손이 거의 닿지 않는 울릉도에 천혜의 자원이 널려 있었음은 두말할 나위도 없고, 그러한 자연적 조건이 먼 바다를 건너오면서 풍문에 부풀려지며 최고도의 이상향으로 승화되었음직하다. 이산해의 『아계유고』에는 울릉도를 이상향으로 생각하는 이해방식이 엿보인다.

의심 가는 대목이 한둘 아니지만 결론을 얻지 못하여 끝내 이 섬을 모호하고 흐릿한 무하유지향無何有之鄕으로 남겨두고 마니, 이 어찌 한퇴지韓退之가 이른바 무릉도원에 관한 이야기는 참으로 황당하다 라는 것이 아니겠는가. 아! 신선에 대한 말이 있어온 지 이미 오래 이나, 이른바 봉래蓬萊, 방장方丈, 영주瀛州란 것들이 과연 실제로 존재하는지는 알 수 없으며, 곤륜산의 현포玄圃, 곤륜산 정상에 있다는 신선이 살고 있는 곳를 본 사람이 또한 누구란 말인가. 가령 신선이 없다고 한다면 그만이겠지만, 있다고 한다면 이 섬이 봉래나 곤륜 중 하나로 이인과 선객이 살고 있는 곳일지 어찌 알겠는가. 한 폭의 돛을 순풍에 높이 달면 불과 하루 밤낮 사이에 이 섬에 당도할 수 있을 것이며, 세상의 번다한 의혹을 이로써 깨뜨릴 수 있을 터인데, 이 섬에 가보지 못하니 사람으로 하여금 한갓 목을 빼고 동쪽으로 바라보면서 몽상과 시편 속에서나 그려보게 한다. 슬프다.[3)]

2／고려시대 여진족의 침입 이후, 황폐해진 울릉도는 점차 세인들에게 잊혀갔다. 반면에 함길도 연해민 사이에 신도설新島說이 등장한다. 동해 가운데, 혹은 양양 동쪽에 요도蓼島라는 섬이 있다는 유언비어였으며 실제 요도를 다녀왔다는 사람도 나타난다. 문헌기록상 신도설은 1430년(세종 12년)경부터 나타난다. 요도는 조선 초기 정국을 불안 속에 빠뜨렸다. 세종은 요도를 찾으려고 백방으로 노력하였으나 허사였다. 요도는 그 어딘가 동해 가운데에 있을 것

으로 함길도 주민들 사이에서 소문이 돌았다. 미지의 섬이 그 어딘가에 있고 그 섬을 향한 세풍은 거세게 유언비어를 만들어냈다. 위치도 알 수 없고 정체 자체도 모르는 섬이 동해에 존재한다는 사실은 국가통치 전략상 지극히 위험한 사건이었다.

국가는 당연히 그 미지의 섬을 대대적으로 찾아 나섰다. 국가적으로 그 섬에서 모반이 일어날 수도 있는 중요한 사건이었다. 모란謨亂을 할 수 있는 미지의 섬에 대한 중앙정부의 대응은 집요하고도 철저했으나 번번이 실패로 돌아갔다. 어쩌면 미지의 섬은 유언비어가 창조한 가상의 섬이었을 것이다. 어찌 보면 요도는 그동안 잊혔던 울릉도일 수도 있다.

조선시대를 풍미한 동해의 신도설이 필경 '금단의 울릉도'가 만들어낸 필연적 결과라면? 세종대 기록을 보면 "김인우를 우산도·무릉도 등지의 안무사로 삼다"는 식의 기사가 등장한다.

전 판장기현사判長鬐縣事 김인우金麟雨를 우산도于山島·무릉도武陵島 등지의 안무사安撫使로 삼았다. 당초에 강원도 평해平海 고을 사람 김을지金乙之·이만李萬·김울금金亐乙金 등이 무릉도에 도망가 살던 것을, 병신년에 국가에서 인우를 보내어 데리고 나왔는데, 계묘년에 을지 등 남녀 28명이 다시 본디 섬에 도망가서 살면서, 금년 5월에 을지 등 7인이 아내와 자식은 섬에 두고 작은 배를 타고 몰래 평해군 구미포仇彌浦에 왔다가 발각되었다. 감사가 잡아 가두고 본군本郡에서 급보急報하여 곧 도로 데려 내오기로 하고 인우가 군인 50

명을 거느리고 군기와 3개월 양식을 갖춘 다음 배를 타고 나섰다. 섬은 동해 가운데 있고, 인우는 삼척三陟 사람이었다.[4]

우산于山·무릉茂陵 등지에서 안무사安撫使 김인우金麟雨가 본도本島의 피역避役 남녀 20인을 수색해 잡아와 복명復命하였다. 처음 인우가 병선兵船 두 척을 거느리고 무릉도에 들어갔다가 선군船軍 46명이 탄 배 한 척이 바람을 만나 간 곳을 몰랐다. 임금이 여러 대신에게 이르기를, "인우가 20여 인을 잡아왔으나 40여 인을 잃었으니 무엇이 유익하냐. 이 섬에는 별로 다른 산물도 없으니, 도망해 들어간 이유는 단순히 부역賦役을 모면하려 한 것이로구나" 하였다. 예조참판 김자지金自知가 계하기를, "지금 잡아온 도망한 백성을 법대로 논죄하기를 청합니다" 하니, 임금이 말하기를, "이 사람들은 몰래 타국을 따른 것이 아니요, 또 사면령赦免令 이전에 범한 것이니 새로 죄주는 것은 불가하다" 하고, 곧 병조에 명하여 충청도의 깊고 먼 산중 고을로 보내어 다시 도망하지 못하게 하고, 3년 동안 복호復戶하게 하였다.[5]

우산도와 무릉도가 별개의 섬임을 잘 드러낸다. 하지만 두 섬을 별개로 취급하면서도 주민들을 데리고 나온 섬을 우산도 혹은 무릉도라고 기록한다. 울릉도와 독도를 인식하면서도 두 섬을 모두 사람이 살 수 있는 큰 섬으로 묘사하고 있다.[6] 울릉도에 대한 정보가 흐릿해지는 단계임을 말해주며, 그러면서도 독도를 상징하는 무릉도를 기록함으로써 막연하나마 그 실재를 인식해두고 있는 것이다. 조선 전기의 수많은 지도 속에 우산도, 무릉도가 계속 등장하는 것도 막연하지만 흐릿한 기억의 편린을 담아내고 있는 것으로 볼 수 있다.

3／세종조에 요도가 이상향으로 부각되었다면, 15세기 말인 성종 연간(1469~1494)에는 다른 신도설이 영안도永安道 연해민 사이에 나돌기 시작한다. 강릉 경내인 동해에 삼봉도三峯島가 있으며, "도망친 무리가 1,000명이 넘게 살고 있다"는 기록이 그것이다. 토지가 비옥하고 풍요로우며, 청명한 날이면 경흥에서 바라보이며 회령으로부터 동쪽으로 7주야를 가면 도달한다고 하였다. 국왕 성종은 동해 한가운데에 울릉도와 우산도가 있는 줄은 알고 있었으나 '삼봉도'가 있음을 처음 보고받았으므로 큰 관심을 표명한다. 1472년 병조에서는 강원도에 있는 삼봉도를 찾기 위한 계획서를 올린다. 초마선 4척에 각각 군인 40명씩을 태우며 수군 중에서 능숙한 자를 차출하고, 조정 신하 중에서 문무를 겸비한 자를 뽑아 경차관으로 임명하며, 무기와 군량을 준비하고, 삼봉도를 찾아내는 자는 논공행상을 하고, 김한경이 삼봉도 위치를 알고 있으니 동행시켜줄 것을 건의한다.[7]

　　병조兵曹에서 아뢰기를,

전에 전교傳敎를 받으니, '강원도의 해중에 삼봉도三峯島가 있는데, 오는 임진년 봄에 사람을 보내어 찾겠으니, 그 절목節目을 상의하여 아뢰라' 하였으므로, 이제 행해야 할 사건을 조목으로 기록하여 아룁니다.

— 초마선哨馬船 4척에 각각 군인 40명을 정하되, 본도 군사의 무재武才가 있는 자와 자원하여 응모應募한 사람 17명을 가려서 충당하게 하소서.

— 호공篙工은 본도 수군水軍에서 행선行船에 익숙한 자를 가려 수효를 헤아려서 나누어 정하게 하소서.

— 조정 신하 가운데에서 문무文武의 재질을 겸한 자 한 사람을 뽑아서 경차관敬差官으로 삼게 하소서.

— 형명形名과 군기軍器·화포火炮는 본도의 삼척三陟·울진蔚珍·평해平海 등의 관소官所에 소장한 것으로써 가려주게 하소서.

— 선상船上의 군량軍糧은 본도 관찰사觀察使로 하여금 인원수와 갔다 돌아오는 날짜를 계산하여 울진蔚珍 창고의 곡식으로써 주게 하소서.

— 군사 중에 삼봉도를 찾아내는 데 공로가 있는 자는 경차관으로 하여금 등급을 매겨서 아뢰게 하소서.

— 바람이 잔잔한 4월 그믐 때를 기다려서 출발하게 하소서.

— 부령富寧 사람 김한경金漢京이 삼봉도가 있는 곳을 알고 있으니, 함께 들여보내게 하소서.

하니, 그대로 따랐다.[8]

같은 해(1472년) 3월, 성종은 삼봉도 수색을 실제로 허락한다. 삼봉도의 존재가 국가적으로 논란이 된 것이다. "세종 때부터 사람들 보내어 이를 찾았으나 얻지 못하였다"는 대목으로 미루어, 세종 연간에 수색에 실패했던 요도가 다시금 삼봉도로 둔갑하여 장기지속적으로 이어진 것이 아닌가 한다.

> 삼봉도는 우리 강원도 지경에 있는데, 토지가 비옥하고 백성이 많이 가서 거주하기 때문에 세종 때부터 사람들 보내어 이를 찾았으나 얻지 못하였다. 어떻게 하면 그 땅을 얻어서 거민居民을 많게 할 수 있겠는가? 혹자는 말하기를, 해도海道가 험조險阻하여 비록 얻는다고 하더라도 무익하니, 버려두는 것만 못하다고 하는데 이 말은 어떠한가?[9]

동년 3월 20일, 성종은 삼봉도 경차관 행차에 왜倭 통사通事와 여진女眞 통사 1인씩을 보낼 것을 지시한다. 혹시라도 삼봉도가 기존에 알고 있던 울릉도가 아니라 새로이 발견된 섬이어서 일본인이나 여진인이 유랑하여 들어가 거주하는 경우를 대비한 조치일 것이다. 공식적으로는 사람이 살 수 없는 해금정책을 펴고 있었으나 정기적 수토搜討를 통하여 울릉도의 실체를 잘 알고 있는 조건이기 때문에 삼봉도는 울릉도와는 다른 섬이라고 생각하고 있었다.

동년 8월 정인지鄭麟趾 등이 삼봉도를 수색할 일의 조목을 의논하여 이르기를, "영안도永安道 관찰사로 하여금 한산閑散한 유직품

관有職品官 중에서 부릴 만한 자를 미리 가리어 모든 일을 준비하게 하였다가, 명년 봄 기후가 고르게 된 때를 기다려 김한경金漢京을 지로사指路使로 삼아 찾아보도록 한다"고 보고한다.[10] 그러나 성종의 삼봉도 탐색은 실패로 끝나며, 삼봉도에는 도달하지 못하고 무릉도(울릉도)에 가까스로 도착하여 섬을 수색한다. 무릉도가 오랜 세월 동안 전설의 섬으로 회자되면서 삼봉도로 환치되고, 국가적으로는 그 삼봉도를 찾아 나설 수밖에 없었던 정황으로 짐작된다.

그러나 삼봉도에 관한 성종의 관심은 결코 식지 않았으며, 섬 탐사에 지속적인 관심을 기울인다. 삼봉도를 찾아 나섰지만 결국은 울릉도에 당도하곤 하였다. 울릉도 이외의 다른 섬이 동해에 없는 조건에서 삼봉도가 있을 턱이 없지만, 성종은 필경 삼봉이라는 별도의 섬이 동해 어딘가에 있다고 믿었다. 동해의 너른 바다에 관한 전체적 정보와 탐험이 이루어지지 못한 조건에서 울릉도 이외에 어떤 미지의 섬이 있을 것이라고 생각한 성종의 태도는 당대의 자연지리적 수준에서는 어쩌면 당연한 일인지도 모른다. 성종 7년(1476년) 10월 22일 영흥 사람 김자주가 삼봉도를 가보고 그 지형을 그림으로 그려서 바친다.

"경성 바닷가에서 배를 타고 나흘 낮과 사흘 밤을 가니 우뚝 솟은 섬이 보였는데 사람 30여 명이 섬 어귀에 줄을 지어 서 있었고 연기가 났습니다. 사람들은 흰 옷을 입었는데 형색과 모양은 거리가 멀어서 자세히 살필 수 없었습니다. 그러나 대체로 조선 사람들이었

는데 잡힐까 두려워 접근하지 못하였습니다" 라고 하였다.[11)]

그로부터 5일 뒤의 기사에는 보다 상세하게 삼봉도에 이르는 과정이 묘사된다.

병조에서 임금에게 아뢰었다. 영흥 사람 김자주가 말하기를, "본도 관찰사가 삼봉도를 찾아내기 위하여 자주와 송영로, 그리고 이전에 갔다 온 김흥, 김한경, 이오을망 등 12명에게 전마선 5척을 주어 보냈는데, 지난 9월 16일 경성지방의 옹구미에서 배를 타고 떠나 삼봉도로 향하였고, 같은 날에 부령 지방의 청암에 도착하고, 17일 회령 지방의 가린곶에 도착하였으며, 18일 경원지방의 말응대에 도착하여 자고 나서, 25일 서쪽으로 가서 섬과 7~8리쯤 되는 거리에서 배를 세우고 바라보니, 섬 북쪽에 바위 셋이 나란히 섰고 다음에 작은 섬이 있고, 그 다음에 바위들이 나란히 섰으며 다음에 보통 정도의 섬이 있고, 보통 정도의 섬 서쪽에 또 작은 섬이 있어 모두 바닷물이 통하여 흐르고 있었습니다. 그리고 바다와 섬들 사이에 사람 형태와 같은 것이 30여 개가 나란히 따로따로 서 있었는데 의심스럽고 두려워서 곧 가보지 못하고 섬의 형상을 그려 가지고 왔습니다" 라고 하였다.[12)]

김자주가 당도한 섬은 울릉도였을 것이다. 동해에 울릉도 이외의 섬이 없기 때문이다. 섬 사이에 사람 형태 같은 것이 30여 개나 되었다는 것은 물개들이 바위 위에 올라온 것이 아닐까? 이런 식으로 조정에서는 수차례나 삼봉도의 무리를 뿌리 뽑으려고 노력했으나 뱃길이 험하고 위치도 불명확하여 실패한다. 세금을 내지 않는 자유스러운 땅으로 회자되어 민심을 유혹하므로 그곳에 다녀왔다는 자는 극형에 처하여 백성들에게 경고해야 한다는 주장까지 제기된다.

이제 단순하게 역을 피하여 도망치는 사람들을 막기 위한 제어책에서 민중반란의 진원지로 삼봉도가 주목된다. 섬에서 민중의 해방을 위하여 정진인이 출래할 것이라고 믿었던 당시 일반 민중 사이에, 고통스러운 현실로부터의 해방을 갈구하는 경향이 미만彌漫하고 있었음을 확인할 수 있는 것이다. 이 같은 해도출병설은 끊임없이 이어지거니와 울릉도는 동해의 이상향으로 민중들에게 희구되고 있었다.

삼봉도는 어차피 유토피아의 땅이었으니, 정부에서 아무리 백방으로 수토한들 찾을 수 있는 섬은 아니다. 삼봉도란 섬은 애초부터 존재하지 않았다. 존재하는 것은 오로지 울릉도뿐이었다. 그럼에도 국가적으로 삼봉도를 찾으려 하였고, 당대 백성들도 삼봉도란 별도의 섬이 동해 어딘가에 있다고 믿었다. 그 삼봉도가 실제의 울릉도면 어떻고 아니면 어떠랴. 중요한 점은 민중에게 삼봉도가 유토피아로 떠올랐으며, 그 유토피아의 이미지가 울릉도에서 찾아졌다는 데 있다. 삼봉도는 실존 여부와 무관하게 민중에게 오랜 이상향으로 알려져왔으며, 그만큼 먹고살기에 풍족한 섬이 동해에 있다는 믿음의 증거였다. 공도정책으로 울릉도를 멀리하다 보니 그 섬이 삼봉도로 회자되면서 유토피아의 대상으로 부각되어 조정을 시끄럽게 한 것이다. 성종조에 계속해서 삼봉도 토벌계획이 거론되고, 삼봉도 유민을 회유하는 유시문諭示文이 발표되기에 이른다. 삼봉도에 군사를 보내 도망친 자들을 잡아들이라는 지시도 내린다.

> 삼봉도에 도망해 숨은 사람을 그대로 내버려둘 수는 없으니, 반드시 찾아내어 잡아야 한다. 부당하게 거역하는 자가 있으면 군사를 보내어 잡아야 한다. 만약 부당하게 거역하는 자가 있으면 군사를 보내어 들어가서 공격하게 하는 것이 좋겠다.

국왕의 준엄한 명령이다. 국가 통제를 벗어난 인간들은 이미 백성이 아니다. 토벌대를 조직하여 철저하게 다스리라는 어명이다. 그러나 1482년 2월 5일의 기록에 의하면,[13] 의금부에서 삼봉도가 존재한다고 사람들을 미혹한 죄를 물어 김한경을 극형에 처하고, 딸 김귀진은 함경도 함원참에 예속시킨다. 삼봉도 수색이 완벽한 실패로 돌아갔음을 뜻한다.

> 의금부義禁府에서 아뢰기를,
> "난신역적亂臣逆賊에 연좌緣坐된 자로서 나이 성년이 되지 못한 자들을 일찍이 족친族親들에게 보내주었습니다만, 이제 그들의 나이가

성년이 되었으니, 그들을 여러 군읍郡邑에 예속시켜 노비奴婢로 삼아야 합니다. (······) 김한경金漢京의 딸 김귀진金貴珍은 함원참咸原站에 예속시키도록 하소서" 하니, 그대로 따랐다.[14]

4 / 현실로서의 울릉도와 이데아로서의 삼봉도 가운데서 조선왕조는 민중의 이데아인 삼봉도를 '없는 것'으로 간주함으로써 사태를 무마시킨다. 그러나 이 일련의 사건들 속에는 묘한 접점이 있다. 삼봉도란 섬에 유민이 다수 거주하면서 국가적 통제를 벗어나서 살아가고 있음은, 실은 국법으로 거주가 금지된 울릉도에 다수의 유민이 숨어 살고 있었음을 증명하는 역설이기도 하다. 울릉도에 공도정책을 쓰지 않고 주민 거주를 합법화했더라면 삼봉도 같은 전설이 역사의 무대에 등장하지도 않았을 것이다. 신비화·미궁화는 전혀 예기치 않은 신화를 창조하게 마련이다.

섬은 육지와 왕래가 자유롭지 못하기 때문에 단절을 뜻하지만, 그로 인하여 신비화·미궁화의 토양이 된다. 신화는 멋대로 창조되고 부풀려진다. 게다가 먼 섬으로 유배 보냈기 때문에 단절감과 고독감을 잉태시킨다. 중죄인일수록 먼 섬에 머물렀으므로 이들이 혹시나 반역의 무리로 변신하거나 무리들과 결합할 가능성을 염두에 두었다. 이런 마당에 어딘가 삼봉도라는 섬에서 반역의 무리들이 출병한다는 꺼림칙한 소문은 한갓 스쳐 지나갈 풍문이 아니었다.

국가로서는 오랫동안 삼봉도를 추적하는 모습을 연출함으로써, 또한 국가적으로 추적하던 삼봉도를 공식적으로 '애초부터 없던 섬'으로 결론내림으로써, 당연히 삼봉도에 국가의 통제를 벗어난 유민집단이 없는 것으로 사건을 마무리한다. 오로지 울릉도만이 공식적으로 인정됨으로써 봉건국가의 법통과 체통이 살게 된다는 형식논리도 가능해진다. 이러한 과정에서 1511년 중종조에 강원도 관찰사에게 무릉도를 살피게 하는 명령을 내린다.[15]

영조 연간에 대역사건 하나가 터진다. 사건 경위는 망명 역적亡命逆賊인 선전관 황진기黃鎭紀가 이사로李師魯를 친국하는 과정에서 주요 인물로 드러나고 이와 관련한 역초逆招에서 그의 부친인 경흥부사 황부黃溥가 거명되어 잡혀오면서 드러나게 된다. 경흥부사 황부가 배를 만들어 국가에 긴급한 일이 있으면 조선 판도에는 없는 삼봉도로 피해 들어가려 했다는 진술이 나온다.

> 삼봉도가 동해 가운데 있으며, 둘레가 심히 크고 사람도 많으나 예부터 나라의 교화를 벗어나 도망친 사람들이 만든 섬이다. 빈한하고 미천한 자를 위하여 망명 역적인 황진기가 장군이 되어 정진인鄭眞人을 모시고 울릉도에서 나오고 있다. 청주와 문의가 먼저 함락되고, 서울이 함락될 것이매, 이씨李氏 대신에 정씨鄭氏가 들어서서 가난 없고 귀천 없는 새 세상을 만들 것이다.[16]

빈한한 자들과 미천한 자들을 위하여 무신 망명 역적인 황진기가 장군이 되어 정진인을 모시고 그들을 해방시키기 위하여 울릉도 월변의 섬에서 나오고 있으니 청주와 문의가 먼저 함락되고 이어서 서울이 함락될 것이며 이씨를 대신하여 정씨가 가난이 없고 귀천이 없는 새로운 세상을 만들 것이라는 점이 괘서와 투서로 널리 알려져 당시 경기·충청 지방의 백성을 동요시킨 사건이 그것이다.

삼봉도에 관한 공초供招에서 그네들이 삼봉도라 일컫지 않고 삼도三島라고 일컫던 사실을 발견하게 된다. 그것은 삼봉도라는 섬이 정부에서 금기시되는 섬이라는 인상을 깊이 주며 삼봉도라는 이름 자체가 여러 가지 상징적인 의미를 갖는 것으로 짐작된다. 다시 말해 일반 민중이 열망하는 고통과 억압이 없는 이상향의 대명사 바로 그것을 의미하는 것이다.

당시 민중들 사이에서는 삼봉도에 도부배국逃賦背國의 무리가 1,000여 명 넘게 진 치고 있다는 소문이 퍼져 있었다.[17] 토지는 비옥하고 풍요로운 섬이란 와언도 퍼져나갔다. 정부에서는 몇 차례에 걸쳐서 백성들이 이상향으로 생각하는 이 섬을 수색하여 반란을 뿌리 뽑으려 노력했으나 뱃길이 험하고 위치도 정확하지 않아 성공하지 못하였음은 앞에서 밝힌 바와 같다. 그러나 그 폭원幅員이 거의 1,000리나 된다고 하는 점으로 미루어, 울릉도가 아니라 오늘날의 북해도를 일컫는 것이라는 주장도 있다.[18]

여하간 백성들에게는 삼봉도가 세금도 내지 않는 자유스러운 땅으로 회자되었으므로 조정에서도 머리가 아팠다. 이들 백성의 희망을 근절하기 위하여 조정에서는 그곳에 갔다 왔다는 사람을 사실 무근한 말을 퍼뜨린 죄로 극형에 처하고 그 시신은 전국에 돌려서 일벌백계함을 널리 알려야 한다는 논의까지 대두한다. 삼봉도의 존재가 오랫동안 백성들 사이에서 회자되어왔음을 알 수 있다.

삼봉도가 이상향의 대명사로서 계속 백성들에게 전해져 내려오고 있는 사실은 선조 연간 전국적인 활동을 하던 노비 도적 길삼봉吉三峰의 이름으로 정착한 것이 아닌가 여겨진다. 기축옥사에서 최영경崔永慶이 바로 길삼봉으로 지목받아 사형되었는데, 이처럼 길삼봉은 정치적 사건으로 이용될 정도로 전국적 명성을 지녔던 노비 도적이다. 길삼봉은 백성들이 이상향으로 생각하는 삼봉도를 자기 이름으로 삼음으로써 자기가 이상향을 건설해낼 상징적 인물임을 백성에게 설득력 있게 전달하는 데 성공하였다.[19]

삼봉도사건은 당시 민중 사이에서 고통스러운 현실을 떠나 이상향으로 가고자 하는 경향이 얼마나 광범위하게 추구되고 있었는가를 반영하지만, 거꾸로 일반 민중 사이에는 이상향에서 진인이 나타나 그들을 고통 속의 현실로부터 해방시켜줄 것이라는 믿음도 광범하게 존재하고 있었음을 방증한다. 그것은 조선 후기 대부분의 반역 모의나 변란에 정진인 이야기가 운위되던 사실에서도 확인된다.

6장_주

1 『고려사』권5, 「世家」5.

2 주강현, 『독도견문록』, 웅진지식하우스, 2008.

3 『아계유고』3권, 「기성록」.

4 『세종실록』세종 7년 8월 8일.

5 『세종실록』세종 7년 10월 20일.

6 『세종실록』세종 7년 10월.

7 『성종실록』성종 3년 2월.

8 『성종실록』성종 3년 2월 3일.

9 『성종실록』성종 3년 3월 6일.

10 『성종실록』성종 3년 8월 12일.

11 『성종실록』성종 7년 10월 20일.

12 『성종실록』성종 7년 10월 27일.

13 『성종실록』성종 13년 2월 5일.

14 『성종실록』성종 13년 2월 5일.

15 『중종실록』중종 6년 5월 21일.

16 『성종실록』성종 13년 2월 5일.

17 『성종실록』성종 원년 12월 갑인.

18 정석종, 『조선후기의 정치와 사상』, 한길사, 1994, 92쪽.

19 정석종, 앞의 책, 93쪽.

7.

해랑도의 해랑적

적선 두 척이 해서海西 연변에 출몰하면서 우리 상선과 어선을 상대로 겁탈과 노략질을 하였는데,
적들은 모두 머리를 깎고 호건胡巾을 착용했으며 언어도 호인胡人들과 비슷하였는데, 해랑적海浪
賊이라고들 하였다.

『현종실록』, 현종 4년 9월 27일

1 주요 사료에 보이는 해랑도海浪島와 이를 근거지로 활동하던 해랑적海浪賊이라는 존재는 일찍이 사서에 등장하고 있다. 해랑도는 조선 초기부터 중국과 조선 유민들의 대표적 근거지로 알려져 왔으며, 해랑적 또한 해상의 불법 세력을 대표하는 존재로 인식되어왔다. 이에 정부 내에서도 해랑도의 실상에 대한 보다 정확한 조사와 쇄환刷還 필요성이 본격적으로 제기된다. 정부에서는 연산군 6년(1500년)에 해랑도 초무사를 임명하고 해랑도를 수색하였으며, 그곳 백성들을 쇄환한다.

병조판서 이계동李季仝 등이 아뢰기를,
"해랑도海浪島 사람들을 수색하여 데려오는 일을 전에 초무사招撫使 한 사람이 종사관을 데리고 가서 데려오게 하려고 하였던 것인데, 지금은 이미 중국 조정에 알렸고 중국 조정에서도 허락하게 되어 그만 큰일이 되어버렸으니 경솔하게 거행할 수 없습니다. 초무사 한 사람과 부사 한 사람이 문·무 종사관 6명을 데리고 가게 해야겠으며, 그중 문신 2명을 데리고 가는 것은 배가 혹 남의 나라 땅에 닿게 되면 문자를 가지고 서로 문답하게 하려는 것입니다. 또한 왜倭·여진女眞·한학漢學 통사 한 명씩과, 전일 이 섬에 왕래하며 저희들끼리 서로 물건을 판매하던 고정남高正男 등을 함께 데리고 가는 것이 좋겠습니다."

하였는데, 그대로 좇았다.[1]

국가적으로 적극 개입하여 통제하고자 하였으나 해랑도 문제는 해결되지 않았다. 해랑적 활동이 본격화되면서 그 폐해가 더욱 심해졌다. 예컨대 해랑적이 양서兩西 지방의 연해에 자주 출몰하여 양곡 운반선을 약탈하였으나 정부에서는 이 문제에 효과적으로 대처하지 못했다. 해랑적 문제의 실무를 맡은 황해도와 평안도의 감사와 병사가 해랑적 수색에 나섰으나 오히려 그들에게 병선兵船을 빼앗기는 사태까지 일어났을 정도다. 해랑적이 관군보다 강한 무장력을 보유하였다는 증거이기도 하다.

비변사 아뢰기를,

"전일 호유충胡惟忠 등이 표류한 사실을 조사하여 진강鎭江에 통보할 때, '본국의 염선鹽船을 추격하였으니 실정은 역시 알기 어려운 바'라는 한 조목에 대해서는 위에서 삭제하라고 명하였으니 호유

충 등이 우리나라의 염선을 추격한 정상을 진강鎭江에 보내는 조사
보고서에 기록했었다. 상上이 그렇게 하면 저들이 돌아가서 반드시
죄를 받게 될 것을 염려하여 단지 표류된 사실만 통보하고 염선을
추격하여 소란을 피운 등의 일은 기록하지 못하게 하였다. 그래서
이렇게 입계한 것이다. 성의聖意의 소재가 매우 합당합니다. 다만
저들의 한 짓으로 본다면(궐문에서 소란을 피운 일) 지난번 표류한 중
국인과는 동일하지 않습니다. 만일 자문咨文이나 주문奏文 가운데
당초 포획될 때의 사정을 전혀 거론하지 않는다면 저들이 중국으로
돌아가서 도리어 날조하여 모함할 염려가 없지 않습니다. 원래의
장계狀啓에 '돌격하여 뒤쫓아온 사정과 선박의 물건 가운데 우리나
라의 물건이 많이 있었다'는 등의 말을 약간 수식하여 첨가함으로
써 뒷날의 변에 대응할 여지를 만들고 저들로 하여금 함부로 말을
만들지 못하게 하는 것이 합당할 것 같으므로 감히 아룁니다."

하니, 전교하기를,

"호유충 등이 해적이라면 선박에 어떻게 문서文書와 예단禮單 등의
물건이 있었겠는가? 나의 뜻은 단연코 표류된 자들이라 여기니 해
적이 아닌 것은 분명하다. 염선을 추격하였다는 것은 변장이 공을
노려서 한 이야기요, 해랑적海浪賊을 즉각 포획한 것처럼 하려는 속
셈이었을 것이다. 만일 사실이 아닌 우리의 몇 글자로 말미암아 수
십 명의 인명이 죄를 얻게 된다든지 혹 죽음을 면치 못하게 된다면,
이것은 인인仁人으로서 차마 할 수 있는 일이 아니다. 차라리 남이
나를 저버릴지언정 나는 남을 저버릴 수가 없다. 이뿐만이 아니라

대개 자문咨文이라는 것은 상주上奏하는 글인데 하나라도 사실과 다르다면 이는 번신藩臣으로서 중국 조정을 기망하는 것이 되니 이보다 더 큰 죄가 어디 있겠는가. 내가 이를 두려워하여 진강에 통보하는 자문의 초고에 있는 한 구절을 부표附標하여 삭제하게 한 것이다. 근래 이들의 소행을 보건대 자못 단정하지 못한 것 같으니, 북경에 도착한 후 날조하여 무함할 걱정이 있을까 염려스럽다는 것은 나 역시 그런 생각이다. 그러나 무지해서 저지른 행동에 불과할 것이다. 그러나 여러 사람의 의견에는 반드시 깊은 견해가 있을 것이니 참작하는 것도 좋겠다" 하였다.

사신은 논한다. 호유충 등이 해적은 아니더라도 그들의 소행을 보면 자못 패만스러운 일이 있으니 해사의 염려가 치밀하다고 할 수 있다. 그러나 여러 신하들은 후환을 염려하는데 왕은 성신誠信으로 사람을 대하였으니, 송 태조宋太祖가 오월왕吳越王 전숙錢俶을 유치시키자고 하는 여러 신하의 요청을 따르지 않은 것과 동일한 사례이다. 위대하도다, 왕의 마음이여! 이 마음을 미루어 나간다면 충분히 한 나라를 보호하고도 남음이 있으리라. [2]

명종 1년(1546), 황해도 풍천의 초도椒島에서 수적水賊 고지종이 잡힌다. 고지종은 본디 평안도 의주 사람으로 중국으로 도망가서 해적이 된다. 해랑도, 금주위 등 조선 북서해안을 무대로 예사롭게 돌아다니며 금단의 물건들을 상거래하고 때로는 해적으로 변신하기도 하면서 서해를 횡행하였다. [3] 혹시 고지종이 제주 고씨, 즉 제주 사람은 아니었을까.

선조조에 들어서면 해랑적의 해적 활동이 구체적으로 기사화된다. 선조 36년(1609)에는 해랑도 수적이 조운선漕運船을 탈취하는 등 양서 연해에 마구 출몰한다. 선조 40년(1607)에 비변사에서 올린 보고에 따르면, 해랑도뿐만 아니라 해양도海洋島 같은 다른 이름의 섬도 등장하여 조정에서 헷갈려 한다. "해양도란 오늘날 말하는 해랑도인 듯합니다. (……) 변란을 일으킨 무리들은 필시 해양도와 석성도의 사람들이 서로 모여 출몰하며 우리나라 사람의 의복과 양식을 약탈한 것인 듯합니다"라고 한다.[4] 해양도, 석성도, 해랑도 등 섬에서 무장병력 출현이 일상화되던 저간의 사정을 말해준다.

숙종 35년(1709), 동지사冬至史 민진후가 청나라에서 돌아오자 왕이 오랑캐 사정을 묻는다. "소위 해랑적도 강한지 약한지를 알수 없으나, 촌락을 휩쓰는 도둑인 듯했습니다. 신이 지나는 길에 보건대 금주위錦州衛의 바닷가 마을들이 한결같이 비어 있기에 그 까닭을 물어보니, 모두들 해적이 항시 여기에 출몰해서라고 했습니다"라고 민진후가 아뢴다.[5] 요동반도 주변이 모두 해적의 영향권에 접수되었다는 뜻이다. 평안도와 발해만 주변의 섬에 해적들이 진 치고 있었음을 말해준다. 숙종 37년(1711)에도 '지난해 해랑도적의 일로 소란이 있었다'는 기사가 확인되는 것으로 미루어 해랑적은 상당히 긴 기간 대물림하면서 북서해안에서 활동하였음이 다시 확인된다.

숙종 38년(1712), 강화부에서 익명의 투서로 수감된 정렴鄭濂은 해랑적 관련 유언流言을 지어내어 스스로 풀려날 방도를 찾으려고 하였다. 즉, 압록강 건너편에 중국과 우리나라에서 죄를 짓고 도망쳐 사는 자들이 7,000~8,000명에 이르는데, 그들은 근래 곳곳에 출몰하여 식량을 약탈하는 이른바 해랑적의 무리라는 내용이었다. 정렴은 이 같은 정보를 제공하고 그 대가로 풀려나기를 바랐으나 결국 그 스스로 지어낸 말임을 자백함으로써 무위로 끝났다. 1787년 4월에는 경기와 호서지방에 와언이 널리 퍼졌는데, 이때 북방족의 기병이 들이닥칠 것이라는 소문과 함께 해적의 배가 가까운 곳에 정박하고 있다는 말이 유포되어 인근 지방 사람들이 대피하는 소동까지 일어났다. 기병 해도출병설이 남쪽 바다뿐 아니라 북쪽 바다에까지 무서운 기세로 퍼져나가고 있었다.

순조 10년(1810)에도 동지사가 다녀와, "해랑적의 근심이 없는 해가 없습니다. 심지어 왕호王號까지 참칭하고 있으나, 소굴이 멀고 광활하여 실로 타파할 형세가 없다고 합니다"[6]라고 임금에게 아뢴다. 왕호까지 참칭할 정도로 강력한 무리를 거느리고 무장을 한 채 섬을 장악하였다는 뜻이다. 헌종 4년(1838)에도 해랑도와 해랑적 문제가 계속된다. 성호星湖 이익李瀷도 '근래에 바다에서 해랑선이 그 수를 알 수 없을 정도로 출몰하여 폐해가 심각함'을 지적하였다.

적선 두 척이 해서海西 연변에 출몰하면서 우리의 상선과 어선을 상대로 겁탈과 노략질을 하였는데 그 적들은 모두 머리를 깎고 호건胡

巾을 착용했으며 언어도 호인胡人들과 비슷하였는데, 해랑적海浪賊이라고들 하였다.[7]

2 / 단순한 해적일까. 단순한 해적이 이처럼 수백여 년간을 줄기차게 대를 이어가며 활동할 수 있을까. 해랑적은 서해안의 섬에 기반을 두고 중국과 한국 사이에서 활동하던 조직적인 해중군도海中群盜로 여겨진다. 해랑적과 관련한 유언을 퍼뜨리며 일종의 변란을 도모했던 기사가 등장함은 국체國體를 위협할 정도로 해랑적과 관련한 공포심이 민중들 사이에 널리 퍼져 있었음을 보여준다. 해랑도는 당시 민인들이 둔취하던 여러 해도를 대표하며, 해랑적은 해도의 저항 세력을 대표하는 존재로 이해할 수 있을 것이다.[8]

그렇다면 해랑적의 근거지인 해랑도는 어디쯤으로 추정할 수 있을까. 성종 23년(1492) 한 선전관이 자기 종의 남편인 송전생이라는 인물이 해랑도에 왕래함을 의심하여 잡아다 승정원에 고한다. 송전생 무리 중의 하나인 고익견이 공초하기를,

신은 금년 5월 배를 타고 마포를 출발하여 평안도 선천宣川 서쪽에 이르러 장록도獐鹿島 등 섬을 지난 지 3~4일 후에 해랑도에 정박했습니다. 섬 안에는 다섯 집이 있었는데, 사람들의 말씨는 중국 사람을 닮았고, 사슴가죽을 입고 화전을 일구어 농사를 지었으며, 고기잡이를 생업으로 삼고 있었습니다. 그리고 제주 주민 20여 구口가

새로 가서 살고 있었습니다. 섬에는 배 여섯 척이 있었는데, 그중 한 척은 항상 바다에 떠서 후망堠望을 보고 있습니다.

조정에서는 '우리나라 사람으로 몰래 저 섬에 의탁한 자들을 당연히 쇄환해야겠는데 중국 사람들과 섞여 살고 있을까 두렵다'고 걱정한다. 평안도 선천 서쪽 방면이고 말씨가 중국 사람을 닮은 것으로 보아, 해랑도는 압록강 하구로부터 중국 쪽으로 떨어진 중국에 붙은 섬으로 비정된다. 해랑도에 사는 사람들을 쇄환하는 일을 중국 요동에 자문하고 중국 쪽에 가깝다고 논의하는 것으로 보아 중국 쪽 관할이되 중국의 통치 영역에서 힘이 덜 미치는 우리나라와의 경계선상에 위치함을 알 수 있다. 중국인들과 섞여 살면서 해적 활동을 하고 있었음이 분명하다. 앞의 이익의 지적에 의하면, 해랑적의 주력부대는 대체로 중국인들이었던 것 같다. 중국인이 주력을 이룬 상태에서 도망친 조선인이 연계된 국제연합부대 성격의 해적 집단이 발해만 섬에 근거지를 두고 요동반도와 평안도 일대에 출몰하였을 것이다. 연산군 4년(1498) 기사에 이르길,

> 우리나라 사람이 해랑도로 도망가서 산 지가 세월이 오래되어 중국 사람과 서로 혼인을 하고 언어와 복색도 역시 같사온데, 쇄환할 때에 중국 사람까지 수색하여 잡아오거나 또 상처를 입힌다면, 신은 상국과 사이가 나빠질까 걱정입니다.[9]

해랑도에 들어가 수우피水牛皮 등을 훔쳐온 양인을 벌하고 물소를 잡아온 자를 취조했던 것으로 미루어, 오늘날 백령도에 서식하는 물범이 발해만으로 회유하고 있는 사실과도 연결지어본다. 즉, 해랑도는 요동성에 딸려 있고 발해만에 속하며 한반도 압록강 하구에서 서해안 쪽에 붙어 있는 곳으로 짐작할 수 있다. 경외境外라는 표현이 자주 등장하며, '몰래 바다 건너'라는 표현도 주목된다. 그런데 제주 사람 20구가 들어와 살고 있음이 무엇보다 주목된다. 제주도에서 이어도를 이상향으로 만들어가는 담론이 형성되는 와중에 이어도-해랑도 주장이 한때나마 제기된 것은 이 같은 기사 때문일 것이다. 20가구씩이나 그 문제 많던 해랑도에 제주민이 올라가서 산다는 것 자체만으로도 주목을 끌만 하기 때문이다.

나라에서는 급기야 해랑도 초무사까지 파견하여 식량을 가지고 섬으로 들어간다. 그런데 조정에서는 주로 해랑도만 문제가 되었지만 해랑도에서 불과 몇 리 떨어지지 않은 소장산도 같은 섬에도 해적이 은거하고 있었다. 비단 해랑도뿐 아니라 서해의 섬들이 무장 해적의 근거지로 활용되던 저간의 사정이 엿보인다. 중국인과 조선인이 연합한 국제적 해적 집단임이 분명히 드러난다. 연산군 6년(1500) 해랑도 초무사가 아뢴다.

신 등이 해랑도에 이르니 그곳에 거주하는 사람은 모두 다른 곳으로 옮겨 가고 집터만이 19개가 있을 뿐인데, 경우耕牛 3마리가 방목되어 있고 또 사람의 발자취가 있으므로 이를 찾아보니 4인이 배를 타고 해랑도 동쪽 2리쯤 되는 수우도水牛島로 가서 정박하므로 즉시 이들을 포위하고 잡아서 그 나머지 사람들이 간 곳을 물으니 대답 하기를, 소장산도로 옮겨갔는데 그들은 밭갈이 때문에 이곳에 왔다 고 하였습니다. 드디어 장산도長山島까지 들어가 중국 사람 78명과 우리나라 사람 34명을 잡아 돌아와서 이미 용천龍川에 도착하였습 니다.[10]

3／15세기 말부터 사료에 등장하는 해랑도·해랑적 문제가 19세 기 전반기까지 장기지속되었음을 주목한다. 300년 이상 문제가 되 고, 말끔히 해결되지도 못하였으니 당대 조정에서 대를 이어가면 서 고심할 수밖에 없는 사안이었다. 왕조 입장에서는 변란을 걱정 하고 민중의 이탈을 염려하였기에 당연히 신경을 쓸 수밖에 없는 처지였다면, 민의 입장에서는 어떻게 수백여 년간 사태를 이끌어 왔을까. 이는 끊임없이 새로운 인자들이 섬으로 대를 이어 들어가 고 있었고, 당대 민중들에게 해랑도·해랑적이 '섬-이상향'의 전 범으로 인식되었다는 뜻이다. 또한 민중들 사이에 해랑도로 들어 가는 접선 루트와 비밀통로가 개발되어 있었음을 방증하는 것이기 도 하다.

간단없이 수백 년 동안 기록이 왕조실록에 등장하는 것으로 볼 때, 당대 민중들 사이에서 유포·확산되었던 해랑도와 해랑적에 관한 놀라움과 기대치는 예상 이상이었다. 실제보다 부풀려진 유언비어가 급성장하면서 과대 포장된 이상향으로 선전되었을 가능성도 배제할 수 없다. 이상향이란 별다른 게 아니다. 가렴주구에 시달리는 백성들에게는 세금과 착취가 없고 먹을 것이 보장되며 국가적 통제에서 벗어나 있는 섬에서 독립적으로 살아갈 수 있다는 사실만으로도 이상향의 1차 조건은 구비되는 것이다. 섬-이상향 담론이 널리 유포된 것은 당대의 현실에서 조금이라도 벗어나고자 했던 민중들의 염원이 그것으로 투영된 결과이다.

문제는, 우리에게 남아 있는 사료란 고작 토벌 초무사의 흔적과 조정에서 왕과 신하 간에 주고받은 골격만 남은 사료뿐이라는 점이다. 역사의 살과 피가 사라지고 뼈만 가지고 논한다면, 해랑도와 해랑적의 300년 넘는 장기지속은 설명 불가하다. 당대 민중의 집단심리와 그 심성사적 내면을 고려한다면, 해랑도와 해랑적은 가히 당대 사회에서 신화적 차원으로 전승되었을 법하다. 해랑도의 해랑적이 어떤 사람들이었는지, 어디에서 어떤 연유로 흘러들어왔는지, 어떤 조직을 꾸리고 어떻게 통치되었는지, 그네들의 삶의 조건은 무엇이었는지, 무장력은 어떤 수준이었으며 주로 어떤 해역에서 어떤 배들을 들이쳤는지 등등 해랑적의 생활사는 온전하게 밝혀진 것이 거의 없다. 무려 300년이나 장기지속된 이 국제연합부대의 지속성은 섬-이상향, 혹은 섬-무장출병설 담론을 만들어내는 데 충분한 위력을 확보하고 있었던 셈이다.

19세기 후반부터 해랑도와 해랑적이 기사에 등장하지 않음은 배무이 기술이 발달하고 원해 진출이 활발해지는 등 해양의 근대적 전개양상과 관련 있을 것이다. 해랑도가 서해상의 미지의 섬으로 홀로 존재하기에는 해양세계의 판도가 바뀌었기 때문이다. 19세기 후반에는 영국·독일·프랑스·미국·네덜란드 등 해양제국의 배들이 서해안을 제집 드나들듯 한다. 해양세계는 더 이상 '비밀의 섬'이 존재할 수 없는 대항해 판도로 접어든다. 조선 왕조의 어떤 극적인 조치에 의해 해랑적이 사라진 것이 아니라 이 같은 시대적 조건에 의하여 그 장기지속이 막을 내렸을 것으로 짐작한다.

7장_주

1 『연산군일기』 연산군 6년 3월 18일.

2 『선조실록』 선조 40년 4월 25일.

3 『명종실록』 명종 1년 12월 15일.

4 『선조실록』 선조 40년 5월 2일.

5 『숙종실록』 숙종 35년 3월 23일.

6 『순조실록』 순조 10년 3월 17일.

7 『현종실록』 현종 4년 9월 27일.

8 고성훈, 「조선후기 '海島起兵設' 관련 변란의 추이와 성격」, 『조선시대사학보』 3, 조선시대사학회, 35~36쪽.

9 『연산군일기』 연산군 4년 9월 6일.

10 『연산군일기』 연산군 6년 6월 28일.

8.

섬,
반란을 꿈꾸다

이제부터는 왕도 제후도 없고, 교황도, 다른 세속 및 교회권력도 사라져야 한다. 모든 사람은 서로
형제가 되고 자신의 손으로 일해 식량을 얻게 되며 이웃보다 많은 것을 소유할 수는 없게 되어야
한다.

프리드리히 엥겔스F. Engels, 「독일농민전쟁」

1 / 조선 후기 변혁의 무리들은 대부분 한 손에 『정감록』, 『격암유록』과 같은 '유언비어 문서철'을, 다른 한 손에는 칼과 창을 드는 방식을 취하였다. 그리고 거사 직전에 애달프게 몰락하는 방식으로 사태가 마무리되었다. 그러나 엥겔스가 서술한 『독일농민전쟁』이 그러하듯이 반란의 역사는 역사적 연속성을 과시하면서 장강대하 같은 물줄기를 형성했다.

우리는 우리의 역사를 정리하면서 지배적인 사조였던 정치사, 경제사, 사회사나 구조사에 매몰되어왔다. 그간 소홀히 취급되어온 정신세계의 자율성 및 물질세계와의 상호성을 회복해야 하며, 구조라는 감옥에 갇혀 있던 인간을 해방시킬 필요가 있다. 섬에서 출현하는 진인을 학수고대하던 민중의 심리는 집단심리의 역사였으며, 민중 개개인 입장에서는 역사적 인간학 바로 그 자체이다. 심성사가 엘리트적인 심리사에 대항하여 민중의 집단심리를 탐구

대상으로 하고 이성적인 사고뿐 아니라 감성까지도 포괄한다면, 이들 심성사의 강점은 '느낌'이라는 감성적인 세계를 개척했다는 점에 있을 것이다.[1]

체제에 도전하여 이상향을 설정하고, 이를 정확한 계획에 의거하여 실행에 옮기려 했던 유토피아의 설계자들을 주목해야 한다. 주류 역사에서는 그동안 그네들을 반란자·변란자·모반자로 치부하였을 뿐이다. 이상향 체제가 어떻게 섬에서 구축될 수밖에 없었고, 당대의 민이 '섬-이상향' 담론을 어떻게 접수하고 있었던가 하는, 역사적 인간학을 들여다볼 필요가 있다. 진인 자체가 인간이었고, 진인을 기다리던 개개 민중의 심성 자체가 너무도 인간적인 그 무엇이었기 때문이다. 나락으로 떨어진 고단한 삶 속에서 무릉도원으로 귀거래사할 수 없는 처지의 대다수 민중들은 불현듯 머나먼 섬에서 말발굽 소리 들려오고 새판이 짜지는 모습을 면전에서 목격하고 싶었을 터이다. 비토리오 란테르나리가 말한 '억압된 자의 종교'가 바로 그러한 것이었으리라. 비토리오는 미국 남서부의 페요테 숭배Peyote cult와 멜라네시아의 하물荷物 숭배Cargo cult 등의 예언적이며 메시아적인 운동을 억압된 사람들의 '자유를 위한 외침'이라고 해석한 바 있다.[2]

이상향으로서의 섬이 하나의 분명한 대망大望 체계로 등장한 시점은 정확하지는 않다. 자료로 보면 조선 후기가 가장 많았으나 앞의 무릉도·요도·삼봉도에서 살펴보았듯이 조선 전기도 '섬-이상향' 담론이 존재하였다. 아마도 고려시대나 훨씬 이전 고대사회에서도 섬-이상향 담론은 존재했을 것이다. 문제는 사료다. 가령 '백가제해'百家濟海의 준말인 백제 같은 해상국가에서 섬-이상향 담론이 없었을 리가 없다. 그러나 우리가 확보하고 있는 고대사 자료는 지극히 제한적이다. 고대인들이 머나먼 섬을 어떻게 생각했는지, 섬의 발견과 이용에 관한 범주, 섬에 관한 자연지리적 이해와 당대의 지도 등 우리의 지식이 제한적인 조건 속에서 고대의 섬-이상향 담론을 이해하기는 쉽지 않다.

문헌상으로는 조선 후기의 섬-이상향 담론이 가장 많이 확인된다. 임진왜란·병자호란 양대 전란을 겪으면서 민중들의 현실적인 피해는 물론이거니와 정신적 공황도 심각한 지경이었다. 조선 후기 민중들은 현실의 고통을 극복하기 위해 지대한 노력을 쏟았다. 온갖 저항운동이 이를 증명한다. 이상향 설정은 그 대안으로 마련되었다. 민란의 배경이 되었던 '진인이 해도로부터 출래한다'眞人海島出來는 와언이 그것이다.

조선 후기에는 이미 섬에 대한 지리적 지식이 상당 부분 축적된 상태였다. 1834년, 김정호에 의해 그려진 『청구도』는 1/16만 축척의 근대식 대축척 지도로, 해안과 섬이 구체적으로 나와 있다. 이런 조건에서 진인 해도출래설이 유포되었음은 섬이 고립의 땅이기도 하지만 이미 인적·물적 교류가 활발해진 상황으로까지 발전해나간 상태를 뜻하기도 한다. 조선 후기에 이르러 섬에서의 양병이나 양곡의 저장, 그리고 섬을 근거지로 삼는다는 이야기가 많이 등장한다. 그중에는 울릉도에 양병하고 있다거나 사불여의事不如意

하면 제주도를 공취하거나 입도하여 힘을 기른다는 이야기도 있다. 특히 이 같은 제주도 공취 및 제주도 입도에 관한 설은 당시 유행했던 『홍길동전』에서 많이 시사받은 것으로 보이며, 따라서 조선시대 민중들의 섬-이상향의 하나인 사도국肆島國 이상이 제주도 이상으로 변용된 것이라 하겠다.³⁾

왜 섬이 주목받았을까? 임진왜란을 겪으면서 주민이 떠나자 섬이 비어 있는 경우가 많았으며 공적 통제에서 벗어난 경우가 비일비재하였다. 섬은 지리적·심리적 조건 등으로 인하여 유배지의 상징이었다. 특히 치열한 정쟁廷爭 끝에 왕족이나 권신 등이 귀양가는 처형의 땅이었다. 제주도로 유배 갔다가 죽음을 당한 광해군처럼, 유배는 유배에 그치지 않고 죽음과 삶의 경계선이었다. 이러한 당대적 조건 속에서 섬이 군역을 피해 도피한 자들과 역모 연루자들의 소굴이 되고 있다는 보고가 중앙정부로 속속 올라왔다.

섬은 유민을 비롯하여 도적이나 도망 노비의 주요 집결지였고, 역모와 관련된 자들의 유배지이기도 했다. 따라서 도민들은 현 체제에서 소외된 자들로 그만큼 현실에 대한 불만이 컸다. 이들은 관의 직접 통제에서 벗어날 수 있다는 섬의 지리적 이점을 이용해 세력화했다. 독자적으로 화폐를 주조하거나 황당선荒唐船과 교류하고, 조운선을 나포하기도 하면서 세력을 키웠다. 이제 변란을 도모할 수 있을 만큼 세력이 커졌다. 정부에서는 관리를 파견하여 감찰하는 등의 대책을 강구하였으나 바라던 성과를 거두지 못하였다.⁴⁾

숙종 연간(1694)의 갑술환국 당시에도 서인 측에서는 해도의 정진인을 거론하며 사노私奴의 준동을 경계하기도 했다. 망명 역적인 무신 황진기가 장군이 되어 정진인을 모시고 그들을 해방시키기 위해 울릉도 월변의 섬에서 나오고 있으니, 이씨李氏를 대신하여 정씨鄭氏가 가난 없고 귀천 없는 새 세상을 만들 것이라는 점이 괘서掛書와 투서投書로 퍼져 당시 경기·충청의 백성을 동요시킨 사건이다.

조선 후기 정진인은 일반 민중이 갈망하는 고통 없고 평등한 사회를 실현시켜줄 해방자이자 민중의 우상으로 받아들여졌다. 민중은 그가 언젠가 바다의 어느 섬으로부터 자신들을 봉건적 억압에서 해방시켜주기 위해 찾아올 것이라고 믿었다. 그가 살고 있는 섬은 고통 없고 평등한 이상향이었다. 이처럼 섬에서 민중의 해방을 이끌 진인이 출래할 것이라고 믿었던 민중의 심중에서 고통스러운 현실로부터의 해방을 갈구하는 경향을 확인할 수 있다.[5] 이러한 해도출병설은 끊임없이 이어진다.

중세 조선의 변혁가들은 중세적 변혁의 꿈을 섬으로 설정하였다. 때때로 느닷없이 진인 해도출병설이 나돌아 한양에서 도망치는 양반 무리가 생길 정도로 유언비어가 난무하였다. 당시 섬은 죄인으로 내몰려 절해고도絕海孤島로 떠밀려온 지식인들이 득시글하던 곳이기도 했으니 반역의 꿈이 무르익을 만한 적절한 토양이 되어주었다. '섬'을 하나의 이상향으로 설정하였음을 우연으로만 돌릴 수 있을까.

해랑적海浪賊의 사례가 잘 말해주듯, 섬은 뱃길로 이어져서 중앙정부와 지방정부의 통제력에서 한 걸음 벗어나 있다. 변방 항로를 이용하기 때문에 한국, 중국, 일본 사이에 끼어서 국제적인 경계의 공간을 이용하기도 한다. 평안도와 황해도 연안에 출몰하던 해랑적이 무려 수백여 년간 장기지속으로 이어졌음은 섬과 바다, 뱃길이라는 최선의 조건이 갖추어졌기에 가능하였다. 해적海賊·수적水賊이 상대적으로 높은 기동성을 갖춘 것도 변방의 바다라는 조건 덕분이었다. 조선의 부세제도는 대대적인 조운체계를 요구하였고, 조운선을 수괴로부터 보호하는 일은 국가재정을 방어하는 데 가장 중요했다. 해적·수적은 이들 국가적인 조운선을 노리는 경우도 있었기에 조정에서는 심각한 우려를 표하고 있었다.

섬에서 해도출병설이 가능했던 것은 당대의 섬이 대부분 목장으로 이용되고 있던 사정과 연관된다. 사복시司僕寺에서는 목장지도를 만들어 전국의 목장 소재지별, 목장별 소와 말, 목동의 통계와 목장의 면적을 기록·관리하였다. 국가의 중대한 마정馬政 정책 수립을 위해 전국의 감목관監牧官에게 각 목장의 실태를 보고하게끔 하였다. 섬에서 기르는 말 중에는 유사시 군사력으로 전화되는 군마들이 많았기에 해도출병은 곧 해도기병海島騎兵을 뜻하기도 하였다. 섬에서 천군만마가 출병하여 한양을 공격할 것이란 유언비어가 와언 이상으로 다가온 것은 목장이라는 조건과 무관하지 않을 것이다. 마정은 국가의 중요한 책무였기 때문에 목장경영은 대단히 중요했다.[6]

2 / 진인 해도출래는 바다에서만 이루어진 것이 아니다. 『정감록』을 통한 변혁의 주인공이었던 정여립이 모반을 꾀하다 죽은 공간이 섬 아닌 섬이라는 점은 주목을 요한다. 그의 최후를 재구성해보면 대략 이러하다.

"천하는 공물이니 어찌 주인이 있으리오!" 이런 '무시무시'한 말을 중세사회에서 내뱉은 한 사내가 있었다. 사내는 그의 아들과 몇몇 사람을 거느리고 진안의 오지, 죽도竹島의 바위산을 바라보았다. 높지는 않지만 우뚝 솟은 천반산, 한가할 때는 바둑을 두면서 천지운행을 도모하던 산이다. 사내는 먼저 자신의 아들과 일행을 칼로 찔렀다. 그러고는 칼자루를 땅에 꽂아놓고 스스로 칼날에 목을 대고 황소울음 소리를 내면서 쓰러졌다. 중앙정부에서 급파한 선전관이 도착했을 때, 사내는 이미 싸늘하게 식어 있었고, 젊은 애들은 아직 목숨이 붙어 있었다. 사내가 죽기 며칠 전, 기축년(1589년) 10월 2일의 일이었다.

사건은 이제부터 시작이었다. 당사자가 죽음으로써 일단락된 것이 아니라 오히려 증폭되었다. 여립의 역변이 일어나자 서인들은 "갓을 털고 나서서 서로 축하하였으며, 사사로운 원한을 보복하기에 꺼리는 바가 없었다"고 이긍익李肯翊의 『연려실기술』燃藜室記述은 적고 있다. 일명 정여립 모반 사건으로 선비 1,000여 명이 희생

당하였으며, 호남은 반역향으로 낙인 찍혀 호남차별의 분수령을 이루게 된다. 기축옥사己丑獄事는 예측불허의 보복을 불러왔다. 단재 신채호 선생이 『조선상고사』 「총론」에서 '전 민족의 항성恒性을 묻고 변성變性만 키우는 짓거리' 였다고 한 기축옥사의 전말이었다.

여립은 천민·승려·선비·화적·종 등 여러 계층과 어울렸으며 대동계大同契를 조직하고 무술을 연마하였다. 그는 '두 임금을 섬기지 않는다'는 말은 옳지 않으며 '누구든 임금 아니겠는가' 하며 불사이군不事二君을 뛰어넘었다.

이씨는 망하고 정씨가 흥한다(木子亡 尊邑興)

유언비어가 꼬리에 꼬리를 물고 전국을 떠돌았다. "천하는 공물公物이니 어찌 주인이 있으리오!"라는 표현은 참으로 무시무시한 거역의 말이 아닌가. 그래서 혹자는 그를 일컬어 '우리 역사의 첫 공화주의자', 또는 '영국 올리버 크롬웰보다 50년 앞서 인민 주권을 주장'한 인물, '왕조 개조를 위해 계급을 초월한 사병집단을 양성'했던 인물이라고 했던가.

죽도는 모악산에서 벗어나 불과 1시간이면 당도하는데 막상 보면 섬이 아니다. 다만 금강 상류가 굽이치는 가운데 동그란 지형이 형성되어 섬을 방불케 한다. 풍수상으로는 물줄기가 감아 돌아가는 회회지지回回之地다. 상류에서 바라보면 입구 쪽에서 들어오는 사람이 보이되 입구에서는 상류 쪽이 보이질 않는다. 난세의 피난

처로 요긴한 지형을 두루 갖추고 있으니 정여립이 죽도를 근거지로 삼았던 배경이 이해될 만하다. 바다의 섬만이 아니라 육지의 섬조차도 이상향으로 설정되었음을 죽도는 설명해준다.

3/ 섬과 바다는 민족 전통의 남조선 사상南朝鮮思想과 연결된다. 남조선 사상은 본디 그 연원을 알 수 없으나 매우 오래전부터 한반도 민중 사이에 전설로서, 소망으로서, 혹은 도참圖讖으로서 떠돌며 미만되어온 민중사상의 핵심이다. 현실세계의 구현과 이상세계의 도래에 대한 신념체계로서 우리 민족은 삶에 지치고 힘들 때마다 남조선을 떠올렸다. 한반도에는 선경비향仙境秘鄕인 남조선이 있어서, 때가 되면 인류를 구원할 진인이 출현하여 사람들을 인도한다고 보았다. 여기서 남조선이란 영원한 미래의 조선을 뜻하며, 이러한 이상사회의 실현은 구원자의 출현에 의해서 가능하다. 여기에는 초월적인 존재의 힘에 의하여 불의에 찬 현실세계가 종말을 고하고 새로운 이상세계가 등장할 것이라는 믿음이 바탕을 이루고 있다.[7]

남조선 사상은 과연 언제부터 시작되었을까. 그 역사적 연원은 쉽게 밝혀지지 않는다. 조선 후기에 사회적으로 유행하였다고는 해도 일찍이 그 사상적 연원이 싹텄을 것이고, 표현상으로는 사상이라고 하나 일종의 신앙으로 그 전승력을 키워온 것으로 보인다. 조선 후기에 널리 유포된 『정감록』과 『격암유록』 등에 보이는

진인, 이인異人, 생불生佛, 성인聖人 등의 존재가 그것이다. 문헌상의
이름이 진인 그 자체이건, 정도령이건 중요한 것이 아니다. 진인이
출현하여 도탄에 빠진 세상을 구할 것이라는 굳은 믿음이 중요하
기 때문이다. 가령 숙종조의 여환의 난은 미륵을 내세운 일종의 메
시아운동이었다.

　　남조선 사상이 민중 사이에서 미만되고 있었으나 이를 정식으
로 문헌에 기록한 시점은 아이러니하게도 20세기 중반이었다. 최
남선의 다음 말을 주목한다.

> 대저 남조선이란 것은 본래 조선 민족의 현실고에 대한 정신적 반
> 발력으로부터 만들어낸 하나의 이상사회 표상이니, 이것을 어의상
> 살피건대 조선어에 남南을 '앎', 곧 전방으로 새기니, 남조선이라
> 함은 곧 전방에 있는 조선, 미래 영원의 조선을 나타낸 것에 불외합
> 니다. 언제까지고 희망으로 품는 조선이 곧 남조선입니다.[8]

　　특히 그것은 계룡산과 관련을 맺으면서 발전해왔다. 남조선의
남은 분명히 지리적으로 남쪽을 의미한다. 동시에 많은 물산의 산
출지이자 착취의 장소였으며 정치적 탄압과 역사적인 멸시를 끊임
없이 받아왔던 지역이다. 이에 저항하여 반란, 폭동, 민란이 꼬리
를 물었던 지역이기도 하다.[9] 진인 출현, 섬에서의 진인에 의한 거
병 등의 중세적 담론도 남조선 사상과 깊이 연루되어 있다. 최남선
의 표현대로 조선 후기의 모든 변혁운동에는 정씨(진인설)와 계룡산

〈십승지론〉의 그림자가 어른거렸다.

　이상사회 건설은 진인의 출현과 함께 이루어진다. 이것이 우리가 남조선 사상을 언급하고자 할 때, 예로부터 전승되어온 진인대망 사상眞人待望思想을 빼놓을 수 없는 이유이다. 고난에 빠진 민중들은 초월적 권능을 가진 진인이 하늘의 명을 받아 이 세상에 출현하여, 새로운 이상세계를 만들어 자신들의 질곡을 풀어줄 것이라는 믿음을 간직하고 있었다. 진인대망 사상은 진인의 출현과 더불어 열리는 새로운 역사·문명 창조에 대한 희망을 내포하였던 것이다.[10)]

　남조선 사상은 바다와 섬, 배와 직결되어 있으며 이를 체계화한 이는 강증산이다. 강증산은 민족종교의 토양을 이루어온 남조선 사상을 수렴하여, 그 의미구조를 확장시키면서 체계화는 물론이고 그 매듭을 지었다. 민족의 이상사회 및 진인대망 사상을 남조선 사상으로 수렴·확장하면서 매듭을 진 것이다. 강증산의 남조선 사상의 핵심은 머지않은 장래에 남조선에서 진인이 나타나고, 또한 남조선에서 전 세계를 살리는 구원의 진리가 나온다는 것이다. 곧 남조선은 처음으로 개벽이 되고, 추살秋殺의 후천개벽기에 사람을 살릴 법방이 있는 곳이다. 곧 상생문명의 기운이 열리는 장소이며, 후천문명이 열리고 그것이 우주로 뻗어나갈 보금자리이다. 이에 증산은 '남조선'뿐 아니라 '남조선 배'와 '남조선 사람'이란 개념을 구체화시켰다. '남조선'은 인류 구원의 성지가 되고, 이 세상의 온갖 재난이 침입할 수 없는 곳, 곧 희망과 구원의 상징으로서의 선경을 의미하는 것으로 보았다. '남조선 배'는 이러한 이상사회로 나아가는 과정을 상징하고 있다.[11] 남조선 사상의 중심개념 중 하나인 '남조선 배'의 출발과 도착은 후천개벽 상황의 시작과 마침을 의미한다.[12]

혼란한 세상을 정의롭게 바로잡으려다 역적의 누명을 쓰고 무참히 참수당한 혁명가 전봉준 장군이 도사공이 되고, 고난을 이겨내고 천추만대에 길이 빛나는 도덕군자의 모든 성신들이 이 배를 운전하고 있다. 배질은 후천으로의 개벽을 향한 것이다. '남조선 사람'은 '남조선 배'에 탈 수 있는 사람으로, 곧 구원받을 수 있는 사람이며 이상사회에서 살게 될 사람이다.[13]

김지하 시인도 강증산에 빗대어 남조선 사상을 논한 바 있다. 김 시인은 강증산이 서양의 문명신文明神이 뱃노래를 부르며 그 문명의 이기를 거느리고 한반도의 남쪽으로 배 타고 들어온다고 하였던 〈남녘땅 뱃노래〉를 가지고 진술하였다. 강증산의 비결서 가운데 '배 띄워라 배 띄워라 남조선 배 띄워라'는 대목에 근거한 진술이다. 김 시인은 남조선 사상에서 남南이 지리적인 남쪽만을 의미하는 것은 아님을 밝혔다. 여기서 남은 지리적인 남쪽, 곧 풍부한 생산력을 갖고 있으면서도 역사적 고난이 축적된 그런 남쪽을 뜻하기도 하지만, 불교에서 이야기하는 세계와 삶의 가장 밝은 곳, 부처가 임하는 땅, 부처가 이루어지는 땅으로서의 표상도 있다고 본 것이다.[14] 그렇지만 대체로 지리상의 남쪽을 지칭하는 실제적 의미로 많이 쓰였다.[15] 증산이 세계만국을 살려낼 구원의 활방이 남조선에 있다고 하였을 때萬國活計南朝鮮, 이는 구체적으로 지리적 남조선을 의미하고 있었다.[16] 『격암유록』에서, "섬에서 진인이 나온다. 진인은 자하도紫霞島의 참 주인이다"라고 하였으며, 아주 구체적으로 남쪽을 지칭하여 "섬에 사는 진인이 나온다. 바다에 있는 자하도, 선인들이 사는 선계를 사람들은 깨닫지 못하리라"고 하였다. "말세의 환난 때에 살 곳이 어디인가. 동쪽도 아니요, 서쪽도 아니요, (조선 땅이다), 남조선을 떠나지 마라"고 강조하였다. 아예 진인출현이 임박하였다는 상황인식을 하여 "사람이 나온다. 사람이 나온다. 세상을 구할 진인이 나온다"고 하였으며 그 출현 장소도 구체적으로 남해도南海島라고 밝히고 있다.[17]

남조선 사상이란 측면에서 볼 때, 제주도도 예외가 아니다. 가령 지난 역사에서 남학당南學黨과 방성칠난房星七亂은 제주도적 유토피아의 현실적 연루 가능성을 잘 말해준다. 제주의 독립국가 건설 방안을 제시한 바 있는 방성칠은 『정감록』류의 각종 비기에 바탕을 둔 민간예언 사상에 따라 민란에 의의를 부여한다. 여기서도 진인이 섬에서 나옴을 명시하고 있다. 남학당은 아예 '南' 자를 새긴 부적을 몸에 붙이고 다녔을 정도였다. 19세기 초반부터 요란스럽게 당대를 풍미했던 해도출병설은 100여 년이 흐른 1898년에 먼 남쪽 바닷가에서 남학당과 방성칠난으로 고스란히 이어진 것이다.[18]

1801년 신유사옥 때, 조선의 천주교인들은 해중도와 큰 배를 기다린다. 큰 배가 와서 박해받는 자신들을 싣고서 해중도로 간다는 믿음이 유포되었다. 해중지도海中之島에서 큰 배를 만들어 중국을 쳐서 병자년의 굴욕을 설욕한다거나 해중도에 진인이 있다는 믿음 등은 천주교 신앙공동체와 조선 전통사상과의 접맥을 잘 보여준다.

4 / 정진인이 출현하여 도탄에 빠진 백성을 구해주고 새로운 세상을 선포한다는 믿음은 우리나라에서만 이루어지던 것이 아니다. 『정감록』은 천년왕국Millenium으로서의 유토피아와 유사하다. 유럽식 유토피아의 가장 보편적인 형태는 사실 메시아 대망 사상인 천년왕국이다.[19] 천년왕국은 본래 그리스도가 재림한 후 지상에 메시아 왕국을 세워 최후의 심판 전에 천년 동안 그곳을 다스린다는 성경의 요한묵시록을 근거로 하고 있다. 하층/민중 그리스도인의 신앙이다. 오늘날에는 넓은 의미로 해석하여 종말의식을 강력하게 나타내는 민중의 구원·사회 운동을 의미한다.[20] 천년왕국 사상에서 중요한 인물은 정진인처럼 메시아의 도래를 전해주는 예언자다. 영국 농민반란의 존 볼John Ball[21], 타보르파Taborites의 마르틴 후스카, 독일농민전쟁의 토마스 뮌처 등이 대표적인 예이다.[22] 유럽에서도 독일농민전쟁 시기에 수많은 '유럽식 진인'이 출현하였다. 엥겔스는 1476년 독일농민전쟁에서의 사례를 들고 있다. '피리 부는 한스'에게 어느 날 성모 마리아가 현현하여 이렇게 말했다.

이제부터는 왕도 제후도 없고, 교황도, 다른 세속 및 교회권력도 사라져야 한다. 모든 사람은 서로 형제가 되고 자신의 손으로 일해 식량을 얻게 되며 이웃보다 많은 것을 소유할 수는 없게 되어야 한다.

천년왕국은 내세의 천국이 아니라 가까운 장래에 도래할 현세의 낙원이다. 천년왕국이 지상에서 실현될 수 있다는 믿음과 희망이야말로 농민을 반란과 혁명으로 유인하는 신화였고 이데올로기였다. 뮌처는 천국은 저세상이 아니라 이 세상에서 찾아야 하며 이땅에 신의 왕국을 세우는 것은 그리스도교인의 임무라고 주장하였다. 따라서 그는 천년왕국을 수립하기 위해서는 필요하면 폭력도 불가피하다고 보았다.[23]

정진인이 섬에서 기병을 거느리고 출병한다는 것도 무장력이 동원된다는 차원에서 뮌처의 혁명관과 다를 것이 없다. 메시아의 출현은 절대적으로 현재 이루어져야 할 사건으로서 '지금 바로, 여기에서' 이루어져야 하는 것이며, 결코 미래지향의 약속일 수는 없었다. 조선 후기의 카리스마적 창시자들은 모두 주술적·예언적 기능이 강했고, 궁극적으로는 메시아로 현현하기를 바랐다. 즉, 참위설 혹은 개벽설을 바탕으로 자신이 진인임을 자처하고 나서는 점에서 대동소이했다.[24]

그러나 한국판 천년왕국운동의 중요 전거는 역시 미륵신앙운동이다. 조선 후기 이전에 그 상당한 부분을 담당한 것은 사실 미륵신앙운동이었을 것이다. 그중에서도 바닷가에서 벌어졌던 매향

의례는 미래불의 현현이 어떻게 바다·섬과 관련 맺는가를 잘 보여
준다. 역사를 거슬러 올라가 고려 말로 소급해본다.

> 고려 충선왕 원년(1309년). 금강산 삼일포에 강릉도 존무사存撫使 김
> 천호를 비롯하여 강릉부사 박홍수, 판관 김관보 등 동해안 일대의
> 지방관리들이 승려 지여志如와 함께 모였다. 의관 정제하고, 먼 길
> 마다하지 않고 식전부터 모인 것을 보면, 필경 곡절이 있을 법하였
> 다. 비문이 먼저 배에 실렸다. 김천호를 비롯하여 박홍수 등이 차례
> 로 배에 올랐다. 다행히 날씨는 좋았다. 지여가 날짜 하나는 참으로
> 잘 잡았다고 너털웃음을 터뜨렸으나 좌중은 묵묵부답. 아무도 응답
> 할 분위기는 아닌 모양이다. 배는 삼일포를 노 저어 갔다.
> "단서암丹書岩에 배를 대게."
> 김천호는 단호히 말했다. 삼일포 호수 안에 있는 4개의 섬 중에서
> 단서암을 선택한 것이다. 그가 단서암을 선택한 이유는 남다른 연
> 유가 있었다. 단서암에는 신라 화랑들이 삼일포를 다녀간 기념으로
> 썼다는, '술랑 일행이 남석을 다녀가다'述郎徒南石行 여섯 글자가 남아
> 있음을 그는 잘 알고 있었다. 예로부터 미륵의 당래하생當來下生을 서
> 원하면서 은밀하게 찾아들던 비밀스러운 곳임도 잘 알고 있었다.
> 그러한 곳이기에 지게에 지고 온 매향비를 세우기에는 안성맞춤인
> 곳이었다. "호수물이 가로막고 미륵도들이 성스럽게 여기고 있는
> 곳이니, 누군들 이 매향비를 함부로 옮기지는 못하리라" 하면서.25)

위 글은 일제시대 삼일포에서 발견된 삼일포 매향비의 40행, 369자를 풀어서 매향비를 세우던 광경을 추리해본 것이다. 신라시대 화랑으로부터 고려까지 연년이 이어지는 삼일포 호수 안의 섬을 중심으로 한 심성사적 장기지속을 확인할 수 있다. 삼일포는 동해와 소통하는 석호潟湖이다. 석호 복판의 섬을 이상향으로 설정하고 비의를 집행한 것이다. 이렇듯 수많은 사람들의 비밀스러운 서원이 담겨져 있는 매향비埋香碑란, 글자 그대로 향을 묻고 미륵 오기를 기원하면서 세운 비문이다. 매향비가 건립된 1309년으로부터 40년이 지난 1349년 가을, 이곡李穀이 그 삼일포를 다시 찾았다. 『죽부인전』의 작가로 고등학교 교과서에도 실린 이곡이 『동문선』에 전해지는 「동유기」東遊記에 쓰기를,

초사일에 일찍 일어나 삼일포에 이르렀다. 포는 성북城北 5리쯤에 있는데, 배에 올라 서남쪽 조그만 섬에 이르니, 덩그런 큰 돌이 있다. 그 꼭대기에 돌벽장이 있고, 그 안에 석불石佛이 있으니, 세칭 미륵당이다.

이로 미루어보아 이곡이 찾아갔을 당시에는 매향비뿐 아니라 석불도 있었고 미륵당도 있어, 미륵신앙의 '메카'였음이 틀림없다. 그 뒤로도 매향비를 직접 보았다는 기록은 곳곳에 있다.

지금까지 발견된 매향비는 모조리 바닷가에서다. 왜 하필이면 바닷가에만 매향비를 세웠을까. 개펄에 묻어둔 향목은 침향이 되

면 물 위로 떠오른다고 한다. 이무기가 1,000년이 되면 용이 되어 승천하듯이, 단순한 향목도 침향이 되면 '승천'한다. 미륵하생을 기다리는 민중들에게 침향의 상승은 바로 새로운 세상의 떠오름이었다. 매향비는 강물과 바닷물이 합수하는 갯고랑에서 미륵을 기다리며 집단적으로 서원하던 당대 민중들의 장엄莊嚴 그 자체를 웅변해준다. 그 결과 매향은 주로 바닷가에서 그 흔적을 드러낸다. 전국 해안 곳곳에서 매향의례가 있었다는 말이다. 매향은 대체로 말단 지방사회를 단위로 이루어졌으며 발원자들이 느끼는 현실적 위기감을 반영한 민간신앙 형태에서 나왔다는 점으로 보면, 어떤 시대적인 위기감이나 전환기에 처한 지방민의 동향, 그 자체였다. 심리적 불안감에서 나온 집단적 제의, 그리고 새 세상에 대한 염원이 투영된 것이다.

중앙권력이 덜 미치는 바닷가는 늘 왜구의 노략질에 시달렸다. 불안정한 시대일수록 더욱 그러했다. 이런 어수선한 세월에 평화와 안녕이라는 절절한 염원을 담아 미륵불에 의탁하여 집단적으로 서원했다. 여기에 용화세계를 꿈꾸던 미륵도들의 비밀결사 의례가 결합하여 기존의 세계와 질서에 대한 변혁 의지까지 내포하였다. 말단 지방수령들조차 이 대열에 참여했던 것은 그런 민중적 요구가 광범위했음을 반영한 것이 아닐까. 무엇보다 현존하는 매향비의 태반이 고려 말, 조선 초에 만들어진 것임을 주목해야 한다.

미륵을 기다리는 민중의 서원은 하나의 운동적 양상으로 발전하곤 하였다. 가까운 중국에서도 미륵에게 의탁한 '동양식 천년왕국운동'이 자주 벌어졌다. 청조를 타도하고자 한 백련교白蓮敎의 반란 따위가 그것이다. '천하가 난亂하면 미륵불이 강생한다', '미륵불이 바로 천하를 지킬 것이다', '천지를 바꾸자, 세상을 바꾸자, 반란의 해, 미결未決의 해' 같은 슬로건에서 새 세계에 대한 열망과 미륵신앙과의 관련성이 엿보인다. 우리의 경우에도 후삼국시대의 궁예가 미륵불을 자청하였고, 강증산도 미륵불에 의탁하였다. 불교가 시작된 이래로 미륵신앙은 하나의 운동, 미래불의 기다림 그 자체였다. 무슨 확신이 민중들로 하여금 미륵의 당래하생當來下生을 서원하게 만들었을까. 그만큼 현실의 고통이 심했다는 증거가 아닐까.

숙종조에 미륵신앙운동이 왕조를 물리치는 변혁적 입장으로까지 나아갔던 사건은 미륵을 둘러싼 역사적 장기지속을 잘 말해준다. 남조선 사상이나 후천개벽의 맥락 안에서 미륵신앙의 장기지속적 운동성이 요동치고 있는 것이다. 남조선 사상을 체계화시킨 강증산도 자신을 '미륵'의 현현이라고 주장하였으며, 구체적으로 '나를 보려면 금산사 미륵을 보라'고까지 하였다.

5 / 미륵과 바다의 연관성은 제주도에서도 정확하게 나타난다. 제주 미륵은 대부분 '바다에서 올라온 미륵'이다.[26] 바다에서 건진 먹돌에 미륵의 현현을 의탁하던 제주민의 사고는 땅에서 솟구친 육지의 미륵과는 다른 차원이다. 땅과 달리 바다에서 미륵이 출현

하는 방식은 해양문화사나 불교문화사적으로도 중요한 의미를 지녀 가히 '물마루의 세계관'이라 이름할 만하다. 물마루는 수평선을 뜻한다. 수평과 수직의 세계관은 다르다. 제주의 민중은 물마루를 보며 산다. 물마루는 희망이자 절망이다. 외지의 물화를 가득 실은 배도 물마루에 오를 때는 돛대 끝자락부터 모습을 드러낸다. 신기한 박래품舶來品이 환상처럼 다가오는 순간이다. 벌떼처럼 들이닥치는 왜구 선단의 출현도 물마루에 돛대를 들이밀면서 시작된다. 그 순간 바닷가 사람들은 서둘러 산으로 숨어들어야 했다.[27]

바다 위에 뜬 섬은 물마루에 홀연 나타났다가 홀연히 사라져 이내 망망대해로 변하곤 한다. 난파한 배가 오랜 배고픔과 갈증을 견디면서 가노라면 불현듯 물마루에 섬이 등장한다고 한다. 사막을 횡단하는 사람들에게 보이는 신기루 같은 것인데 바다도 예외 없이 유혹하곤 한다. 이렇듯 물마루에는 섬사람들의 희망과 절망이 뒤섞여 있다. 이처럼 제주도의 바다 미륵에는 평생 동안 물마루를 지켜보면서 일상을 시작하고 마감하는 섬사람들의 수평적 세계관이 층층이 잠복해 있다.

물마루의 수평적 질서는 우리나라만의 내림이 아니다. 음력 7월 16일이면 일본 오키나와의 최남단인 아에야마八重山 제도, 즉 이시가키지마石垣島에 딸린 머나먼 섬인 하테루마지마波照間島 주민들은 어김없이 미륵제를 지낼 것이다. 이들은 해마다 풍년을 기원하며 미륵보살을 앞세워 축제를 벌인다. 미륵신앙이 멀리 바다 건너 머나먼 섬에까지 파급된 것이다. 하테루마지마의 미륵신앙은 베트남에서 전래한 것으로 알려졌다. 1791년에 유구 왕국의 수도인 수리성首里城, 현 오키나와 나하시으로 돌아오던 어느 관리의 배가 풍랑으로 말미암아 안남(베트남)에 표착한다. 거기서 미륵풍년제를 목격하고 돌아온 이래로 전파되었다고 한다. 그런데 이같이 정확한 연대 기사 이외에 전혀 다른 차원으로 해석할 수도 있을 것이다.[28]

예로부터 오키나와에는 바다 어딘가에 낙토樂土가 있다는 믿음이 있어왔다. 풍년과 부귀의 낙토가 있고 오곡의 신이 존재하여 미륵세상을 구현한다는 믿음이다. 늘 일상적 기아에 시달리는 섬 백성의 입장에서는 오곡이 풍성한 어딘가의 낙토는 신화처럼 각인되었을 것이고, 미륵의 미래불적 모습이 이에 투영되었음직하다.

망망대해를 오가면서 배를 기다리다 보면 사람들의 시선은 한결같이 물마루에 모인다. 물마루에 배가 떠올라야 그 지루한 기다림이 끝나기 때문이다. 누구나 미술시간에 수직과 수평의 구도를 배웠으리라. 바다에서는 물마루의 수평선 하나가 다른 모든 구도를 압도한다. 그 수평은 평온한 것 같지만, 태풍이라도 거느리면 노도로, 해일로 거칠 게 없는 '파문'을 일구기도 한다. 이런 '물마루의 철학'을 이해하는 일이야말로 바다를 이해하는 첩경이다. 세계의 수많은 모험가와 항해자들이 목을 빼면서 지켜보았을 그 물마루를 바라보면서 제주나 오키나와의 섬 민중들은 바다미륵을 기다리고 있었던 것이다.

6 기록에 남은 사료보다 사라지고 잃어버린 사건이 훨씬 많음은 설명할 필요도 없을 것이다. 이상향은 끊임없이 만들어졌고 좌절되었다. 그때마다 섬과 바다가 등장했으며, 진인이 출현하였다. 앞의 해랑적만큼이나 수백 년간 이 같은 동어반복이 계속된다. 각각의 사건마다 계획가들이 버티고 있으며, 이에 동조한 당대 민중의 이상향 체계가 자리잡고 있다. '섬-이상향' 담론이 하나의 대안체제로 시스템적으로 움직이고 있었다는 증거이다. 상상의 나래를 펴고 각각의 사건을 비정한다면, 우리식 유토피아가 곳곳의 섬에서 자라나고 있었음을 알 수 있으리라.[29]

해도기병설이 민의 저항과 본격적으로 연결되기 시작한 것은 영조 24년(1748) 문의괘서 사건 때였다. 이때 해도기병설이 강력히 제기되었던 배경은 당시 해도의 상황, 특히 해도에서 노비 도적의 핵심인물로 알려진 정팔룡이 청룡대장으로 출병했던 사례와 관련이 있다. 정조 때는 해도의 이름이 구체적으로 등장하는 등 해도기병설이 본격적으로 다듬어졌으며, 주체 세력도 보다 뚜렷이 부각된다. 순조 때는 해도기병설이 홍경래불사설, 남적출현설, 남방기병설, 제주도정벌설, 대마도정벌설 등과 연관되어 보다 다양하게 전개된다. 홍경래의 난 실패 이후, 이제 남쪽에서 변란이 일어나야 성공할 수 있다는 남조선 사상의 논리가 힘을 받았다.

대표적으로 『정감록』과 같은 감결에서는 진인의 해도출병설 언급이 없으나, 다른 비결의 내용 중에는 진인의 해도출병설이 예언되어 있다. 정진인이 해도에서 군사를 거느리고 나와서 조선을 정벌하고 남쪽 지방(계룡산)에 도읍을 정하고 새 국가를 창건한다는 내용이 그것이다. 동학운동의 접주 김개남이 자신의 이름을 '개남'開南으로 한 것도 '남조선을 개벽해야 한다'는 뜻에서였다.

진인이 해도에서 양병하여 기병함은 『정감록』의 예언에 지나지 않는 허황된 것일 수 있으나 당시 조선의 현실적 여건에서 볼 때 양병하고 기병할 수 있는 유일한 곳으로 서남해안의 목장으로 이용되던 해도를 꼽을 수밖에 없을 것이다. 이런 점에서 해도출병설은 상당한 구체성을 갖는다. 특히 19세기 초·중엽의 민중운동에서 해도기병설은 꽤 설득력을 갖고 『정감록』에 수용된다.

해도기병설의 주체들은 거사 명분으로 매우 정치색 짙은 구호를 내걸었다. 해도에는 많은 유민이 몰려 있었으며 세력화하여 군사력을 가진 저항집단을 형성하기도 하였다. 섬이란 당시에는 교통수단이 형편없었던 만큼 멀고 무서우며 사람 살 곳이 못 되었다. 소설가 송기숙은 남도에서의 진인출병설을 생활사적 측면에서 다음과 같이 소박하게 비정했다.

섬에 대한 일반의 인식은, 남해안의 몇 개 안 되는 섬에는 민란을 일으켰다가 실패하고 유배 간 사람들이나 도망친 사람들이 살고 있는 곳으로 생각되었을 것이다. 또 도망친 사람들은 언젠가는 은밀하게 고향의 친지들에게 안부를 전했을 것이 뻔한 일이니 그런 사람들의 행방도 결국 알려졌을 것은 당연한 일이다. 또 도망노비들은 섬에 가서 집단적으로 사는 예가 많았으므로, 섬은 이렇게 현실에 대한 불만을 가지고 있는 사람들이 사는 곳으로 생각되었을 것이다. 따라서 그런 사람들은 지금도 세상을 바로잡기 위해서 무슨 계획을 꾸미고 있을 것이라고 생각하거나, 그런 계획을 꾸며가지고 육지로 쳐들어와 이 세상을 바로잡아주기를 바랐을 법하다. 이런 사람들에 대한 그리움과 기대가 남해진인설을 발생시켰거나 끈질기게 유지시킨 심리적인 요인이 아닐까 싶다.[30]

해도기병설 역시 『정감록』의 여러 논리 중의 하나로 추상적이며 비합리적·비현실적 논리의 틀 속에서 움직인 것은 사실이다. 그럼에도 당시 유민들이 몰려들던 섬의 상황을 잘 반영하였으며, 현실적 모순에서 벗어나려는 민중의 폭발적인 에너지를 수렴하고 있었다. 그러므로 해도기병설은 『정감록』의 어느 논리보다 반체제 저항이념으로서의 현실성이 높을 수밖에 없는 것이다.[31]

순조 4년(1804)에 장연의 등곡천 주위를 중심으로 이달우 등이 일대 변란을 꾸몄다가 모의자들이 체포된 장연작변長淵作變이 있었다. 이들은 군대를 모집하고, 군량미를 확보해 봉기할 것을 결의했다. 여기서도 섬이 등장한다. 『순조실록』에 따르면, '고백령古白翎과 울릉도에서 병기를 만들어 군량을 쌓아둔다'고 하였다. 실제로 이들은 백령도와 울릉도에 병영을 마련하여 군량미 1,000여 섬을 저장하고 병기를 만들기로 모의한다. 백령도 일대에서는 농민들의 협조를 얻고 그곳에서 주점을 차려 자금을 확보하기로 계획한다.

동쪽 바다와 서쪽 바다를 두루 활용하면서 일대 변란을 꾀함으로써 전국적 대오를 준비했음이 드러난 것이다.

1760년 각골도角骨島 흉서사건凶書事件은 영조 36년(1760) 2월에 터진 와언과 관련된 사건이다.[32] 고치룡高到龍과 승려 청윤淸潤이 각골도를 근거로 수만의 사람을 모아 일본과 내통하였다는 말이 유포되었다. 정감록 사상에 근거하여 와언을 유포한 것으로서『정감록』의 해도출병설을 의미하는 것으로 해석이 가능했다. 이 사건은 전말을 밝혀내지 못한 채, 고치룡·청운 등을 잡술을 유포한 죄로 정배함으로써 일단락된다.[33] 각골도는 사실 조작된 해도였다. 이는 '각골도라는 섬이 어찌 있을 수 있으랴'는 실록의 대목에서 미루어 알 수 있는데, 당시 민중들이 해도출병 가능성을 각골도라는 유령의 섬을 등장시켜 조성하였던 것으로 여겨진다.

1811년 홍경래의 난도 해도출병설의 전형성을 보여준다. 홍경래의 난은 19세기 초반에 이미 해도출병설이 사회변혁이론으로 자리잡았음을 보여준다. 학자에 따라서는『정감록』자체를 18세기 전반에 서북지방에서 출현한 것으로 보기도 한다.[34] 그만큼 서북지방에 변혁적 이념 체계가 갖추어졌다는 뜻이다.「홍경래동란기」洪景來動亂記,「동국전란사」東國戰亂史 등 여러 격문에 비슷하게 나타나는 내용을 살펴보면,

다행히 제세濟世의 성인이 청북淸北 선천宣川 검산 일월봉日月峰 대군왕포大君王浦 위의 가야동伽倻洞 홍의도紅衣島에서 탄생하였으니, 나

면서부터 신령하였고 다섯 살에 신승神僧을 따라 중국에 들어갔으며 장성하여서는 강계江界 사군지四郡地 여연閭延에 은거하기 5년에 황명皇命의 세신유족을 거느리게 되었으며, 철기鐵騎 10만으로 동국을 숙청할 뜻을 가졌다.

출생지 자체가 홍의도이다. 이 같은 해도출병 예언이 심심치 않게 전국을 휩쓸며 봉건지배층의 간담을 서늘케 했다. 격문 중의 홍의도는 정감록의 해도기병설이 말하는바, 진인의 군사가 있는 해도를 의미하는 구체적인 섬의 명칭이다. 『정감록』의 해도기병설이 환상적인 예언이 아닌 현실적 사실이며, 그 구체적인 증거로서 홍의도의 존재를 보여준다. 또한 홍경래가 거사한 장소는 다복동 앞을 흐르는 대정강 가운데의 신도薪島였다. 강상의 섬에 지도부를 소집시켜 본격적인 거사 준비와 일정을 논의한다. 홍의도와 신도는 홍경래의 난에서 섬이 중요한 근거지였음을 웅변한다.

1813년 진주고변晋州告變은 성주星主 출신 향반 백동원이 진주 병영의 비장 백태진, 밀양의 박대연과 함께 진주 병사 이회식을 끌어들여 일대 민란의 음모를 꾸미려 한 사건이다. 이회식은 백태진으로부터 승려 수백 명이 영유·수안·숙천 등지에서 바다로 왕래하면서 변란을 꾸민다는 소문을 듣고 있었다. 일당은 모의하여 숙의하기를, "일찍이 해도海島를 왕래할 때에 도적의 괴수들이 모여 있는 것을 보았다"고 해도에서의 출병 가능성을 언급하였다.[35] 백태진은 온갖 말을 만들어 해중의 적도가 일본 관백에게 글을 보내

청병하고 대마도를 연통하면서 제주도를 공취한다고 하였고, 스스로 교하 해변에서 배를 타고 왕래하면서 이들 난민을 보았다고도 하였다. 그는 "북적北狄, 홍경래의 관서 농민군이 나왔으니, 남적南狄 또한 반드시 나올 때가 되었다"고 하였다. 대마도가 등장하고, 제주도를 통째로 탈취하려는 등 변란의 스케일이 상당한 수준이었음을 알 수 있다.[36]

1813년 제주고변濟州告變은 그해 12월에 제주도에서 양제해梁濟海가 홍경래의 기병에 용기를 얻어 변란을 일으키려던 사건인데 이 역시 해도출병설과 유관하다. 양제해는 민란을 일으키려는 계획을 세우고 동조자들을 모으기 위해 등소等訴한다는 핑계를 대고 모임을 가지기도 하였으며 계를 만들어 서로 돕는다는 말로 집회하기도 했다. 그는 제주의 목사, 현감, 아전 등을 죽이기를 선동하면서, "근래에 와서 섬 백성들의 부역이 너무 무거워 편히 살 수가 없다. 그러니 섬의 배는 육지로 못 나가게 하고 육지의 배가 오면 배를 엎어버려서 북쪽으로 통하는 길을 일체 막아버린다면 마땅히 후환이 없을 것이요, 길이 안락하게 보장된다"고 주장했다.[37] 이에 동조자들이 더욱 늘어나서 각각 부서를 정하고 역사力士를 모집하기도 하고 병기를 만들기도 했다. 그리고 12월 16일 밤에 먼저 제주목에 돌입하기로 작정하고 이어 정의·대정 관아를 습격한다는 봉기 일정을 짰다. 이 사건은 훗날 고종 연간에 본격적으로 일어난 제주민란의 전초로서 '제주왕국설'과 상통되는 분위기를 지니고 있다.[38] 조정대신들은 제주도에 또 하나의 홍경래가 나타난 것으로 단정해버렸다.

제주 백성과 양제해가 일으킨 이 모변은 사적 음모와 탐욕으로 뭉친 아전집단, 탐학을 일삼았던 상찬계의 무한질주에 대한 제주 민중의 만만치 않은 저항운동이었다. 그렇지만 양제해 모변에 관해서는 전혀 다른 견해도 존재한다. 등소等訴모의였지 변란變亂모의가 아니었으나 허술하기 짝이 없는 각본을 통해 등소모의를 반란음모로 조작한 사건이라는 견해가 그것이다. 그러한 견해가 있었음에도, 이 저항은 19세기 후반에 줄 이은 이른바 제주의 민란시대, 즉 1862년 제주민란, 1890년 경인민란, 1896년 병신민란, 1898년 방성칠의 난, 1901년 이재수의 난에 선행하는 제주 민중 반란사의 작지만 위대한 서장임에 틀림없다.[39]

1819년 화성괘서華城掛書 사건은 화성에 다음과 같은 괘서가 나붙으면서 시작된다. "김노정이 기장機張 적소에 있는데 그 편지를 받아 광양 고첨사 강창일의 아들 주철에게 전해주었다. 창일은 광양의 부민富民인데 그의 돈과 재화를 빌려 4~5척의 배를 사고 또 화약과 화전 등의 병기를 만들어서 바다를 건너 군사를 동원할 계획이다. 김노신이 도원수가 되어 장수 80과 대병 10만이 쳐들어올 것이다."[40] 김재묵이 이런 내용의 방문을 직접 짓고 품팔이꾼을 시켜서 붙이게 한다.[41] 해도출병설의 또 하나의 예이다.

1836년 동래고변東來告變은 그해 12월, 동래 왜관에 괴한이 담을 넘어 투서하다가 관왜官倭에게 잡힌 일이었다. 괴한은 오위장이었던 천기영인데 투서 내용은 "우리나라에서 발병發兵하고자 하니

왜국에서 원병을 보내달라"는 내용이었다. 연루자 30여 명이 체포되었고 남응중이 주모자로 밝혀졌다. "남응중의 족당은 모두 좋은 문벌이었는데, 성품이 간교하여 남의 재물을 편취하기 좋아하고 역모를 꾸며 경외京外에 출몰하면서 속임수만 써왔다. 일이 발각되자 면하지 못할 줄 알고, 동래의 왜관倭館으로 도망해 들어가서 극도로 흉악하고도 부도한 말을 지어내어 투서하여 두 나라의 틈을 부추겼으나 왜인들도 믿지 않고 그를 잡아서 우리나라에 넘겨주었다"고 하였다.[42] 남응중은 서울의 반족 출신으로 충청도 목천에 이거移去해 살면서 부안의 왕등도 등지로 다니며 전곡田穀을 수합하는 등 자금을 마련했다. 그는 울릉도에서 양병하기로 하고 그곳에 동조자들을 배치하였다. 이 작변으로 18명이 효수되었다. 반족·향리·무인 등이 주동이 되어 난민을 모으려 한 것으로 특히 울릉도 양병, 국제적인 차원에서의 대마도 왜의 원병 등의 내용이 주목된다.[43]

1851년 해서고변海西告變은 철종 2년에 황해도에서 터진다. 주모자들은 의술로 생업을 삼던 자들로 무리를 끌어들여 황해도의 대청도, 초도 등지에 병기를 저장하고 군사를 조련시켜 황해도와 평안도의 민인 4,000여 명을 동원하려 했다가 실패로 돌아간다. 홍경래의 난의 준비과정을 모방한 것으로 보인다. 섬이 무장반란의 근거지로 활용되었음을 잘 보여준다.

1853년 봉화흉서奉化凶書는 철종 4년 12월에 봉화에서 역모를 도모하는 흉서가 나붙으면서 시작된다. 흉서 내용 중 울릉도의 말이 등장하고, '선동', '흉모' 등의 구절이 나오는 것으로 보아 반역거병反逆擧兵을 도모했던 사실이 틀림없다. 이 흉서 때문에 삼남지방에 범인 체포령이 내려지는데 특히 호남의 뱃사람들에 대한 일대 수색령까지 내려졌다. 울릉도에는 국영목장이 없었음에도 해금정책으로 오랫동안 민간의 접촉이 금지되다 보니 울릉도에서 말이 나타나는 것으로 이야기가 왜곡·증폭된 것이다.

1870년 이필제는 남해현에 출도하여 관의 재물을 빼앗는 계획을 세운다. 이들은 하동 나루에서 남해도 죽도로 건너가려 했으나 군교가 이들 일행을 의심하자 계획을 중단시킨다. 이 사건으로 이필제에게 뒷날 '하동의 명화적', '남해의 가짜 어사 출도'라는 죄목이 붙는다. '직업 봉기꾼'⁴⁴⁾ 이필제는 1870년 2월 28일을 기해 진주병영으로 쳐들어가 무기와 군사를 빼앗고, 이어 열읍列邑을 점령하여 남해의 금병도錦屛島로 가서 군사를 기르고 양곡을 비축한 뒤에 서울로 쳐들어갔다가 서양의 도둑들을 쓸어버리고 이어 북벌을 단행하여 중국을 석권하고자 했다. 이필제의 봉기에도 남해안의 죽도라는 섬이 등장함을 주목한다.

7/ 교통 불편, 공도정책 등 제반 조건들이 섬에 대한 이미지를 격리된 공간, 신비로운 공간으로 확대재생산시켰다면, 막상 섬을 구체적으로 이해하게 되고 이용하게 되었을 때는 어떤 일이 벌어졌을까. 그런 점에서 삼봉도 등의 이름으로 신성화되었던 울릉도

가 좋은 사례일 것이다. 울릉도를 실례로 들어 왜 '섬-이상향' 담론이 사라지게 되었는가를 밝히고자 한다.

조선시대에 들어와 왜구를 빌미로 전국적으로 공도정책이 수행되면서 울릉도는 오로지 수토관들이 간헐적으로 시찰할 뿐, 공식적으로는 비워진 섬이 된다. 섬이 비워지면서 수백여 년간 울릉도는 '환상의 섬'으로 변모한다. 금단은 환상을 낳기 마련이며, 환상은 비밀의 궁전과도 같아 마법을 창조하게 되며, 그 마법은 때로 반역의 세계를 섬에 세우게 하였다. 울릉도는 오랜 세월 '금단의 섬'이자 '환상의 섬', '반역의 섬'이자 '유민의 섬'이었다. 울릉도를 가자면 험난한 파도를 헤치면서 풍선風船으로 가로질러야 했다. 무엇보다 국가적으로 울릉도 입도와 거주가 불법이었다. 공도정책으로 '금단의 섬'이 되었으니 이런 상태가 수백 년간이나 지속되었다.[45]

그러나 많은 사람들이 알고 있었다. 그곳을 찾아가면 적어도 삼정(전정, 군정, 환정)의 폐해로부터 벗어난 안식, 곳곳에 풍부한 자연이 기다리고 있음을. 따라서 사람들이 거침없이 섬으로 들어가 유민流民이 되었음은 당연지사다. 오죽하면 울릉도를 무릉도원에서 이름을 딴 무릉도라 불렀을까. 이런 상태는 대한제국기에 공식적으로 국왕에 의해 개척령이 반포될 때까지 지속되었다.

개척령에 의해 섬의 합법적 거주가 보장되자 많은 사람들이 울릉도로 몰려든다. 복토를 찾아온 것이다. 그런데 '울릉도 복토설'은 곧바로 이상향으로서의 울릉도설과 겹친다. 어쩌면 민중들이 그리던 삼봉도가 또한 그러한 곳이었을 법하다. 일제강점기라고 예외가 아니었다. 유다무다有多無多의 다다도多多島이니, 울릉도는 '잇는 것도 만커니와 또한 업는 것도 만타'고 하였다. 많은 것으로는, 기암괴석·비서폭류·급판곡경·열풍음우·제설, 문방구·약재 등으로 쓰이는 향나무, 가구 건축 등에 쓰이는 규목, 머릿기름에 쓰이는 동백기름, 약재로 쓰는 후박·대황, 식용에 쓰이는 멩이초萆 등 명산물을 꼽았다. 동물로는 밭쥐들, 곤경에서 도와준 꽉새고기, 매년 생산이 과잉되는 100여 두에 달하는 생우生牛, 벌레로는 일부 서식하는 지네를 꼽았다.[46]

조선시대 사람들에게 울릉도는 분명히 이상향이었다. 온갖 세금에 시달리던 농민들은 도저히 살길이 안 보일 때 야반도주를 했고, 막연하게 이상향을 찾아서 울릉도로 숨어들었다. 어떤 경우에도 울릉도는 최후의 선택이었으며, 풍부한 자연 자원 덕분에 입도자들에게 '마지막 낙토'로서의 희망을 부여했다. 1882년의 개척령이 가난한 농민들이 마음 놓고 울릉도행 배를 타게 하는 극적인 계기가 되었음은 분명하다. 동해안의 강원·경상도민뿐 아니라 멀리 전라·충청·제주도에서까지 사람들이 들어왔다.

울릉도 공식 이주가 시행된 것은 1883년 4월경이었으나, 불과 4년 뒤인 1887년의 통계는 괄목할 만한 인구 증가를 보여준다. 총 12개동, 마을당 평균 호수는 33호, 가장 인구수가 많은 천부동은 45호에 155명, 인구수가 가장 적은 광암리는 7호에 30명에 이르렀다. 사람이 제한적으로 숨어 살던 섬이 불과 수년 사이에 다음 〈표〉

와 같은 통계치를 보여준다.[47] 개척령으로부터 10여 년 이상이 경과한 1894~1897년 봄까지의 인구 동향을 울릉도감 배계주裵季周는 12개 마을이 개척되었으며, 397가구 1,134명이 거주하고 있었고, 4,774두락의 농경지가 개간되었다고 보고하였다.[48] 공식 주민이 거의 없던 섬에 1,134명이라! 4,774두락이면 그들 인구가 충분히 자급자족할 수 있는 물량이리라. 짧은 기간에 엄청난 개척이 이루어졌음을 설명하고 있다. 오로지 숲과 바다로만 이루어졌던 천혜의 미개척지에 인간들이 들어찬 것이다.[49]

막상 개척민의 삶은 곤궁하였다. 새와 쥐와 바람의 재앙과 더불어 굶주리는 개척민의 곤궁한 처지를 당시 정부도 정확히 파악

동명	가호(호)	인구(명)	남(명)	여(명)	개간 농경지	비고
저포동	27	101	54	47	319두락	
도동	14	54	34	20	224두락 4승	
사동	33	153	95	58	630두락	
장흥동	35	151	86	65	742두락 8승	
남양동	26	138	75	63	407두락 9승	
현포동	29	124	78	43	546두락	
태하동	19	82	45	39		기록 누락
신촌	20	70	45	25	369두락 2승	
광암리	7	30	18	12	146두락	
천부동	45	155	82	73	616두락 4승	
나리동	22	83	50	33	391두락 5승	
총 12동	397	1,134	662	472	4,774두락 9승	

〈표〉 1887년 울릉도 마을별 인구 및 농경지 통계

하고 있었다. 게다가 새롭게 형성된 탐학자들의 횡포가 심해졌다.

> 울릉도가 갑오년 이래로 해마다 농사가 잘 되지 않아서 들어온 백
> 성이 주인 빚이 많은 중에 작년에는 새와 쥐와 바람 세 재앙이 더욱
> 심하여 산과 들에 추수한 것이 없으니 섬 백성이 어찌 견디겠느냐
> 는 작년 구월의 울릉도감 배계주의 보고가 금년 삼월 십구일에 내
> 부에 왔다. (……) 본도가 그간에 관장이 없는 고로 나라법이 해이
> 하고 백성의 마음이 산란한 중에 도민 배정준이 스스로 섬 우두머
> 리라 칭하고 미개한 욕심을 내어 섬 백성에게 임의로 수렴하고 장
> 사하는 배에 잡세를 남봉하고 이사하여 오는 백성에게 돈을 걷고
> 고토로 돌아오는 백성에게 늑탈을 하고 새로 들어오는 사람에게 돈
> 을 받았다.[50]

더 이상 이상향으로서의 울릉도는 사라진 것이다. 그로부터 수
십 년이 지난 일제강점기의 신문기사들은 울릉도가 이상향은커녕
굶주리는 섬임을 적실하게 말해준다. 공식 개척령 반포 이후 40여
년이 흐른 뒤인 1923년, 울릉도 가구수는 1,549호(일본 가구 176호)를
기록하였다.[51] 이주자 다수는 생계 미유지자, 범죄 망명자, 일시 도
피자 등으로 모두 원려遠慮의 결핍을 한다'고 보았다. "빈부의 현격
한 격차가 없고 자산 정도가 저급됨을 보아서 울릉도는 전혀 빈민
굴임을 넉넉히 증명하겠다"고도 하였다. 울릉도민의 출신성분이
대부분 저열하였고, 삶의 수준 또한 저열한 조건에서 식량문제 등

의 고통을 받고 있음을 '빈민굴'로 표현하고 있다. 막연한 이상향이 '지옥 같은 낙토'로 변할 수 있음을 암시한다.

개척시대가 지나면서 서서히 울릉도 토양에 문제가 발생한다. 개척 당시의 비옥한 땅이 차츰 지력을 상실해간 것이다. 적어도 수만 년간 낙엽이 쌓이고 나무가 썩어서 산림지대를 그득 채운 부식토인지라 천혜의 땅이었음은 두말할 나위가 없었다. 인간의 손길을 타는 순간, 그 수만 년 쌓인 부식토도 어쩔 수 없었다. 정착하고 나서 30여 년간 일체의 비료를 주지 않고 경작하였으며, 개간지 대부분이 35도 이상의 급경사인 데다가 화산토의 점착력이 부족하여 바람과 폭우에 표토를 상실했다. 소모되어가는 지력이 결국 농작물 감소로 이어지고 있었다. 게다가 해마다 거듭되는 폭설로 설해를 입어 자력갱생을 도모할 수 없는 지경에 이른다.

드디어 조선총독부는 울릉도민 590명을 육지로 이주시킨다. 개척 역사 40여 년 만에 다시금 육지로 되돌아가게 된 것이다. 설해로 피해를 입은 울릉도민을 북한지역 광산노동자로 이주시킨다. 1만 2,000명의 인구가 섬의 규모에 비하여 많다는 인구압을 제시하면서 차제에 난민을 광산노동자로 흡수하려는 식민당국의 태도를 엿볼 수 있다.

저간 설화로 고통을 받은 경북 울릉도는 전도가 거의 산악지대로 경사지가 됨에 불구하고 1만 2,000인이라고 하는 인구가 있으며, 반 농반어의 도민은 대피해가 되어 경북도 당국에서는 동도민의 이주

계획을 세워 고려중이든바, 요즈음 81가족 300명과 독신자 209명 합계 509명을 함북·평남북 광산노동자로서 이주시키기로 결정되었는데 제1회 이주민의 성적을 보아서 다시 계속해서 이주를 행할 모양이라고 한다.[52]

이로써 울릉도−이상향 담론은 막을 내린다. "이리하여 부질없이 상춘常春의 나라, 평화향으로 세상의 흥미를 끌던 이 섬도 악착한 세상의 험한 바람에 빠지지 않고 기아항으로 헤매게 되었다 한다"는 기사가 그것이다.[53]

현실로서의 울릉도와 이데아로서의 울릉도는 다른 것이다. 해도출병설이 등장할 때마다 들먹여졌던 울릉도가 막상 개척의 역사를 열게 되자, 환상은 사라지고 현실적 삶만 남게 된다. 여기서는 울릉도만 실례로 들었으나 다른 섬이라고 다를 것이 없다. 선박왕래가 잦아지고 섬이 더 이상 미지의 공간으로 남아 있지 않게 되자 고유의 이상향으로서의 전통시대 '섬−이상향' 담론은 사라지게 되었다. 사람들은 여전히 '그 섬에 가고 싶다'고 말하지만, 섬은 대체적으로 관광레저, 혹은 문학적 아우라에 기반한 속화된 모습으로 남게 되었다. 이제 '섬−이상향'을 다룬 본론을 끝내고 보론으로 넘어가 '이어도−이상향' 담론으로 들어갈 참이다.

1   안병직 외,『오늘의 역사학』, 한겨레출판부, 1998, 79~80쪽.

2   Lanternari, Vittorio, *The Religions of the Opressed*, New American Library, New York, 1963.

3   이이화,『조선 후기의 정치사상과 사회변동』, 한길사, 1994, 385쪽.

4   고성훈,「조선후기 '海島起兵設' 관련 변란의 추이와 성격」,『조선시대사학보』3, 조선시대사학회, 132~133쪽.

5   정석종,『조선 후기의 정치와 사상』, 한길사, 1994.

6   馬政國之重務也 周官校人 實掌王馬之政 而牧師掌牧地 皆有?禁而頒之 夫畜牧 猶稼穡 以得地爲先(『谿谷先生集卷之七』牧場地圖後序).

7   김철수,「증산도 사상에 나타난 남조선 사상」,『증산도사상』5집, 증산도사상연구소, 2001, 140쪽.

8   최남선,『조선상식문답』, 1946.

9   김지하,『남녘땅 뱃노래』, 두레, 1985, 256쪽.

10   김철수,「19세기 민족종교의 형성과 남조선 사상」,『동양사회사상』22집, 2010, 19쪽.

11   "이는 남조선 배질이니 聖主와 賢人君子를 모셔 오는 일이로다"(『증산도 도전』11:95:8)

12   김철수,「남조선 사상을 통해서 본 증산도의 후천선경론」,『증산도사상』6집, 증산사상연구소, 2003, 245쪽.

13   김철수,「증산도 사상에 나타난 남조선 사상」,『증산도사상』5집, 증산도사상연구소, 2001, 141쪽.

14   김지하, 앞의 책, 256~257쪽.

15   강증산은 남조선을 '남은 조선 사람'이란 뜻으로 크게 사용하기도 했다. "시속에 남조선 사람이라 이르나니, 이는 남은 조선 사람이란 말이라. 동서 각 교파에 빼앗기고 남은 못난 사람에게 길운이 있음을 이르는 말이니, 그들을 잘 가르치라"(『증산도 도전』)

16   도전편찬위원회,『증산도 도전』, 대원출판사, 1992, 712쪽.

17   김철수,「19세기 민족종교의 형성과 남조선 사상」,『동양사회사상』22집,

2010, 23쪽.

18 조성윤, 「남학당의 활동과 방성칠난」, 『제주도연구』 제3집, 1986.

19 에릭 홉스봄, 『원초적 반란』, 온누리, 1984, 73~75쪽.

20 노만 콘 지음, 김승환 옮김, 『천년왕국운동사』, 한국신학연구소, 1993.

21 심재윤, 「영국 농민반란과 동학농민혁명의 종교사상적 배경―존 볼의 천년왕
    국사상과 최제우의 동학사상의 비교연구」, 『한국사상과 문화』 37집, 한국사상
    문화학회, 2007.

22 김영한, 「독일농민전쟁과 천년왕국 신앙―토마스 뮌쩌의 활동을 중심으로」,
    『역사학보』 153집, 1997, 176쪽.

23 김영한, 앞의 책, 151쪽.

24 황선명, 「후천개벽과 혁세사상」, 『한국근대민중종교사상』, 학민사, 1983, 30
    쪽.

25 매향비에 관해서는 다음을 참조. 주강현, 『우리문화의 수수께끼』 1, 한겨레신
    문사, 1996; 주강현, 『마을로 간 미륵』 2, 대원정사, 1994.

26 이에 관해서는 졸저 『마을로 간 미륵』 1(1994)에서 「바다에서 미륵이 올라오
    다」 편 참고.

27 주강현, 『관해기 1』, 웅진지식하우스, 2006, 90~93쪽.

28 『沖繩文化史辭典』, 東京堂出版, 1972, 35쪽.

29 이이화, 「19세기 전기의 민란연구」, 『한국학보』 35집, 1984년 여름호.

30 송기숙, 「한국설화에 나타난 미륵사상」, 『미륵사상과 민중사상』, 한진출판사,
    1988, 142쪽.

31 고성훈, 앞의 논문, 160~162쪽.

32 '경신 2월 중 죄인 신후일 등 추안', 『추안급국안』, 영조 36년 2월 29일.

33 배혜숙, 「英祖年間 민간사상과 정치동향 연구」, 『상명사학』 6집, 1998.

34 백승종, 「18세기 전반 서북지방에서 출현한 정감록」, 『역사학보』 164집, 1999.
    1739년경 서북지방에서 『정감록』이 출현한 것으로 보았다.

35 『순조실록』 순조 13년 7월 8일.

36 「亂言犯上 罪人克鑮等推案」, 『추안급국안』, 순조 13년 6월.

37 『순조실록』 17권, 순조 13년 12월.

38 연구자에 따라서는 양제해 모반사건을 상찬계相贊契와 결부된 향전鄕戰으로
    보기도 한다. 상찬계는 제주목사와 결탁하여 세금징수·상거래·관직임명 등

에 개입하여 뇌물을 챙기는 등 온갖 부정과 비리를 일삼았다. 결국 양제해 등의 거사는 변란·모반보다는 민란 또는 향전으로 볼 개연성이 높다고 보는 것이다. 또한 이 사건을 통하여 제주도의 향전이 향리·향임층 내부의 복합적인 싸움으로 전개되었음을 확인할 수 있다(박찬식, 「양제해 謀變과 相贊契」, 『탐라문화』 33집, 2008, 167~193쪽).

39 김정기, 「양제해와 제주백성의 謀變(1813) 다시보기」, 『탐라문화』 34집, 2009, 203~207쪽.

40 『순조실록』 22권, 순조 19년 7월 18일.

41 「乙酉 罪人金在默等推案」, 『추안급국안』 순조 19년.

42 『헌종실록』 3권, 헌종 2년 12월 23일.

43 「丙申逆賊公彦膺中慶中憲周獄安」, 『추안급국안』 287책(아세아문화사 영인본 28책)

44 이이화, 『한국 근대인물의 해명』, 학민사, 1985, 141쪽.

45 주강현, 『독도견문록』, 웅진지식하우스, 2008, 19쪽.

46 이을, 「동해의 一點碧인 울릉도를 찾고서」, 『개벽』 제41호, 1923년 11월 1일.

47 『독립신문』 1887년 4월 8일.

48 외방통신, 『독립신문』 1897년 4월 8일.

49 주강현, 『울릉도 개척사에 관한 연구』, 한국해양수산개발원, 2009.

50 『독립신문』 1987년 4월 8일.

51 이을, 앞의 글.

52 「어망 팔아 괭이 사서 농·광부 되어 육지로 509명이 서북으로 이주케 된 설해 입은 울릉도민」, 『동아일보』 1934년 11월 6일.

53 『동아일보』 1934년 11월 27일.

이어도로 본
섬 – 이상향 서사의 탄생

이어도 고고학

1   초간본 백서帛書에 기반한 『노자』老子와 전통적인 통행본通行本 『노자』의 차이를 생각해보자. 『노자』는 전 세계적으로 가장 많이 번역된 책 중의 하나다. 한국에 소개된 것만 해도 50여 종, 영역본만 300종을 넘는다. 그런데 지난 40여 년간 중국에서는 고고학적 발굴성과가 『노자』 연구의 일대 전변을 기하였다. 고고학이 중국학에 가져다준 축복은 1973년 겨울과 그 이듬해 봄에 걸쳐 호남성 장사시長沙市 부근 마왕퇴馬王堆 한묘漢墓에서 발굴된 백서에서부터 시작되었다. 그 이전인 1972년에도 산동성 임의현 은작산에서 무수한 죽간竹簡이 발견되었다. 고고학 발굴은 속속 새로운 사료를 가져다주었다. 이것은 축복이자 저주이다. 중국 고대의 진실에 목말라하는 사람에게는 축복이고, 중국 고대에 관한 알려진 지식에 안주하려는 사람에게는 저주이다.[1] 우리는 축복을 택할 것인가, 굳이 저주를 택할 것인가. 이어도−이상향 담론도 마찬가지이다. 우리는 기존의 정설을 그대로 따르는 쉬운 길을 택할 것인가, 아니면 이어도−이상향 담론이 형성되어온 과정을 복기하여 다시 분석해보는 어려운 길을 택할 것인가.

마왕퇴 유구遺構는 문헌사료라도 가져다주었고, 초기 『노자』건 통행본 『노자』건 5,000여 자 내외의 문건이 반듯하게 존재한다. 반면에 이어도는 오로지 구술에만 의존하여 진술·정리되었을 뿐 고문헌에 기

---

1) 김홍경, 『노자』, 들녘, 2003, 12쪽.

술된 적이 없으며, 따라서 '이어도 고고학'을 위한 발굴단을 꾸린다는 것 자체가 애매한 상황이다. 더군다나 토박이 연구자라면 몰라도 외지 연구자가 이어도까지 '개입'할 상황이 아닌 데다가 '토착적 담합'(이 표현이 과격하다면 용서하시라!)도 예상해야 한다. 제주의 주요 연구자들이 합의하고 동의하여 하나의 담론 체제까지는 아니더라도 일정한 지식의 보편화를 이룬 단계에서 '이어도 고고학'의 재발굴을 신청하는 입장이기 때문이다.

필자 역시 '환상의 섬 이어도'의 상징적 징표가 너무도 강렬하여 감히 의심할 여지가 없었다. 물허벅을 어깨에 메고 수경을 머리 위로 올린 해녀가 성산일출봉을 뒷배경으로 늠름하게 서 있는 입간판 위에 '환상의 섬 이어도로 오세요!', 그 단호한 광고문에 누가 감히 반박을 하랴! '환상의 섬 제주도'가 조금은 과장되고 허황된 인상을 준다면 '환상의 섬 이어도'는 슬로건에 걸맞은 이미지를 부여하기 때문이다. 2006년 여름에 출간된 『관해기』에서 '신화와 과학이 만나는 이어도'란 대목을 쓴 적이 있다. 전설 속의 이어도와 이어도 종합 해양과학기지의 만남을 문학적 수사로 표현한 것이었다.

우리들은 동시에 2개의 섬을 찾아가고 있었던 셈이다. 하나는 '신화 속의 이어도', 다른 하나는 '과학 속의 이어도'이다. 이름은 같되, 역할이 다르고 취할 바도 다르다. 어느 쪽이 더 좋고 나쁜 우열의 문제가 아니다. 신화와 과학이 이처럼 절묘하게 만났다는 사실만으로도 세계 해양사에 유례가 없는 일이다. 먼저, 신화 속의 이어도를 찾아가보자. (⋯⋯) 삶은 늘 현실에 차압당한다. 그래도 이상향을 포기하지는 못한다. 모진 현실을 벗어나 어딘가 '지상낙원'이 있을 것만 같다. 옛날에도 그랬다. 가령 보이지 않는 섬 따위에 이 상향이 있을 것만 같다. 누구나 '그 섬에 가고 싶다'고 생각했으나 정작 그 섬에 가본 이는 없었다. 그러나 그 섬은 산 자는 갈 수 없는 곳이다. 산 자가 설령 이어도를 다녀온다 해도 그는 살아서는 돌아 오지 못한다. 만질 수 없는 금단의 열매, 살아서는 문을 열지 않는 금단의 섬, 그곳이 이어도였으니 '천 년의 이상향'이다. 이제, 또 하 나의 이어도를 찾아가야 할 차례다. 신화와 과학이 만나서 새로운 이어도를 탄생시켰다. '전설의 섬 이어도에 우뚝 선 첨단 해양과학 기지'란 설명이 붙은 이어도 종합 해양과학기지Ieodo Ocean Research Station가 그곳이다. 신화는 현실일 수도 있음을 입증하고 있다. 해도 에 소코트라 등으로 명기된 이어도의 실체가 드러났다. 마라도에 서 남서쪽 149킬로미터 떨어진 수중암초로, 주변 수심은 55미터, 암 초의 정상은 해수면에서 4.6미터에 불과하다.[2]

이미 이런 글을 써놓고 번복한다는 것은 필자 자신 쉽지 않은 일이 다. 굳게 믿어왔던 어떤 진실, 혹은 사실이 전혀 새롭게 만들어진 픽션 일 수 있다면, 지금부터 바로 그런 이야기를 시작해야 할 것 같다. 자신 이 굳게 믿어왔던 이야기가 전혀 허구일 수도 있다는 사실은 잠시 우 리를 당혹스럽게 만든다. 그러나 홉스봄이 지적하였듯이,[3] "사실의 존 재에 대한 믿음이 흔들리면서 역사가들은 과거를 기억하는 것과 과거 를 역사적으로 이해하는 것 사이의 관계를 다시 생각하게 된다. 역사

2) 주강현, 『관해기』 1, 웅진지식하우스, 2006, 18~29쪽.
3) 에릭 홉스봄 지음, 박지향·장문석 옮김, 『만들어진 전통』, 휴머니스트, 2004.

가가 내세우는 모토는 과거가 '실제로 어떠했는가'를 찾아내는 작업이 아니라, '왜 우리가 지금 하고 있는 것처럼 과거를 개념화하는가'에 집중되었으며, 과거의 사실을 밝히는 것이 아니라 '그것이 어떻게, 왜 기억되는가'를 밝히는 것으로 변한 것이다. 역사는 이제 일종의 '공적 기억', '학문적 권위의 세례를 받은 과거의 재현'이라고까지 말해진다"는 지적을 되새겨본다. 엘리자베스 2세가 고색창연한 마차를 타고 의회 개원을 위해 웨스트민스터로 향하는 모습을 중계하는 TV 방송들은 한결같이 '천년의 전통'을 되뇌지만 실은 19세기 후반에 '만들어진 전통'이라는 사실을 알게 될 때 사람들은 허망해진다. 스코틀랜드를 상징하는 각양각색의 격자무늬 천으로 만든 킬트가 실은 18~19세기에 '만들어진' 것이라는 사실은 우리를 경악하게 한다. 이처럼 통상 낡은 것처럼 보이고 실제로 낡은 것이라고 주장되는 이른바 전통들은, 그 기원을 따지고 보면 극히 최근의 것이며 종종 발명된 것들이다.

소설 『이어도』로 유명하고 영화도 만들어졌고 곳곳에 널린 명칭이 이어도 횟집인데, 그 이어도 이야기가 본디 없던 20세기에 '만들어진 역사'라면? 필자 자신 굳게 믿었던 이어도 전설이 '20세기의 만들어진 이상향'이라는 진실을 마주하는 것은 흡사 마왕퇴의 백서를 발견한 고고학자의 놀라움에 준할까.

따라서 이 책은 학문적 도발성을 전제로 한다. '불온한 인문학'이라고 할까.[4] 민속학이나 인류학 현지조사에서 중시하는 하나의 원칙이 있다. 가장 보편적인 역사나 문화적 지식은 가장 보편적으로 인지되고 전승된다는 점이다. 제보자의 능력과 경험에 따라 출중하게 달리

---

4) 최진석 외, 『불온한 인문학』, 휴머니스트, 2011.

인지되고 전승되는 것이 없지는 않지만 가장 보편적인 지식이라면 가장 보편적인 방식으로 널리 유포된다는 뜻이다. 이어도가 제주민의 오랜 이상향이었다면, 그 열망만큼이나 널리 유포되고 인지되어야 마땅하다는 의미다.

누군가 '어부 하나가 죽으면 적어도 100년의 역사가 사라진다', 혹은 '박물관 하나가 사라진다'는 말을 한다. 어부 한 명이 지니고 있는 총체적 지식의 총량을 뜻함이다. 그가 어부가 아니라 농부여도 마찬가지다. 민속지식, 전통지식, 민속과학 등으로 표현할 수 있음직한 한 인간의 경험과 지혜의 무게에 대한 경의일 것이다. 대다수 제주 노인들이 지니고 있는 역사적 총량도 다를 바 없다. 그런데 그 노인들의 '기억창고'에서 이어도라는 이상향 담론이 보편적으로 나타나지 않고 있다면, 다시 말하여 정치한 현지조사방법론에 기초하여 수행된 개별 및 집단 면담에서도 이어도가 비상식적일 만큼 드러나지 않고, 더군다나 지금까지의 해석을 담보해주는 이어도의 주체여야 할 해녀집단에서도 이어도가 간과된다면 문제는 달라진다. 이어도에 관한 관심을 가지고 본격적인 구술조사에 착수한 결과, 거대한 기억창고를 거느리고 있는 노인층에게서 전혀 모르겠다는 반응을 접수하였고, 필자는 지금까지 이어도에 관하여 갖고 있던 총체적 인식들을 재점검하는 기회가 되었다. 기본상식에 대한 도발은 필연적이다. 담헌湛軒 홍대용洪大容의 말을 다시금 생각해보는 중이다.

큰 의심이 없는 자는 큰 깨달음이 없다. 의심을 품고 있으면서도 얼버무리며 미봉하는 것보다는 자세히 물어 분변하는 게 나으며, 면전에서 아첨하며 마음에 없는 소리를 하는 것보다는 자신의 생각을

다 밝힌 후 서로 합치점을 찾는 게 낫다.[5]

2　　이어도-이상향 담론 형성은 사소한 오류나 착시에서 출발한
다. 다소 딱딱한 민속학적 고구考究가 필요한 대목이다. 그런데 이 연구
에서 활용하는 방법론은 1970년대 중반부터 고고학의 새로운 연구방
법론으로 각광받기 시작한 민속고고학Ethnoarchaeology에 입각한 후기과
정고고학Post-Processual Archaeology 연구방식을 채택하고 있다.[6] 후기과
정고고학은 과거 신고고학자들이 사용하였던 유추에 관한 비판을 전
제로 성립한다. 고고학자가 땅에서 유물을 파고 '이것이 도끼다'라고
말할 때, 그는 어떻게 그것이 도끼라는 것을 알았을까? 그 대답은, 그는
정말로 알지 못한다는 것이다. 그가 할 수 있는 모든 것은 그가 과거의
유물이 그 자신, 또는 다른 동시대의 사회에서 보여지는 도끼와 같아
보인다는 사실을 기반으로 이론에 맞는 추측을 한 것이다. 즉, 그는 유
추를 통하여 추측해야만 한다.[7] 마찬가지 논리로 '이어도 고고학'에서
'이곳이 이어도다'라고 말할 때, 우리는 어떻게 그곳이 이어도라는 것
을 알았을까. 아니면 이어도라는 것이 도대체 언제부터 세상에 알려지
게 된 것을 알았을까. 사실 고고학에서 유추의 이용에서 비롯한 전체
적인 비난은 유추 자체보다는 유추의 잘못된 이용에 관한 것이었다.
이어도를 둘러싸고 난무하는 유추들도 막무가내식 추론에서 기인하는

5) 박희병 편역, 『선인들의 공부법』, 창작과비평사, 1998, 152쪽 재인용.
6) 추연식, 『고고학 이론과 방법론』, 학연문화사, 1997, 71~73쪽.
7) Hodder, Ian, *The Present Past:An Introduction to Anthropology for Archaeologist*, Batsford:
London, 1982, 11~27쪽.

것이다.

이어도 담론은 고고학에서 말하는 중간단계이론Middle-Range Theory
이 결여되어 있다.[8] 과거로부터 오늘에 이르기까지 이어도 전설이 이
어져왔다는 주장은 있는데, 실제로 과거에 이어도 전설이 있었는가 하
는 사실규명, 과거의 이어도 전설이 어떻게 오늘에까지 다양한 방식으
로 전승되었는가에 관한 사실규명이 전혀 이루어지지 않고 있기 때문
이다. 이어도 담론의 이론과 실제 자료 사이에 비판적 가교critical bridge
가 없다는 뜻이다.

그런데 이 글의 목적은 그러한 착시, 즉 이어도가 20세기에 만들어
진 산물이라는 것을 비판하는 데 목적을 두지 않는다. 필자는 그러한
착시에는 별 관심이 없다. 필자의 관심은 그러한 착시에도 불구하고,
왜 이어도-이상향 담론을 아무런 무리수 없이 우리 시대에서 우리들
스스로가 접수하였는가 하는 점, 아무도 모르는 사이에 흡사 담합이라
도 한 듯 이어도 담론을 저마다 확대재생산시켜온 우리들의 심성사心性
史에 놀라움을 표하는 것이다.

이어도-이상향 담론이 생성되고, 확산되어 재생산되는 과정, 더
나아가 담론이 수용되고 무비판적이라 할 정도로 증폭되어나간 과정
은 그 자체 우리 시대의 심성을 말해준다. 심성사에서 말하는, 이른바
집단심리의 감성지도感性地圖가 만들어낸 산물이 이어도이다. 흥미로
운 주제가 아닐 수 없다. 해도海圖에 존재하지 않는 섬을 감성지도에 등
재시킨 집단심리의 망탈리테mentalités가 중요하다.

---

8) L. Mark Rabb & Albert C. Goodyear, *Middle-Range Theory in Archaeology: A Critical Review of
Origins and Applications*, American Antiquity Vol. 49, 1984, 255~268쪽.

시칠리아나 안달루시아 등 남부 지중해에서 밀레니엄의 새로운 운동이 벌어졌다면, 남녘 제주도에서는 머나먼 이어도를 심성지도로 그려내고 나서 이상향으로 설계해나가는 심성사적 운동이 자신들도 모르는 사이에 집단적으로 전개되었다. 한때 독립왕국이었으나 육지 복속 이후로 오랫동안 역사적 소외를 겪어왔고, 고단했던 지난 20세기 역사를 고려해본다면 이어도─이상향 담론의 무작정한 증폭·확산 과정이 어느 정도는 짐작될 일이다.

이어도 담론의 확산은 문학을 통해 증폭된다. 마음 언저리에서 이어도적인 그 무엇을 대망하고 있었으며, 그 대망이 이어도란 섬을 찾겠다는 집념으로 투사된다. 조선시대의 삼봉도·요도 수색작전과 다를 바 없는 '섬─이상향' 찾기 전통이 20세기 사람들의 언저리에서도 유전인자처럼 작동하고 있었다. 이어도를 재창조·재확대시켜온 우리 시대의 망탈리테는 섬─이상향의 오랜 문화원형에 근본을 두고 있기 때문이다.

3   이어도가 오래전부터 전승되어왔다고 하는데 조선시대는 물론이고 일제강점기에도 이어도 이야기가 문헌에 누락된 점을 어떻게 설명해야 할까. 구전전승이므로 문헌과 상관이 없다는 설명으로 반론이 가능하겠지만, 대개 웬만한 신화적 메타포는 모두 포괄하고 있는 제주 무가巫歌에조차 이어도가 없음은 일단 의심을 요한다. 이어도가 사람들이 죽은 뒤에나 찾아갈 수 있는 곳이라고는 하나 제주 속담을 모아놓은 속담사전에도 한 줄 비치지 않음은 이어도가 속담 반열에도 오르지 못할 정도로 '최근년 작품'임을 방증한다.[9]

이어도는 이상할 정도로 그것을 기록한 고문헌이 전혀 없다. 제주민의 오랜 이상향이었다고 하는데 불행히도 문헌기록은 전무하다. 몇 가지 문헌을 이어도와 연결 짓는 시도가 없었던 것은 아니다. 김상헌金尙憲, 1570~1652의 『남사록』南槎錄에 등장하는 제여도濟女島가 이어도라는 주장이 있다. 김상헌은 분명히 제여도라고 적기하였을 뿐 이어도란 말은 결코 쓰지 않았다. "청명한 날이면 마치 돛배처럼 보여 제주의 노는 여자들이 상선인 줄 알고 서로 보며 기뻐하다"라고 하였을 뿐, 본인이 이어도라고 적기한 사실이 없다. 제여도가 위치한 곳으로 지목된 제주도와 육지부 사이는 뱃길이 빤하여 뱃꾼들이 너무도 잘 아는 길목이므로 '미지의 섬', 즉 머나먼 이상향 이어도가 들어설 여지도 없다. 그런데 학자에 따라서는 이 대목의 제여도를 이어도로 해석하였다. 사실적 오류이자 의도적 해석이다.

제주에서 배를 타자마자 태풍을 만난 최부崔溥, 1454~1504의 『표해록』漂海錄에서 닻줄이 끊어져 표류하다가 도착한 섬이 초란도草蘭島였는데, 이어도와 같은 분위기를 떠올리게 한다는 주장도 있다.[10] '분위기를 떠올린다'는 주장일 뿐, 입증은 못 한다. 이 역시 중간단계 없는 유추일 뿐이다. 최부 일행은 수덕도愁德島를 지나 배를 정박시킬 추자도楸子島를 향해 힘껏 노를 저었으나, 오히려 배가 뒤로 흘러 간신히 초란도에 닻을 내리고 임시로 정박시키는 대목이 『표해록』에 등장한다.[11] 어떤 근거로 이어도가 추자도 근처에 있는 것으로 짐작되는 초란도와 비슷하다는 주장을 내놓을 수 있었을까.

9) 고재환, 『제주속담사전』, 민속원, 2002.
10) 제주특별자치도, 『제주문화상징』, 2008, 497~498쪽.
11) 박원호, 『표해록』, 고려대출판부, 2006, 237쪽.

어떤 글에서는 이어도가 중국 가는 길목인 제주 남쪽에 있다고 하였고, 어떤 글에서는 추자도 근역으로 보았다. 전통시대 수로에 관한 깊은 고려 없이 쓰여진 글들이다. 이어도 이야기를 절대불변의 오랜 제주 전통으로 전제해놓고, '사돈의 팔촌'까지 끌어대어 이어도 이야기를 전통적 담론으로 포장하다보니까 필연적으로 생겨나는 무리수다.

현재적 관찰을 과거에 대한 의미 있는 진술로 바꾸기 위해서는 고고학에서 말하는 이른바 중간단계이론화middle-range research 작업이 필요하다.[12] 중간단계이론화 과정을 거치지 않은 채 오늘날 이어도 이야기가 일반화·보편화되어 있으므로 과거에도 그랬을 것이 분명하다는 주장은 논리적 비약일 뿐이다. 오늘의 이야기에 대한 고대적·중세적 문헌이나 구술자료가 없다면, 적어도 그 중간단계인 근대의 문헌과 구술이라도 있어야 한다. 그러나 제주 사람이라면 누구나 깊게 알고 있을 것으로 예견되는 이어도 이야기를 정작 노인층에서 잘 모른다는 사실, 참으로 놀랍지 않은가. 수중에서 일상적으로 죽음의 위협에 맞서면서 살아가야 하는 제주 해녀들, 심지어 50년 이상을 물질해온 해녀들 사이에서도 이어도를 모르는 이가 대부분임을 어떻게 받아들여야 할까. 이어도 담론의 주역 중에 해녀들이 많이 등장하고 있음에도 정작 그녀들이 이어도를 잘 모른다면?

제주 구전문학의 보고이자 창고, 현대적 표현으로 제주도 문화의 최대 아카이브인 제주도 무속 용례 안에 이어도가 등재되어 있지 않다는 사실도 중요하다. 1,000여 쪽에 달하는 『제주도 무속자료사전』어

---

12) Binford, Luwis R, *Bones: Ancient Man and Modern Myths, Academic Press*: Orlando, 1981 (Ch. 2: middle-range research and the role of actualistic studies, 21∼34쪽).

디에도 이어도는 없다.[13] 제주굿은 구전·무형 자료이기는 하지만 역사적 지속성에서 문헌에 비할 바 없다. 제주 큰굿에서 수심방이 굿을 진행해나가면, 참관하고 있는 원로 심방들은 '차례차례 재 차례 굿'을 굿법에 따라 잘 하고 있는가를 심사한다. 참관하던 심방청의 도황수(큰 심방 중의 큰심방) 급의 큰 어른이, '심방, 그 대목에서 다시 해봐! 굿이 틀렸어, 우리 배울 때 경 안 배웠어' 하면, 굿을 하던 수심방은 즉석에서 굿을 다시 고쳐 해야 했다. 이처럼 굿법에 어긋난 굿을 하면 호되게 욕을 먹고 처음부터 다시 원리에 적합한 굿을 하도록 요구받는다.[14] 이는 제주도 무가가 엄격한 훈련과 정확한 구전전승으로 이어져왔음을 증명한다. 따라서 채록 무가집 어느 곳에서도 이어도가 등장하지 않음은 주목을 요한다.

다양한 각도에서 현지 면담 조사한 결과도 중요하다. 어떤 제주 노인들은 아예 이어도 전설을 들은 바도 없다고 하였다. 그 중요한 이어도 이야기를 어릴 적에도 들은 바가 없다는 주장을 어떻게 받아들여야 할까. 어떤 노인은 어릴 적에는 이어도에 대해 들은 적이 없었지만, 나중에 TV에서 보고 알았다는 답변도 내놓는다. 본디 모르던 것인데 TV에서 해석된 내용을 실제 상황으로 각인한다는 주장이다. 역사적 포괄성을 가지고 오랜 기간 유포되었다는 중요한 이야기를 상당수 사람들이 단절적으로 받아들임은 이어도가 20세기 발명품일 가능성을 높여준다. 러시아 구전문학의 저명한 대표자 중의 하나였던 블라디미르 프로프는 다음과 같은 주장을 내놓았다.[15]

---

13) 현용준, 『제주도 무속자료사전』, 신구문화사, 2007.
14) 문무병, 「무형문화지킴이운동의 새판을 짜는 제주 〈큰굿〉의 원형찾기와 전승방안」, 『문화유산지킴이운동과 올바른 무형문화 전승 대안 모색』, 제주전통문화연구소, 2008. 12. 18, 74쪽.

구전문학은 민중의 역사적 발전 가운데서 그 발전 단계에 걸맞은 환경에서부터 발생한다. 그런 여러 가지 상황 가운데서 구전문학은 문학과는 전혀 다른 고유한 법칙을 따라서 사람들의 의지와 상관없이 발생되고, 또한 변화한다.

이어도가 오랜 구전의 산물이었다면 이에 관한 무수한 이본異本이 존재해야 하며, '사람들의 의지와 상관없이 변화하여' 현대적 버전이 대중 속에 만들어져 있어야 한다. 만약에 이어도 전설의 허다한 이본이 거의 존재하지 않고, 매우 어렵사리 채록된 이야기나 노랫가락 한두 편만 존재한다면, 우리는 사태를 원점에서부터 다시 읽어야 할 것이다. 이 글에서 필자는 이어도 해독법이 애초부터 잘못되었을 가능성을 배제하지 않고 있다.

프로프는 '민간 창작이란 허구가 아니며 이를 연구하려면 하나의 과학으로서의 구전문학이 지닌 기본의 과제를 연구 대상으로 해야 한다는 관점'을 제시한다. 우리는 과연 이어도를 '과학으로서의 구전문학'으로 이해하고 접근해왔던가. 이어도 이야기를 전혀 새롭게 창작해오고 있는 것은 아닐까. 프로프의 진술은 계속된다. 그는 구전문학의 작자를 두 극단의 경우로 설명한다. 하나는 특정 개인이 만들어낸 것이 아니라 그 어떤 의례의 일부로 선사시대에 발생하여 입에서 입으로 전해져서 오늘날까지 전해지는 구전문학이다. 다른 하나는 근대의 어느 개인의 손에 의하여 오늘날까지 전해지는 구전문학이다. 굳이 프로프의 설명을 따를 것도 없이, 이어도란 구전문학은 제주도의 선사·고

15) 블라디미르 프로프 지음, 박전열 옮김, 『구전문학과 현실』, 교문사, 1990, 28쪽.

대나 중세와는 무관한 이야기란 점이 확실해지고 있다. 근대의 어느 개인들의 손에 의하여 형성·유포된 집적물일 가능성이 크다는 것이다.

이어도가 20세기에 만들어진 신민속·신전통이라면 그 자체 문제는 없는 것일까. 그렇지는 않다. 신민속·신전통이 왜 문제가 될까. 신민속·신전통은 그 자체로 의의가 있다. 20세기가 간절히 원했기 때문에 형성된 것이고, 시대의 필요에 따라 발전시킨 것이므로 이것을 왜곡현상이라고 주장해서는 안 된다. 중세에 창조된 것이 아니라 20세기에 들어와서 새롭게 형성되어나간 신민속·신전통을 인정하는 차원에서 합법칙성을 지니기 때문이다. 그러나 20세기에 만들어진 이어도라는 사실을 간과한 채 수백 년 이상 된 것이라고 주장함은 다른 문제이다. 역사적 사실이 아니기 때문이다.

4　아프리카에서 인류의 기원을 밝힌 기포드D. Gifford의 발굴이 그러하다. 기포드는 아프리카 북동 해안에 거주하였던 우목민牛牧民인 호미니드들의 현재적 삶터를 발굴하였다. 그가 현재 살고 있는 종족들의 움막까지 발굴한 이유는 무엇일까? 보존 및 화석화 과정에 대한 지식을 통하여 옛 주거 유적에서 드러나는 분산되고 불충분한 증거들을 보다 잘 해석하고 이해할 수 있기 때문이었다. 고대와 현대의 혼합처럼 보이는 이 기묘한 작업은, 현재 다사네치족이 살고 있는 지역에서 적어도 200만 년 전 쯤에 살았던 것으로 알려진 인류 조상에 관한 합동연구의 일환으로 이루어진 조사접근방법의 부분이었다.[16] 마찬가지 논

---

16) Richard E. Leakey & Roger Lewin, *What New Discoveries Reveal About the Emergence of our its Possible Future*, E. P. Dutton: New York, 1977.

리로 현재적 제주의 삶에서 거슬러 올라가 '이어도 고고학'의 기원과 실체를 파헤친다면? 기포드가 현존 인류의 움막을 뒤지고 다녔듯이 오늘날 제주민의 일상사에서 '이어도 고고학'의 흔적을 찾아 나선다면?

조사방식은 60세 이상 노년층, 특히 구전 채록본에 1차적 제보자로 등장하는 해녀를 중심으로 조사대상자를 선별하였다. 제주 시내부터 서귀포, 한림과 성산포 등지의 노인정을 방문하여 임의의 노인층에게 임의의 질문을 던지는 전수조사도 병행하였다. 이상한 것은 제주 사람이라면 누구나 다 이어도 이야기를 알고 있을 것 같지만, 사실은 그렇지 않았다는 점이다. 2008년 가을 학기, 제주대 대학원 한국학협동과정 수업시간에 이어도를 주제로 과제를 부여하였다. 이어도에 관한 전설이나 이야기를 알고 있거나 들은 적이 있는지? 혹은 알고 있다면 실제 물질을 하다가 죽거나 남편이 배를 타고 나갔다가 돌아오지 않을 때 이어도에 갔다고 믿었는지?

조사한 결과, 이어도 구술자료는 서사성이 결핍되어 있었다. 스토리텔링이 완벽하게 나오는 몇 개의 이야기가 있지만 애매하거나 불투명한 출처, 더 나아가 단절적인 이야기가 주종이었다. 대학원생들은 대체로 두 가지 자료를 제출하였다. 하나는 이어도에 관하여 전혀 듣도 보도 못한 내용이라는 거부적 반응의 내용, 다른 하나는 기존에 거론된 설화들을 재론하면서 이어도 담론의 전통성을 인정하는 찬성적 반응의 것이었다. 대체로 이어도 설화는 채집이 거의 어려울 정도로 파편적이거나 아예 다중이 모르는 상태였다. '이어도는 마라도와 가파도에서 300킬로미터 아래'라고 구체적인 위치까지 들이대는 설명은 아마도 TV와 신문 등의 영향관계로 볼 수 있을 것 같다. 다음은 이어도 구술자료의 일부이다.

- 건입동에서 물질하고 있으며 자신들이 채취한 해산물을 서부두에서 팔고 있는 고령의 해녀들(4명)에게 이어도에 관한 이야기를 물어보았다. 그러나 '이엿싸나, 이어도 싸나' 노래는 알고 있는데 이어도는 처음 듣는 것이라 했다.

- 상군 해녀 이명옥(74세, 대정읍 하모리). 그녀는 15세부터 물질을 시작했으며, 젊었을 때는 마라도, 통영과 일본에도 가서 물질을 하였다. 그 역시 물질하다 죽는 경우는 보았어도 이어도에 관한 이야기는 처음 듣는 것이며, 윗세대들에게서도 들어본 적이 없다고 하였다.

- 김계순(여, 62세, 구좌읍 평대리). 16세부터 물질을 시작했으며, 그녀역시 이어도는 처음 듣는 내용이라 하였다. 하지만 자신과 함께 물질하다 현재 절에 스님으로 계신 분은 이어도에 관한 이야기를 알 것이라고 했다.

- 우도 해녀 김춘산(1938년생). 어부들이 배를 타고 나갔는데 배가 암초에 걸리거나 풍파를 만나서 돌아오지 않으면 '어디 이어도에 사는가'라고 생각하면서 살았다고 한다.

- 김녕 해녀. 해녀들이 소라, 전복 등 많은 해산물을 캘 수 있다고 믿고 있지만 숨 차고 들어가면 찾지 못하고 너무 깊이 들어가면 저승까지 갈지도 모른다는 의미에서 〈이어도 사나〉라는 노래를 불렀다고 한다. 바닷가에 물이 싸면(빠지면) 보이고 물이 들면 보이지 않는 여에서 해산물을 많이 캘 수 있는 것처럼, 이어도는 해녀들이 닿을 수 없는 섬이었다.

- 임씨 할머니(모슬포, 84세). 이어도는 마라도와 가파도에서 300킬로미터 정도 떨어진 곳에 있다. 떼배를 타고 갈 수 있는지 어선

을 타고 갈 수 있는지, 어릴 적에 들은 적은 없다.

— 우린 밭일만 해서 이어도랜 말은 들어보지 않아서 땅을 팔 때나 방애 지을 때(방아 찧을 때) 힘이 부치면 어이어이 이어도허라 했주.

— 나의 어머니(서귀포생, 71세, 양성필 모친)에게 이어도에 대해 들은 바가 있는지 여쭈었더니, 전혀 들은 이야기가 없다고 하였다.

이 정도라면 일반적인 수준에서 '이어도라는 전설의 섬'은 제주민이라면 누구나 한 번은 들은 이름이지만 그것의 구체적인 전설을 들은 사람은 거의 없는 것으로 보인다. 또한 상당수는 후대에 들은 이야기라고 했다.

제주 식자층 상당수를 면담해본 결과, 이어도가 20세기적 발명품임을 고백하고 있다. 스토리텔링이 강조되고 문화콘텐츠적 창작이 각광받는 시대이기에 그보다 더한 픽션이 일반화되고 있지만, 애초부터 픽션으로 받아들이는 것과 오랜 전통적 담론이었던 것으로 받아들임은 근본적인 차이가 있다. 제주도에서 오랫동안 제주의 풍경을 그려온 강요배 화백은 이런 화두를 던졌다.[17]

이어도, 일본인 다카하시부터 시작된 것이지.

제주 출신으로 제주 바다 정서를 너무도 잘 알고 있는 박경훈 화백 (제주전통문화연구소 소장 겸 제주민예총 회장)도 같은 말을 했다.

17) 2008년 12월 8일 제주도 선술집 '지중해'에서 들려줌.

아무리 조사 다녀도 이어도 잘 아는 노인네, 만날 수 없을 거예요.

제주 출신 식자들의 이런 주의·주장을 무심결에 넘길 것인가. 그렇
다면, 왜 이런 일이 명명백백하게 밝혀지지 않을까. 이어도 담론의 유
포자 및 확대재생산자를 찾아내는 것이 급선무 같다. 이어도의 최초
창작자는 누구일까. 일반적 농어민 대중일까. 그렇지는 않은 듯하다.
일군의 민속학·국문학·언어학 등의 연구자, 즉 지식인 집단이 창작과
번안의 역할을 맡았던 것으로 여겨진다. 일반적 농어민 대중이 모두
이어도의 구전적 창작자였다면, 민속적 구비전승물이 일반적으로 그
러하듯이 다중의 구술자에 의해 널리 유포되어왔을 것이다. 그러나 이
어도 이야기나 노래는 민속학자들의 연구서 행간에서만 강조될 뿐, 정
작 농어민 대중의 손에서는 떠나 있다.

서사성이 결핍된 상상의 공동체

5　　최초 유포자는 아무래도 일제강점기에 제주도에 들어와 제주
민요를 연구한 다카하시 도루高橋亨로 지목된다. 문헌기록상으로 일본
인 다카하시 이전에 이어도를 언급한 사람은 없다. 일제강점기에 이루
어진 제주 역사·문화 책자, 제주 기행문, 연구소 어디에도 이어도는 보
이지 않는다. 대개의 연구자들은 이어도를 거론할 때면 반드시 다카하
시로부터 출발한다. 이어도 연구사에서 다카하시를 첫 번째 각주로 처
리함은 하나의 관례로 되어 있다.

그런데 참으로 이상한 것은 다카하시가 채록민요에서 주장한 이어

도를 면밀하게 비판해본 글은 드물다는 점이다. 다만 김진하라는 소장 연구자는 제주민요에 보편적으로 붙는 후렴구 '이여도'가 하나의 전설로 수렴된다는 주장은 납득하기 어렵다고 하였다. 한 개인의 노래가 모든 민요 가락의 발생 기원이 된다는 논리는 설득력이 없다고 보았다. 그는 '이허도'를 비판하면서, "더욱이 제주 섬의 옛사람들이 離虛島라는 어려운 한자 교양을 염두에 두고 그 섬의 이름을 구태여 불러야 했을 이유가 있는가"라고 질문을 던졌다.[18]

다카하시의 글쓰기 이래로 이어도 전설은 그 누구도 부정하지 못할 '신화'가 되었다. 김진하 등의 정당한 비판이 있었지만 민요·민속학계에서는 대체로 비주류적 견해로 소외되어 있는 상태이다. 그리하여 애초에 잘못 해석된 신화가 반복·복사되어 어느덧 극복할 수 없는 신들의 반열에 도달하였다. 다카하시 신화는 불가항력적인 운명인가, 아니면 극복될 수 있는 운명 이외의 것인가. 다카하시가 모슬포에서 채록하였다는 설화의 한 대목이다.

옛날 고려시대 충렬왕 3년, 원元의 지배를 받아 목관이 와서 통치하기 시작한 때부터 원말元末까지 제주는 매년 공물을 중국에 보내지 않으면 안 되었다. 이 공선貢船은 북쪽의 산동山東에 가기 위해 섬의 서북쪽 대정의 모슬포에서 준비하여 출발하였다. 언제인지 모르나 대정에 강씨姜氏라는 해상운송업의 거간인 장자長者가 있어서 이 공물선의 근거지를 이루고 그때마다 수척의 큰배가 공물을 만재하여 황해를 가로질러 출발하였다. 그런데 이들 공물선은 끝내 돌아오

---

18) 김진하, 앞의 책, 38쪽.

지 않았다. 강씨에게는 늙은 부인이 있었다. 그녀는 슬픔을 이기지 못하고 "아아, 이허도야 이허도"로 시작하고 끝나는 노래를 짓고 이를 불렀다. 그 곡조는 처참하도록 슬펐다.[19]

이허도가 이어도일까. 분명치 않다. 다카하시의 착시다. 이허도로 나온 채록은 이것이 유일하다. 제주민의 '구술'이 아니라 다카하시의 '해석'일 뿐이다. 다카하시는 1902년 도쿄제국대학 한문과를 졸업하고 같은 대학원에서 「조선의 교화와 교정」이란 논문으로 박사학위를 받았다. 이후 조선총독부 종교조사 촉탁으로 조선에 산재했던 고서와 금석문 수집에 열을 올렸던 인물이다. 1926년에 경성제국대학 법문학부 교수로 재직했으며, 패전 후에는 덴리天理대학 교수로서 한국사상사와 한국문학을 강의하였다. 지은 책으로 『이조불교』, 『한언문집』, 『조선의 이언집』 등이 있다. 다카하시는 당시까지 거의 주목받지 못했던 속담연구서(『朝鮮の俚諺集附物語』)를 펴내어 속담을 처음으로 학문적 관심 영역에 등장시킨 인물이다.[20] 그의 속담연구가 학문적인 연구로서 그 가치가 인정됨에도 불구하고, 그것이 또한 식민지의 왜곡되고 부정적인 조선인 상을 구축하는 데 기여했다는 점도 주목해야 한다. 당연히 그의 연구는 식민통치 자료로 활용되었다. 그가 최초로 '이어島'라고 '이어'에 '島'를 붙인 인물이라는 점에서, 전적으로 그에 대해 학문적 신뢰성을 보낼 수 있을까.

---

19) 다카하시 도루, 「民謠에 나타난 濟州女性」, 『朝鮮』 212호, 소화 8년(1933).
20) 다카하시 도루 지음, 박미경 옮김, 『조선속담집』, 어문학사, 2006.

6   1929년부터 1935년까지 한국의 민요를 조사한 일본인 다카하 시는 '𝓘ㅋ𝓘'(이여도)와 '離虛島'(이허도)란 표현을 썼으며, 그 자신 '離虛島'를 '𝓘ㅋ𝓘'로 표기하였다.

江南가건 해님을 보라 이여島가 半이라 한다 이여말난 마라근가라 마랑가면 남이나웃나 이여말난 마라근가라 이여하면 나눈물난다 이허도러라 이허도러라 / 이허 이허 이허도러라 / 이허도가면 나눈 물난다 / 이허말은 말아서가라 / 울며가면 늄이나웃나 / 大路한길 노래로가라

산아산아 수영도산아 / 이여산아 이여산아 / 산도설고 물도선듸 / 어듸라고 내여긔왔나 / 돈일러라 돈일러라 / 말모른게 돈일러라 / 돈의전체 굳아니면 / 내가여긔 어이오리

요년들아 젓어나주라 / 흔물거리 젓어나주라 / 요네착이 부러진들 / 서늘[21] 곳에 남웃이랴 / 늙은이랑 남고지가건 / 젊은이랑 남마짐 가게 / 수무남은 설나문에 / 요네상착[22] 늄을준들 / 요네착사 늄을 주랴 / ᄒᆞ당말면 늄이나웃나 / 못ᄒᆞ야도 ᄒᆞ는듯이 / 이여도사나 이 여도사나[23]

다카하시의 '이어도'로서의 '島' 표기는 이후에 이어도 연구의 원

---

21) 북제주군 조천읍 선흘리.
22) 노의 상반부, 노깃과 이어진 부분.
23) 다카하시 도루, 『조선의 민요』.

조로 자리매김한다. 다카하시 이래의 오랜 전통적 해석이다. '이여島'일까, 아니면 단순 후렴구로 보아야 할까. '이어도사나'를 즉자적으로 '이어島'라고 섬으로 설정함은 논리의 비약이 아닐까. 일본인 한 사람이 말한 것을 아무런 비판 없이 그대로 논문에 가져다 쓰고, 잘못된 그 논문이 신화가 되어 고정관념으로 귀착된 것이다. 학문이란 무엇일까. 금과옥조처럼 믿어져온 가설이 전혀 사실이 아닐 수도 있음을 증명하는 일, 그것이 학문의 진정성이 아닐까.

다카하시는 '이어 이어' 하는 구음을 그대로 '이어島'로 명기하였으며 이허도離虛島란 표현도 썼다. 명백한 오류다. 김진하도 이를 비판하면서, "다카하시의 주장대로라면 이여도 후렴의 여러 변이형들인 '이여 이여', '이여싸 이여싸', '이여도홍 이여도홍' 등은 모두 이허도에 대한 무지의 소산이다. 다카하시의 주장은 민중의 지혜를 간과한다고 말할 수 있다. 이여도 후렴의 보편성을 한 개인의 창작으로 보는 견해는 집단적 창작의 산물인 민요의 성격과 배치된다"고 지적하였다.[24]

이어도는 서사성 자체가 취약하다. 채록되었다는 설화도 몇 편이 되지 않는 데다가 이상할 정도로 허술하다. 그런 측면에서 다카하시 이래로 제주민요를 연구하는 일련의 학자군들이 이어도 신화 창조의 중심 역할을 한다. 그런데 유의해야 할 것은 후대 학자들이 다카하시를 '이허도'의 원조로 자주 인용하기는 하지만 그보다 이른 시점(1923년)에 강봉옥의 기록이 나타난다는 점이다.

이허도離虛島는 제주도 사람의 전설에 있는 섬입니다. 제주도를 서

---

24) 김진하, 앞의 논문, 39쪽.

남으로 풍선으로 4, 5일 가면 잇다 합니다. 그러나 누구나 갓다온 사람은 업습니다. 그 섬은 바다 가온대 수평선과 가튼 평토平土섬이라 하며, 언제든지 운무雲霧로 둘러끼고 사시장춘 봄이라 하며 멀리 세상을 떠난 선경仙境이라구 제주도 사람들이 동경하는 이상향이올시다.[25]

조성윤은 강봉옥이 일찍이 이어도를 이상향으로 주목한 것을 지적하며, "일본 학자인 다카하시가 이허도라고 해석한 것을 비판한다면, 강봉옥이나 금릉인 등 다른 조선 지식인들은 어떤 조사 과정을 통해서 누구로부터 민요와 전설을 수집·채록했는지도 함께 물어야 할 것이다"라고 지적한 바 있다.[26] 강봉옥이 쓴 글을 보고 혹시나 다카하시가 '이허도'로 써놓은 것은 아닐까. 이 역시 추론이다. 분명한 것은 구비 전승은 어느 한 개인의 독립적 변수로 이어지지 않으며, 이어도가 그토록 오랫동안 제주에서 인구에 회자되어온 설화라면 왜 제주 문헌 등에 보편적으로 나타나지 않는가 하는 근본적인 문제가 여전히 해결되지 않는다는 점이다.

7   '이여도'와 '이어도'도 문제다. 김영삼은 '이여도'와 '이여도 싸나' 등으로 표기하였고, 홍정표는 '이여도'와 '이어도·이허도'로, 김영돈은 '이여도'로 표기해놓았다. '이여도'와 '이어도'가 혼효

25) 강봉옥, 「제주도의 민요 五十首, 맷돌가는 여자들의 주고빗는 노래」, 『개벽』 제32호, 1923년 2월호.
26) 조성윤, 앞의 논문, 350쪽.

되어 나타나지만 민요연구서에서는 '이여도'가 우세한 편이다. 그러나 '이여도'와 '이어도' 표기문제가 사태의 본질은 아니다. 그럼에도 가능한 한 '이여도'와 '이어도'를 엄격하게 구분하여 씀으로써 전래의 전승체로서의 '이여도'와 보다 현대적인 통칭 개념인 '이어도'를 구분하려는 완강함이 감지된다.

이여도 ᄒ라 이여도 ᄒ라 이여 이여 이여도 ᄒ라 이여 ᄒ민 나눈물 난다 이여 말랑 마라근 가라[27]

이어도 홀라 이어도 홀라 이어 이어 이어도 홀라 이어ᄒ멘 나눈물 난다 이어말은 마랑근 가라 강남을 가는 해남을 보라 이어도가 반 이엔 해라[28]

해방 이후에 김영돈 등 제주도 연구자들이 수집한 민요에도 '이여도'가 자주 등장한다.

전복 좋은 여 곳으로 / 미역 좋은 옹댁으로 / 감테 좋은 작지왓으로 / 얼금설금 들어가난 / 홍합 대합 비쭉비쭉 / 케여서랑 맛을 보난 / 일천 간장 시르르다

전복 한 이여도 / 메역 한 이여도 / 전복이영 메역이영 / ᄒ여당 우

---

27) 김영삼 엮음(한용주 수집), 『제주민요집』, 중앙문화사, 1958, 30~31쪽.
28) 홍정표, 『제주도 민요해설』, 제주문화, 1963/2001, 107쪽.

리 아돌 / 공부시키기여 이여싸나 / 이여도 가자 이여도[29]

이여싸나 이여싸나 / 한강바당 네를젓엉 / 이섬월가민 점복이시카 / 저섬월가민 진주이시카 / 풍덩빠젼 들어간보난 / 퀘기덜은 모다 나들엉 / 벗을삼앙 놀젠헤라[30]

이엿 문은 저싱 문이여 / 이여도 질은 저싱 질이여 / 가난 올 층 몰르더라 / 신단 보선에 볼받아 놓곡 / 입단 옷에 플ᄒ여 놓앙 / 애가 카게 지들려도 / 다신 올 층 몰르더라

강남가건 해남을 보라 / 이여島가 반이엥혼다 / 이엿말랑 말아근가라 / 말앙가면 놈이나웃나 / 이엿말랑 말아근가라 / 이여ᄒ면 나눈 물난다[31]

일단 이어를 '이어島'로 해석하고 나면, 자연스럽게 '강남을 가는 해남을 보라, 이어도가 반이엥 한다'가 문제가 된다. 강남, 즉 중국 강남을 가던 거리비로 따지자면 해남과 강남 중간쯤에 이어도가 좌정한다는 식으로 해석된다. 해남에서 제주도를 거쳐 그 어딘가 제주도 남쪽을 통과하여 강남을 갔던가? 해남에서의 중국 뱃길은 으레 흑산도를 거쳐서 강남으로 가는 방식이었지 제주도 남쪽을 관통하여 가는 뱃길

29) 김영돈, 『제주도 민요연구』上, 일조각, 1965.
30) 김영돈, 앞의 책.
31) 다카하시 도루, 「民謠에 나타난 濟州女性」, 『朝鮮』 212호, 1933; 좌혜경 편저, 『제주섬의 노래』, 국학자료원, 1995.

은 드물었다. 근해 항해와 원해 항해는 근본적으로 다르며, 한반도에서 남중국으로 가는 원해 항해의 기본 노선은 흑산도를 거치는 사단항로斜斷航路였다. 따라서 앞의 노래를 가지고 해남과 중국 강남의 중간쯤에 이어도가 좌정하고 있고, 그 이어도는 풍랑이 많은 곳이라는 식의 해석은 해양학적으로 볼 때 과학성을 결여한다.

8   이어도는 그 무엇보다 텔레비전을 통하여 외화되었다. 방송의 위력은 대단했다. 소설로도 만들어졌다. 이청준 같은 유명작가의 위력은 텔레비전보다 위대했다. 영화로도 만들어졌고, 이어도 횟집과 이어도 식당, 이어도 모텔과 이어도 관광회사와 이어도 관광선에 이르기까지 '보통명사'가 되었다.

이어도가 '보통명사'가 되는 순간, 더 이상 이어도가 오랜 전통담론임을 의심할 필요가 사라졌다. 이어도는 제주도청이 뽑은 '제주 전통문화상징 99'의 반열에 올라 '전통문화'로서의 자기 정체성을 분명히 하며 자리매김에 성공하였다. 이제 아무도 의심하는 사람이 없게 되었다. 만들어진 전통은 대체로 이 같은 공인과정을 밟게 마련이다. 20세기에 만들어진 이어도가 문화적 전파력을 증폭시키면서 강력한 보통명사로 안착하는 데 성공하였다. 담론 유포에 많은 공헌을 한 민속학자 김영돈 선생도 이어도 설화의 서사성 결여를 그 스스로 다음과 같이 진술한 바 있다. 그는 현대적인 '이어도'를 쓰지 않고 자신이 전통적이라고 믿고 있는 '이여도'란 용례를 줄곧 선택하였다. 현대적인 이어도와 이여도를 애써 구분함으로써 이여도의 전통적 장기지속을 강조하려는 의도 같다.

환상의 섬 '이여도' 설화는 극히 단조롭다. 화소話素가 아기자기하지도 못한데, 지금까지 확인된 바로는 대충 다음과 같이 간추릴 수 있다.

① '이여도'는 제주도 서남쪽 항로에 있다는 섬이다. 제주도에서 강남으로 가는 중간쯤에 위치해 있다고 한다.

② 지난날 제주도 장정들이 배에 진상품이나 상품을 싣고 가다가 거센 태풍을 만나 바다가 사나워지면 이 이여도라는 섬 주변의 소용돌이치는 물결에 빨려 들어가서 여지없이 파산되었고 몰사하는 일이 거듭되었다 한다.

③ 이여도 주변 바다의 거센 소용돌이 속에 남편을 삽시에 잃은 제주의 여인들로서는 이여도는 원한의 표상이요 뼈가 깎이는 애통의 상징이었다. 따라서 제주도 여인들은 이여의 민요를 애틋하게 부르면서 그들의 쓰라린 마음을 달래어왔다고 한다.

④ 이여도라는 섬은 한 번 들어가기만 하면 살아 돌아올 길 없는 저승나라이니, 이여도의 문은 저승의 문이요, 이여도의 길은 저승의 길이며, 그곳에는 연꽃이 은은하게 피어 있다는 것이다.

⑤ 한편, 도민들은 '이여도'라는 섬을 또한 사람 삶에 소용되는 온갖 물종이 두루 가멸차게 갖추어지고 사람이 누릴 수 있는 갖은 즐거움과 환락이 사시사철 넘치는 낙토樂土로 그리기도 했다.[32]

배가 암초를 만나 난파한다는 이야기는 제주에만 있는 것이 아니라 전 세계 어느 바닷가에나 유포되어 있는 설화이므로 새로울 것이 없

---

32) 김영돈, 『제주도 민요연구』, 下, 민속원, 2002, 475~476쪽.

다. 이어도를 실재적인 섬이라 잠정 결론 짓고 섬에 부딪친다는 가설도 보편적이다. 이상향으로서의 섬을 설정한 담론은 너무도 세계적인 것이라 비단 제주도에만 국한되는 이야기가 아닐 것이다. 이제 '이여도'의 실체를 증명한다는 이야기들을 점검해보자.

김영돈은 "이여도 설화의 줄거리를 갖추어서 전하는 제보자는 제주도 내에서도 좀처럼 드러나질 않는다. 그런 점에서 1975년 5월에 채집된 다음 자료가 참고가 됨직하여 그 줄거리를 소개한다"고 하였다. 적어도 이어도가 제주민의 이상향이 되자면 널리 제보자들이 존재해야 할 터인데, 왜 제보자가 제주 내에서도 좀처럼 드러나지 않는다고 했을까. 일단 김영돈이 채집한 이야기를 보자.

옛날 충청도 어느 마을에 젊은 부부가 살았다. 결혼하고 얼마 안 되어 남편은 소실을 마련하고 함께 무인도인 이여도에 가서 살림을 꾸미더니 돌아올 줄을 몰랐다. 본부인은 시아버지에게 남편을 찾아갈 터이니 배를 마련해 달라고 했다. 동력선도 없는 옛날이니 배를 저어야만 바다 건너 남편을 찾아 나설 수 있기 때문이었다. 그렇지 않아도 생과부로 지내는 며느리에게 늘 겸연쩍어 하는 시아버지로서야 더 할 말이 있었으랴마는 배를 지을 만한 방도와 능력이 없음이 못내 한스러웠다.

'무슨 힘이 있어 배를 짓느냐.' 거절할 길 없는 시아버지는 막무가내로 '선흘고지'(북제주군 조천읍 선흘리 산속의 수풀)에 가서 아름드리 나무를 베어왔다. 부랴부랴 배를 짓고 시부모와 며느리가 함께 이여도로 향했다. 며느리는 억세게 노를 저으면서 '이여도사나 이여도사나'〈해녀노래〉를 불렀는데, 이 '이여도사나 이여도사나'는 어서 '이여도'를 찾아가자는 뜻이었다. 한편 그들은 참 다행스럽게도 무사히 이여도에 닿을 수 있었다.

그 무인도인 이여도에서는 과연 남편과 시앗이 집을 짓고 애들을 낳아서 단란하게 살고 있었다. 본처가 남편에게 돌아가기를 종용하자, 더욱이 부모까지 일부러 찾아온 터라 순순히 응했다. 모두가 함께 배를 타고 고향으로 향했다. 배가 떠나자 얼마 없어 거센 풍파가 일더니, 삽시에 침몰하고 사람들은 모두 물속에 영영 잠기고 말았다.

하늘도 무심하게 가족들이 몰사하고 나자, 이 애달픈 소식을 듣고 난 고향 사람들은 이들의 영혼을 달래기 위해서 제사를 마을 공동으로 치러주었다는 것이다. 마치 마을에서 당제를 치르듯이 그 마을 사람들은 한 해에 한 차례씩 정성을 모아 제사를 치르곤 했다. 오늘날에도 사람들이 물질 오갈 때에 노를 저으면서 '이여싸나 이여싼' 노래하는 것은 이런 구슬픈 이야기에서 말미암았다고 전해진다.

이어도에 관한 한 거의 완벽한 이야기 구조를 갖추었다. 그런데 많이 이상하다. 왜 이런 이야기가 제주 전역에서 확인되지 않고 아주 어렵사리 한 명 정도에게서만 채록되었을까. 왜 하필이면 충청도 색시일까. 설화 내용상으로 충청도에서 출발했음직한데, 나무는 북제주군 선흘리에서 구한다. 며느리는 완벽할 정도로 '이여도사나', 그것도 〈해녀노래〉를 불렀다고 김영돈은 서술하였다. 논리적으로 볼 때, 배는 다시금 충청도로 돌아옴이 맞다. '이여도사나 이여도사나'는 어서 '이여도'를 찾아가자는 뜻이었다고 해석하였는데, 정당한 해석일까. 모든 것이 불분명하다.

같은 이야기가 『한국구비문학대계』(1979)에 수록된다. 제보자는 같은 김순여(구좌읍 동김녕리)다. 『한국구비문학대계』 채록본에는 〈해녀노래〉니 하는 대목이 전혀 없다. 어떻게 된 일일까. 『한국민요연구』(2002)를 발간하면서 김영돈이 새롭게 첨삭한 것으로밖에 달리 설명할 길이 없다면? 다시 말하여, 김순여 자신이 '해녀노래' 운운한 대목이 없다는 말이다.

김영돈은 설화를 해석하면서 "이 전승은 그런대로 스토리를 갖추었다는 점에서 색다르다. 이여도 주변에 거친 파도가 일고 죽음의 세계로 이끈다는 점에서 그 기본구조는 같지만, 그 위치를 제주도 남쪽 바다가 아닌 충청도 해안으로 설정했다는 점도 주목된다. 이여도 설화가 고서지古書誌 어딘가에 드러날 것 같지만 여태껏 눈에 띄질 않는다. 석주명石宙明이나 다카하시가 언급한 바가 있어도 새로운 화소가 아니다. 본격적 연구를 위해서는 앞으로 우리가 꾸준히 힘써 추적해야 할 길밖에 없다"고 하였다.[33] 본디 없던 것을 다카하시가 새롭게 만들어 낸 것이니 '꾸준히 힘써 추적해본들' 방도가 있을까.

필자가 위의 구좌읍 동김녕리를 찾아가 수십여 명의 노인을 만나서 면담조사를 수행하였지만 성과가 없었다. 필자의 민속학 조사능력이 부족해서 그랬을까. 김영돈 자신도 논문 말미에 "이여도에 관한 문헌 자료는 눈에 띄질 않고 구전 자료도 빈약한 지금의 실정으로는 그 고찰의 한계를 느낀다. 충실한 자료의 확보와 본격적인 연구는 우리의 중요한 과제로 남는다"고 하였다.[34]

---

33) 김영돈, 『제주도민요연구』 下, 민속원, 2002, 476~477쪽.
34) 김영돈, 앞의 책, 484쪽.

9   진성기는 '조천의 고동지와 이어도전설'이라는 제목의 채록본을 소개하였다. 제주도에서 중국으로 국마진상을 하러 가던 배가 표류하다가 이어도에 당도하는 이야기다. 그런데 그 이어도가 과부섬으로 등장하고 있다.[35] 일종의 여인국이다.

> 옛날 조천리에는 '고동지'라는 사나이가 살고 있었는데, 어느 해에는 중국으로 국마진상을 가게 되었다. 그날따라 바람 한 점 없이 바다는 잔잔하여 고동지는 동료들과 함께 말을 잔뜩 싣고 순풍에 돛을 달아 배는 조천 포구 수진개를 떠나게 되었다. 그런데 배가 수평선에 이르렀을 때 갑자기 폭풍이 불어닥쳐 배는 나뭇조각처럼 흔들리며 표류하기 시작하였다.
> 몇날 며칠을 표류했던지 마침내 배는 한 섬에 표착하게 되었는데, 이때 고동지는 동료들을 모두 잃고 자기만이 살아남았다는 사실을 알게 되었다. 표류하여 도착한 땅은 '이어도'라는 것도 알 수 있었다.
> '이어도'에는 큰 태풍 때 고기잡이 간 어부들이 수중고혼이 되는 바람에 이른바 과부들만의 섬이었다. 과부들은 고동지가 표착하자 그에 대한 환영이 대단하였다. 과부들은 고동지에게 이 집에서도 묵도록 했고 저 집에서도 묵도록 했다. 고동지는 날이면 날마다, 밤이면 밤마다 이 여자에게서 저 여자에게로 전전하면서 애정을 나누었다.
> 그러던 어느 날, 비가 와서 처마에서는 낙숫물이 뚝뚝 떨어지고 있

---

35) 진성기, 『신화와 전설』, 제주민속연구소, 1959(1958년 조천리 정주병에게 채록).

었다. 고동지는 불현듯 고향의 아내와 부모 형제가 그리워졌다. 아내를 만나고 싶은 생각이 불길같이 일어났다. 그날 밤은 초승달이었으나 달이 유난히 밝았다. 고동지는 바닷가를 배회하면서 멀리 수평선 너머를 바라보며 아내의 이름을 수백 번도 더 불러 보았다. 달 밝은 밤이면 더욱 고향이 그리워졌고, 고향이 그리워지면 바닷가를 찾는 고동지였다. 바다는 부드러운 가락으로 노래를 부른다. 파도의 가락에 따라 스스로를 달래며 구슬프게 노래를 부르는 고동지였다.

이어도 (ᄒ)라 이어도 (ᄒ)라
이어 이어 이어도 (ᄒ)라
이엇말 (ᄒ)민 나 눈물난다.
이엇말랑 말앙근 가라
강남을 가는 해남을 보라
이어도가 반이 해라

진성기의 설명은 계속된다. 강남으로 가는 절반쯤 길에 '이어도'가 있으니, 나를 불러달라는 애절한 내용의 노래이다. 이어도 사람들은 고동지의 노래를 듣기 위해 모여들었고, 많은 여인네들이 그의 처지를 동정하게 되었다. 고동지의 노래를 듣고 흐느껴 우는 과부도 많았다. 이윽고 이어도 노래는 모르는 사람이 없을 정도가 되었다. 그 후 고동지는 뜻밖에 중국 상선을 만나, 그 배의 도움으로 귀향하게 되었다. 이때 '이어도'의 한 여인이 고동지를 따라 제주에 들어오게 되었다. 고향에서는 태풍으로 죽은 줄로만 알았던 고동지가 살아 돌아오자 잔치가 벌어졌고, 둘은 한 가족이 되어 단란한 가정을 이루었다. 그때 '이어도'에서 고동지를 따라 온 여인을 마을 사람들은 '여돗할망'(이어도의 할머니라는 뜻)이라 하여, 사후에는 마을 당신堂神으로 모시게 되었으니, 지금 조천리 '장귀동산당'이 바로 그 여인의 제단인 것이다.

조천리 장귀동산당을 찾아가보았고, 조천 노인들을 무수히 만나보았지만 '강남으로 가는 절반쯤 길에 이어도가 있다'는 식의 채록은 불가능하였다. 채록자의 신뢰도 문제인가, 필자의 현지조사 능력 부족인가. 아니면 필자가 너무도 뒤늦게 찾아갔기에 진성기 채록본 당시에 있던 구술자들이 모두 이 세상 사람이 아니기 때문인가. 그 당시의 노인층이 모두 저세상 사람이 되었다 한들, 이야기의 흔적이라도 남아야 할 터인데 사정은 그러하지 않았다.

10　아래 이야기는 소섬은 물론이고 제주도 본섬에도 삽시간에 퍼졌다. 김영돈 선생이 1985년 우도면 동천진동에서 해녀 김선옥(당시 46세)에게서 채록하였다고 하는데, 증언자의 부친(당시 81세)이 실제 목격자라고 한다.

그러니까 지금으로부터 반백 년도 넘는, 1940년쯤에 일어났던 일이다. 소섬(북제주군 우도면)의 하우목동下牛目洞과 서천진동西天津洞의 경계인 '냇골알'에서였다. 개인 날씨인데다 썰물이어서 마침 물질하기에는 안성맞춤이었다. 한 물거리 물질을 마치자, 해녀들은 재잘거리면서 채취된 해산물을 넣은 망시리를 들고 바닷가로 걸어 나왔다. 그런데 웬일일까. 만행이 할머니만은 보이질 않았다. 겁이 나서 누군가가 버럭 소릴 질렀다.

"큰일났다. 만행이 할머니가 안 보염싱게."

바다에는 테왁만이 둥실 떠 있을 뿐, 한참 기다려도 만행이 할머니의 모습은 나타나질 않는다. 할머니가 숨졌다는 소식은 삽시간에 번져 마을 사람들은 우르르 바닷가로 몰려들었다. 바닷가는 삽시간에 어두운 침울만이 내리깔렸다. 모두가 망연실색한 채 두어 시간쯤 흘렀을까. 숨진 줄만 알았던 만행이 할머니가 귀신과도 같이 물 위로 불쑥 나타나는 게 아닌가. 할머니는 불을 쬐면서 자초지종을 천천히 털어놓았다.

할머니는 전복을 캔다고 바닷속 깊이 들어갔다. 머리가 아찔하더니 웬걸 놋종지가 눈앞에 보이는 게 아닌가. 놋종지는 자기가 인도하는 대로 따라 쫓아오도록 종용하는 시늉을 하면서 앞장서서 나아갔다. 그 놋종지를 따라가야만 될 듯이 느껴졌다. 느닷없이 수기나무가 훤칠하게 드러나더니 덩그런 대문이 보이고, 의젓한 기와집이 나타나는 게 아닌가. 훌륭한 절이었다. 염주를 든 스님이 할머니를 맞아들였다.

"이곳에 들어오면 우선 누구든 머리를 깎아야 합니다."

타이르듯 말하면서 스님은 박박 할머니의 머리털을 깎기 시작했다. 할머니로서도 으레 그래야만 될 듯이 느꼈다. 다 깎고 나자, 스님은 정색하며 뜻 있는 말을 건넸다.

"당신이 이곳에 오기에는 헤아려 보건대 너무 이르므로 사바세계에 되돌아가서 일 년 반 동안만 더 지내다가 다시 올 것으로 하시오, 지금 들물 때가 시작되므로 서둘러 되돌아가도록 하시오."

스님의 말이 끝나자마자 할머니는 저도 몰래 물 위로 솟아오르게 되었다 한다. 불을 쬐면서 떠듬떠듬 그 경위를 늘어놓는 할머니의 말을 듣고 동네사람들은 신기해 마지않았다. 되살아난 다음에는 심방(무당)이 되어 심방질을 하면서 지내가다 시름시름 앓으면서 딱 일 년 반이 지나서 돌아갔다고 한다.

위의 채록본을 분석해보면, 증언자는 그 스스로 이어도라 부르지 않고 있다. 대체로 이어도 담론의 한 사례로 자주 거론되고 있을 뿐, 채록 내용 어디에도 이것이 이어도 이야기라는 화자의 자기주장은 나타나지 않는다. 다시 지적하거니와 제보자 자신이 이어도라 지칭한 대목이 한 군데도 없다. 그런데 왜 이 설화를 이어도 관련 설화로 몰아가고 있을까. 아닌 것은 아닌 것이다. 한반도 전역에서 나타나는 수중 용궁 전설의 한 유형일 뿐이다.

바닷속을 다녀온 이야기는 육지에도 무수히 많다. 『심청전』과 『별주부전』을 위시하여 수많은 문학예술 창작품으로서, 또한 민간신앙의 보고로서 용궁이 그려진다. 사해용왕四海龍王에 대한 민중의 이상적 견해는 바다를 영원한 미궁의 세계로 이상화시킨다. 만행이 할머니뿐만 아니라 모든 해녀들이 일상적으로 용궁과 현실의 바다를 왔다 갔다 한다. 수중세계는 곳곳에 위험이 도사리며 칠성판이 즐비하다. 위험한 바다에서 용왕이 살고 있는 수중세계에는 비교적 태평스러우며 용왕이 수중세계를 적절하게 통제한다. 만행이 할머니는 수중세계에 위치한 불가佛家에 귀의하여 잠시나마 처처불불處處佛佛의 음덕을 입고 다시금 지상세계로 되돌아온다. 용궁과 불교의 전통적인 연관 패러다임이 중첩되어 있을 뿐 그곳을 '이어도'라고 적시하는 대목은 채록 어디에도 없다. 그런데 왜 많은 민속학자들은 굳이 이것을 이어도 관련 설화로 간주하고, 만행이 할머니가 '이어도'에 다녀왔다고 '오버'할까. 만행이 할머니는 수중세계의 사찰에 다녀왔을 뿐이다.

수중세계와 이어도를 연계시키려는 노력도 민속학자들에 의해 이루어졌다. 김영돈은 수중세계가 이어도–이상향 담론 형성의 중요한 연결고리라고 주장한 바 있다.[36] 그는 비교문화사적으로 일본과 오키나와의 수중세계 설화를 거론한 바 있다. 인간과 수중이향이 교섭하는 일본의 용궁동자 설화가 대표적이다. 이 설화의 밑바탕에는 부와 보물이 바다 저편의 상세향常世鄕으로부터 찾아온다는 신앙이 깔려 있다. 일본 고대사의 상세향과 비슷한 신앙으로 오키나와에도 바다 저편 보이지 않는 곳에 신이 산다는 정토淨土신앙이 널리 퍼져 있다. 도해신渡海神이 산다는 바다 멀리 정토는 '니라이가나이'라 하고, 그곳으로부터 오는 도해신은 해마다 정한 때에 맞춰 마을에 들러서는 번영과 풍년을 축원하고 돌아간다고 믿어진다. 이 도해신에 대한 의례를 성대히 치르는 곳이 팔중산 군도八重山群島다.[37] 오키나와에는 예로부터 불씨도 '니라이가나이'로부터 건너온다는 화신신앙이 있는데 이는 도교사상에서 영향을 받은 오키나와 사람 고유의 신앙이다. 김영돈은 "정토 니라이가나이의 설정이 이여도와 관련될 듯하다"고 하였다.

소코트라 · 파랑도 · 이어도 변증

11　　이어도 이야기가 불안정한 서사구조를 취하는 상태에서 생뚱

---

36) 김영돈, 앞의 책, 482~483쪽.
37) 『沖繩文化史辭典』, 유구정부문화재보호위원회, 1977, 410쪽.

맞게 그 이어도의 실체를 찾아 나서겠다는 일단의 노력이 시작된다. 어찌 보면 '생뚱맞다'는 표현은 조심스럽게 사용해야 할 단어인지도 모른다. 바다에서 미지의 섬을 찾아 나서는 일은 보물섬이나 보물선 찾기 이상으로 탐험 본능을 자극하는 매력 있는 행위이며, 인류 보편의 탐험정신과 호기심의 발로이기 때문이다.

그러나 백 번 양보하여 이어도가 오랜 구전으로 이어져온 전설이라고 하더라도 그 실체를 찾는 일은 난망하다. 전설을 가지고 현실적 장소를 찾는다는 일은 쉽지 않다. 이어도의 현주소를 찾고 싶은 사람들의 욕망은 절제되지 않았다. 이어도의 실체가 어쩌면 해도에 등재된 수중암초 소코트라가 아닐까 하는 주장은 이 과정에서 제기된다. 대체로 다음과 같은 논리적 전개과정을 거친다.

— 수중암초 소코트라 발견.
— 일제의 파랑도 이용 시도.
— 파랑도 발견 및 파랑도 공식 명명.
— 파랑도를 이어도로 개칭.
— 중국과의 해양영토 분쟁 가능성 대두.
— 해도상의 이어도 명명 및 해양종합기지의 이어도 명명.
— 정부에서 수중암초의 이어도 공식화.
— 이어도는 상상의 섬이 아니라 수중암초와 실제 일치한다는 담론의 확산.

사건은 19세기 말로 거슬러 올라간다. 영국 상선 코스타리카 호가 1868년(고종 5년)에 제주 남해안에서 미확인 암초를 확인하였다고 본국

정부에 보고한다. 그러나 구체적 측량에는 실패한다. 32년 뒤인 1900년 6월 5일 영국 상선이 암초와 접촉하는 사고가 발생하였다고 영국 해군본부에 보고한다. 북위 32도 8분, 동경 125도 11분으로 위치를 파악하고 항해위험지역으로 보고한 것이다. 이 배는 영국의 P&O 선박회사Peninsular and Oriental Steam Navigation Company 소속의 소코트라Socotra 호로 1897년 건조된 6,000톤급의 강선인데 인도, 호주, 중국에서 활동하고 있었다.[38]

영국 해군본부는 소코트라 호의 보고를 받고 확인 작업에 나선다. 그리고 중국 해안의 수로 측량을 담당하고 있던 해군측량선 워터위치 water witch 호가 1901년에 보르네오 북서해안을 측량하고 중국으로 돌아가면서 소코트라 호가 보고한 해역에서 수심 18피트(5.5미터)밖에 안되는 암초가 있음을 확인하고 측량한다. 워터위치 호 함장 린은 1901년도의 보고서에 이 사실을 기재하였는데 그 후 이 암초는 발견선의 이름을 따서 소코트라 암초Socotra Rock란 명칭으로 해도상에 등재된다.[39]

12　일제는 영국에 의해 확인된 소코트라 암초를 파랑도로 개명한다. 1938년에는 아예 직경 15미터, 수면 위 35미터의 콘크리트 인공구조물을 설치하여 나가사키-고토五島-제주도-소코트라波浪 암초-화조산도花鳥山島-상하이를 연결하는 해저케이블(920킬로미터)을 가설하려고 한다. 이 중 제주도와 화조산도 간의 거리가 45.4킬로미터에 이르는 장거리이므로 중간에 인공섬 건설안이 검토되며, 마라도 등대에

---

38) 본래 소코트라 군도는 인도양 남동부에 위치한 예멘의 군도로 특이한 동식물이 많이 살아서 2008년에 유네스코 세계자연유산으로 지정된 섬이다.

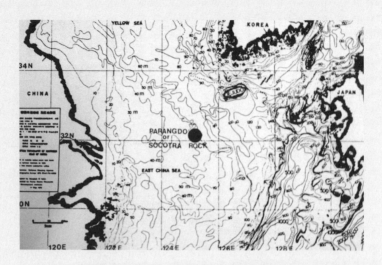

소코트라 암초(파랑도)의 위치(출처: 미국 수로국 1972년 「수로지」)

서 223도 방향으로 147킬로미터 지점에 있는 암초, 즉 소코트라 암초가 선정된다. 이곳에 직경 15미터나 되는 콘크리트 케이슨으로 수면 위 약 35미터에 달하는 구조물을 만들어서 케이블 육양실陸揚室, 전화 중계실, 등대실의 3단을 입체적으로 배치하려고 하였다. 그러나 제2차 세계대전 발발로 뜻을 이루지 못했다.[40]

이처럼 파랑도는 파랑도일 뿐, 적어도 일제강점기까지는 소코트라나 파랑도와 이어도를 연결 짓는 사람이나 문헌기록은 전혀 없었다. 다카하시가 이어도라는 섬이 있다고 설화 및 민요를 해석하였을 뿐, 그섬이 제주도 주변 어디엔가 있다고 믿거나 찾아 나서는 사람은 없었다.

39) 한상복, 『해양학에서 본 한국학』, 해조사, 1988, 273쪽.
40) 한상복, 앞의 책, 273~274쪽(小林見吉, 「해저케이블 부설의 역사와 기술 (1)」, 『水路』 제6권 제2호, 1977년 7월호 재인용).

13　한국전쟁 와중인 1950년 상황에서 파랑도가 한·미·일 간에 국제적 문제로 부각되기 시작한다. 여러 문헌에 한·미·일 간에 문제가 되고 있던 바다 공간은 이어도가 아니라 파랑도였다. 다카하시의 이어도 주장과 무관하게, 적어도 해양주권 및 실제적인 바다 공간에서는 이어도가 없었고 오직 파랑도만이 통용되고 있었다. 1951년에 『서울신문』은 다음과 같은 기사를 내보내고 있다.[41]

대한민국이 대일강화조약에의 참가를 요구하고 있다는 것은 기보한 바이어니와 주미 한국대사 양유찬 박사는 19일 트루만 대통령의 대일강화 특사 존 포스터 덜레스를 방문 요담하였다. 덜레스 씨와의 회담이 끝난 후 양 대사는 기자단과 회견하고 자기는 대한민국이 다음과 같은 목적으로 대일강화조약에 참가하기를 원하고 있다는 것을 덜레스 씨에게 통고하였다고 말하였다.

1. 일본은 48년 동안이나 한국을 점령하고 있으면서 모든 것을 가져갔으므로 한국에 있는 재산을 요구하지 않는다는 것을 명확히 따지기 위하여

2. 한국과 일본 사이에 있는 파랑도와 독도를 대한민국이 소유하기 위하여

3. 한일 간에 어업권을 위요한 분쟁이 발생하지 않도록 맥아더라인을 유지하기 위하여 양 대사는 <u>한국이 조선 해안에 있는 대마도를 요구하는 대신에 파랑도와 독도를 요구하고 있다고 말하였다.</u>(이하 밑줄은 인용자) 끝으로 양 대사는 덜레스가 대단히 동정을

---

41) 『서울신문』, 1951년 7월 21일(워싱턴 20일발 USIS).

가지고 있으며 한국의 이 요구를 검토한 후 자기에게 회답하여 주겠다고 약속하였다고 말하였다.

그로부터 보름이 지난 8월 6일자 『민주신보』에 기사가 다시 실린다.[42] 샌프란시스코 강화조약에서 일본의 파랑도 영유권 주장에 대한 철회를 요구하고 있는 것이다.

3일 밤 대한민국 주미대사 양유찬 박사는 당지 기자구락부에서 열린 만찬회석상에서 다음과 같이 말하였다. "대한민국은 오는 9월 4일 당지에서 개최되는 강화조약 조인식에 참가함이 허용되어야 한다. 우리가 대일전쟁에 참가하지 않았다고 하나 중경에 있던 대한민국임시정부는 진주만 공격이 있은 직후 일본에 대하여 선전포고를 하고 대한민국 의용군은 연락원으로서 또는 직접 부대로서 용전분투하였던 것이다. 그러므로 나는 동 조약 초안자인 덜레스 씨에게 다음과 같이 요구하는 바이다.

1. 대한민국을 일본에 대한 참전국으로서 인정할 것
2. 일본은 정부나 개인이나를 막론하고 대한민국에 대한 재산 요구를 포기할 것
3. 대한민국도 조인국이 되어야 할 것
4. 대한민국과 일본 간의 어업선이 확립되어야 할 것
5. 일본은 파랑도와 독도에 대한 요구를 철회할 것"

---

42) 『민주신보』, 1951년 8월 6일(샌프란시스코 5일발).

같은 신문 같은 날짜 기사에 "일본은 이번 강화에서 새로운 주권을 찾게 될 기회가 될 것이거니와 이 기회를 계기로 하여 독도는 물론 대마도와 파랑도 등을 자기네 영역 안에 넣으려는 야망을 뚜렷이 내어보이게 되었는데 3일의 일본방송은 이러한 영토적 야심을 충족시키려는 간계의 첫 단계로써 한국정부는 물론 한국 국민은 경계심을 높이는 동시 이러한 섬을 끝내 찾아야 할 것이라고 외치고 있는 것이다"라고 하였다. 비단 독도뿐 아니라 파랑도가 한·미·일 간에 국제문제로 비등하고 있음을 알 수 있다. 드디어 『민주신보』 9월 5일자에는 "샌프란시스코 대일강화회의 때의 한일 양국의 영토획정에 있어서 독도와 더불어 마땅히 한국에 귀속되지 않으면 안 될 섬의 하나로써 파랑도의 영토 처분이 극히 주목되고 있다"는 기사가 실리게 된다.[43] 그런데 그 위치를 다음과 같이 획정하고 있다.

파랑도는 제주도의 서쪽에 있는 바위로 된 작은 섬으로 동경 120도, 북위 32도 35초에 위치하고 있다. 해류의 관계로 황해의 어족이 이 섬과 또는 섬 부근에 모여들기 때문에 막대한 고기가 잡혀 왔던 것이며 또한 이렇게 파랑도가 중요한 어장의 하나인 만큼 만일 이 섬을 빼앗긴다면 수산업상의 큰 위협이 될 것이라고 한다. 일본은 2차 대전 후 미국 주둔군 당국의 허가를 얻었다고 해서 이 섬까지 나와 마음대로 어로하였으며 그 어획물을 독차지하여 왔고 지금도 일본의 유력한 어장의 하나가 되어 있다 한다. 그런데 외무부에서 한국의 수로에 관한 여러 가지 문헌을 조사한 결과, 파랑도가 한국 영토

---

43) 『민주신보』, 1951년 9월 5일.

라는 증거를 확실히 알게 되었으며 한편 위치상으로 보아도 일본이나 중국보다 한국에 가까울 뿐만 아니라 영·중·일본의 문헌과 해도에도 이 섬이 한국의 것이라는 확증이 뚜렷이 드러났다고 한다. 그러므로 외무부 당국에서는 이러한 물적 증거를 다방면으로 입수하여 9월 1일 주미 양 대사에게 보내어 이 섬에 대한 영토적 야심을 충만시키려는 일본 측의 주장을 좌절시키도록 훈전하였다 한다.

위의 기사에서 파랑도의 위치를 위도와 경도로 정확하게 제시하였음에도 실제 위치는 확인되지 않고 있었으며, 파랑도의 실체도 애매하였다. 이러한 상황에서 파랑도를 찾기 위한 노력이 가시화된다. 당연히 이어도는 등장하지 않고 있으며 오직 파랑도 찾기가 부각되고 있을 뿐이다.

14　이어도가 오랜 전설이고 오랜 전통이라면 왜 이어도는 말하지 않고 일제가 명명했던 수중암초인 파랑도만이 공식적으로 통용되고 있었을까.

대일강화를 계기로 일본은 영토적 야욕을 꿈꾸고 우리의 영역에 있는 독도와 파랑도를 일본 영토라고 일본은 대내외에 선전하고 있거니와 이미 독도가 500여 년 전에 한국에서 발견하였다는 문헌이 뚜렷이 되어 있으나 파랑도만은 아직 문헌이 발견되지 않고 있던 중 지난 6일 교통·해운국 근무 이호영 씨로부터 변 외무부장관에 보낸 서한 내용에 의하면 이 씨가 『해양』지 주간으로 있을 때 제주도

특집호를 발행하기 위하여 현지를 답사하였을 때 제주 한림이라는 곳에서 그곳 늙은이들로부터 파랑도에 관한 민요와 전설 등을 취재하여 이것을 인쇄 도중 마침 6·25사변 발발로 소실되고 말았으므로 파랑도에 대한 문헌이 필요하다면 제주도에 전기 이 씨를 파견하여 주면은 증거품을 수집하겠다는 내용인데 이것을 보면 파랑도는 거리상으로 제주도와 근접하고 있음으로 파랑도는 제주도민의 민요로 또 그 전설까지 전해지고 있는 것으로 보아 우리 영토임은 틀림없는 사실이다.[44]

"파랑도만은 아직 문헌이 발견되지 않고 있던" 사정을 말해준다. 그리고 잡지 편집자가 찾아낸 전설과 민요도 '이어도 전설과 민요'가 아닌 '파랑도 전설과 민요'일 뿐이다. 오늘날 이어도로 불리는 민요와 전설이 당시에는 파랑도로 불리고 있음을 알 수 있다. 이어도라는 말은 전혀 등장하지 않고 있다. 이승만 정부에서는 평화선 선언과 관련하여 언론인 홍종인, 해군과 산악인 등으로 구성된, '이어도 탐사대'가 아닌 '파랑도 탐사대'를 투입시킨다.

대일강화조약을 계기로 여하 울릉도 동방에 있는 독도와 더불어 당연히 우리 영토로 귀속되어야 할 제주도 서남에 있는 파랑도에 대하여 이 섬 부근에 맥아더라인이 있다는 이유하에 이즈음 일본에서는 이 섬을 자기의 영토로 주장하려는 기세가 농후한데 역사적으로나 지리적 조건으로 보아 이 섬은 틀림없는 우리 국토인 만큼 이에

---

44) 『부산일보』 1951년 9월 9일.

대한 우리의 뚜렷한 영토권을 입증하고자 지난 18일 오후 4시 학계의 전문가를 망라한 파랑도 조사단 일행 30명이 해군함정으로 부산을 출발 파랑도로 향하였다. 조사단 일행은 단장 홍종인 씨 인솔하에 지리·역사·언어·해양·기상·수산의 각 반으로 편성되어 금후 10여 일간 이 문제의 섬을 여러 각도로 조사하여 과학적으로 우리의 영토임을 밝히리라는 것이다.[45]

지리·역사·언어까지 다각도로 조사하겠다는 것으로 보아 파랑도를 수중암초가 아니라 어떤 완벽한 섬으로 이해하고 있었다는 것을 말해준다. 그러나 조사단이 2일간 투입되었으나 실체를 파악하는 데는 실패한다.[46] 조사단의 주체인 조선산악회의 활동을 주목할 필요가 있다. 조선산악회는 해방 정국에서 독도조사를 감행하기도 했다. 국토탐험, 오지등반, 등산로 개척 등 고유활동 경험에 따라 독도 조사·탐험에 적합한 경험과 기술·인력을 보유하고 있었기에 가능한 일이었다.[47] 조선산악회는 그러한 노하우를 기반으로 정부의 지원과 요청에 부응하여 파랑도 탐사대를 조직한다. 박정희 정부에서도 '파랑초 탐사'는 계속 이어졌다. 그러나 일제강점기까지 일본인들도 잘 알고 있던 파랑도의 정확한 위치를 찾는 데는 끝내 실패한다. 물론 이러한 조사과정에서 한 번도 이어도란 단어는 등장하지 않았다. 모든 신문기사에서 파랑도라고만 기술하였음을 주목할 일이다.

45) 『조선일보』 1951년 9월 22일.
46) 『동아일보』 1951년 9월 23일.
47) 정병준, 『독도 1947』, 돌베개, 2010, 118쪽.

15   1980년대에 들어와 이번에는 대중적 영향력을 지닌 방송인들이 투입되었다. 해도상의 소코트라 암초를 찾는 일종의 떠들썩한 요란법석은 1984년 제주도 KBS팀과 제주대학의 공동탐사로 연출되었다. 탐사팀은 그해 5월 8~15일에 동경 125도 10분, 북위 32도 7분에서 암초 하나를 찾아내고, 이 수중암초를 파랑도波浪島로 명명한다. 앞 신문 기사에서 보여졌듯이 1951년 9월에 인지하고 있던, "파랑도는 제주도의 서쪽에 있는 바위로 된 작은 섬으로 동경 120도, 북위 32도 35초에 위치"한다는 내용과 약간 차이가 난다. 그동안 해도에 소코트라 암초로 등재되어 있었으나 실체 확인은 안 되었던 바위였다. 일본인들이 해저케이블 중계지를 만들려고 했던 수중암초를 찾아낸 것이다. 방송은 파랑도 발견을 대대적으로 홍보하였다. 파급력은 대단했다. 이때까지만 해도 파랑도를 이어도라고 주장한 사람은 없었다. 아예 수중암초를 파랑도로 명명하기까지 했다. 파랑도에 관심을 기울였던 해양학자 한상복은 이런 글을 쓴다.

> 이 암초의 가장 옅은 곳이 해면하 5.5미터밖에 되지 않으므로 아주 쉽게 해양 및 기상관측시설과 등대시설을 갖춘 인공도를 건설할 수 있다. 그렇게 된다면 오리무중에 잠겨 있던 파랑도가 실존하게 됨은 물론, 동지나해의 해황海況을 정확하게 파악하고 그곳의 기상상태도 즉각 알게 되어 어로작업에 길잡이가 될 수 있으며, 태풍이 우리나라 쪽으로 접근해오는 것도 좀더 명확하게 조기에 경보가 가능해지고 등대 역할을 함으로써 항해하는 선박의 훌륭한 길잡이가 된다.[48]

48) 한상복, 「경제적인 해양조사를 위한 한 방법론」, 『현대해양』, 1981년 4월호.

"오리무중에 잠겨 있던 파랑도"란 대목을 주목할 필요가 있다. 소코트라 암초가 일제에 의해 파랑도로 개명되었지만, 정작 1951년 조선산악회의 발견 노력이 실패로 돌아간 상황이었다. 일제가 해저 케이블 육상구조물을 세우려고 했던 파랑도의 실제 위치가 KBS와 제주대학팀의 노력으로 확인된 것이다.

1950년대에 일본이 자신들의 해역이라고 주장했던 것도 파랑도였을 뿐, 이어도라는 표현은 전혀 등장하지 않았다. 해도상으로는 파랑도도 아닌 소코트라로 올라가 있었다. 1971년 12월에 수로국에서 발행한 『한국연안수로지-한국남부 편』 제4편에 소코트라 암초로 기록된 상태였다. 국제적인 해도상 통용어는 소코트라 암초였다.

그런데 파랑도를 이어도와 연결 짓는 입장이 강력히 전개된다. 영국인들이 해도에 등재한 소코트라 암초, 일본인들이 주목했던 기왕의 파랑도를 다시 찾아낸 것뿐인데, 이를 그동안 전설처럼 만들어졌던 이어도와 연결시키려는 시도가 이루어진다. 방송의 위력에 의해 제주 사람뿐 아니라 육지인도 이어도와 파랑도를 연계 짓는 각인을 경험하게 된다.

이제 난데없이 파랑도는 사라지고 이어도로 바뀐다. 해도상의 소코트라, 일본인들이 불렀던 파랑도, 해방 이후에 1970년대까지 미국 수로국에서 공식적으로 부르던 파랑도라는 말은 불필요하게 되었으며 오로지 이어도만이 남게 된다. 1987년 제주지방해양수산청에서는 파랑도를 공식적으로 이어도로 명명하고 해도에 기재하기에 이른다. 민속학계·문학계 등에서 주장하던 '상상의 섬 이어도'가 파랑도(소코트라) 수중암초 바로 그곳임을 국가적으로 명명하게 된다.

방송탐사 이전에도 이어도를 찾는 노력이 다각도로 이루어졌다.

1974년에 발표된 이청준의 『이어도』 첫 대목이 해군함정의 탐사 이야기로 시작됨도 이 같은 시대 분위기를 반영한다.[49] 1984년의 방송 제작이 이청준의 소설에서 영향을 받은 측면이 있을 것이다. 거꾸로 이청준은 1950~1960년대에 벌어졌던 파랑도 탐사에서 영향을 받았을 것이다.

해군함정까지 동원한 파랑도 수색전은 작전 개시 2주일 만에 완전히 끝이 났다. 마라도 한 곳을 제외하고 나면 제주도 남단으로부터 동지나해 일대의 광막한 해역 안에는 비슷한 것 하나도 떠올라 있는 것이 없었다. 예정된 해역 안을 갈아엎듯이 누비고 다닌 두 주일간의 치밀한 수색전에도 불구하고 배들은 끝내 섬을 찾아낼 수 없었다. 섬은 없었다. 배들은 다시 항구로 돌아왔다. 작전 임무가 끝난 것이다.

이청준은 "해군함정까지 동원한 파랑도 수색전"이라고 하였다. 이청준이 소설에서 묘사한 해군작전은 어디까지나 '파랑도 수색전'이었다. 자연적 실체로서 해도상의 소코트라(혹은 파랑도)와 상상의 섬인 이어도는 아예 관계없는 것이었다. 소위 소코트라는 수중암초로 실재하는 게 사실이요, 이어도는 실존하지 않는 환상의 섬, 피안의 섬일 뿐이라면, 실재와 환상은 어떠한 관련도 맺을 수 없기 때문이다. 이청준의 소설에서도 "그들은 애써 이어도와 파랑도를 구분하고자 노력했다"고 썼다. 민속학자 현용준은 방송의 위력으로 이상향이었던 이어도가 갑

---

49) 이청준, 「이어도」, 『문학과 지성』, 1974년 가을호.

자기 수중암초와 일치하는 것으로 둔갑하였다고 지적하였다.

사실 파랑도라는 이름은 최근에 자칭 식자층을 중심으로 하여 사용되던 이름이다. 바람이 불 때는 파랑波浪이 일어난다나 어쩐다나, 그리고 두 번씩이나 군함을 보내어 수색하고도 찾지 못하고 돌아온 섬이다. 그들은 애써 이어도와 파랑도를 구분하고자 노력했다. 자신들이 붙인 이름이 역사에 남기를 기대하면서 (……)[50]

제주도민들이 이어도니 파랑도니 하는 바다 멀리 있는 이상향을 생각해낸 것을 상상해보라. 이어도는 제주도민 바다의 이상향이다. 모 방송국에서 바닷속의 암초를 섬이라고 일반에게 대대적으로 선전하여 그것이 이어도라고 믿게 만든 것을 보면 방송의 힘이 얼마나 큰지를 새삼 절감하게 한다. 섬이라면 바다 위에 흙이 모여 돌도 있고, 풀도 나고, 하다못해 작은 나무라도 있어야 섬이지, 바닷물 속 4미터 밑의 암초가 어찌 섬이란 말인가?[51]

김영돈도 "예전부터 이여도에 대한 관심은 꾸준하였지마는", 1984년 봄 KBS 제주방송총국의 획기적인 이른바 "파랑도 탐사를 계기로 이여도를 둘러싼 해석은 갖가지로 들끓기 시작한다"고 보았다.[52]

50) 김병렬, 『이어도를 아십니까』, 홍일문화, 1997.
51) 현용준, 『제주도 사람들의 삶』, 민속원, 2009, 162쪽.
52) 김영돈, 앞의 책, 467쪽.

16　민요학자 김영돈은 이어도는 허구적 상상의 섬이지만 파랑도는 실존하는 섬이라고 보았다. 일본인들이 소코트라 암초를 파랑도라 명명하였음을 주목한 것이다. 실제로 1984년에 해중암초 소코트라(파랑도)가 발견되자 전설 속의 이어도와 실재하는 수중암초를 구분하려는 태도, 반대로 양자가 하나일 수밖에 없다는 주장으로 대립되게 되었다.

이런 반대되는 견해 중에서 제주향토사가 김태능은 파랑도의 실체를 엉뚱하게 『조선왕조실록』에 등장하는 발해만의 해랑도海浪島라고 보았다. '파랑도'의 '파랑'을 '바랑'의 와전으로 보고, '바랑'을 '바다海'를 이두로 읽은 '해랑'으로 추론했다. 해랑도로 도망가서 사는 제주 사람 이야기가 여럿 나오는 데서 빚어진 추론일 것이다.

제주 사람들 입장에서는 머나먼 발해만의 섬에까지 제주인이 올라가서 살았다는 자체가 경이롭게 느껴졌을 법하다. 이런 주장은 신선하기도 하고 어쩜 황당하기도 하다. 해랑도는 중국과 평안도에 근접한 유인도로 거기에 제주인만이 몰려 살던 것도 아니다. 그럼에도 제주도에서 멀리 떨어진 중국 쪽 서해안에 제주인들이 몰려산다는 것 자체만으로도 환상을 자아내기에 충분하였을 것이다. 섬-이상향 담론 형성에 해랑도가 개입된 것이다. 지금도 제주 지식인 일각에서는 제주민이 멀리 해랑도까지 올라가서 살았다는 사실을 중시하는 경향이 완강하다. 제주민이 그 먼 데까지 올라가 살았다는 점이 경이로운 것은 사실이지만, 사서에 선명하게 등장하는 바처럼 해랑도는 제주 사람뿐 아니라 여타 조선 사람, 또한 다수의 중국인이 모여 사는 혼합된 섬이었을 뿐이다. 이 점 앞의 본문에서 상세히 밝힌 바 있다.

17 다시 연대기 순으로 정리해보자.

① 일제강점기, 다카하시 이래로 이어도란 전설이 생겨났다.

② 다카하시가 학문적 작업을 통해 만들어낸 이어도가 존재했다면, 수중암초 소코트라는 그 이어도와 전혀 별개인 해도상에 실재 존재하는 실체였다.

③ 일제는 한반도를 경영하면서 해도상의 소코트라를 파랑도라고 부른다. 그러나 국제적으로 해도상에는 여전히 소코트라로 올라 있었다.

④ 1951년도에 샌프란시스코 강화조약에서 일본은 파랑도를 독도와 더불어 자신들에게 영유권이 있다고 주장한다. 이에 조선산악회를 중심으로 정부의 지원을 받아 파랑도 탐사에 나섰으나 그 실제 위치를 찾는 데는 실패한다. 한국전쟁 와중에 일본의 파랑도 영유권 주장에 맞서서 파랑도의 실체를 찾아내고 해양주권을 선전하려는 노력이었다. 1960년대에도 파랑도 탐사 시도가 있었으나 장소 확인에는 실패한다. 1970년대까지도 파랑도의 실제 위치는 확인되지 않고 있었다. 다만 해도에는 여전히 소코트라 암초라는 이름으로 등재된 상태였다.

⑤ 1984년에 KBS 제주총국에 의해 전설상의 파랑도의 실제 위치를 찾는 작업이 시도되었다. 수중세계의 미지의 공간을 찾아 나섬은 인간 본연의 호기심이었다. KBS에서 찾은 수중암초는 파랑도로 명명되었다.

⑥ 그런데 어느 사이에 파랑도가 이어도로 이름이 바뀌기 시작한다. 소설 등으로 널리 확산되었던 명칭인 이어도를 1900년도에 영국 배를 침몰시킨 소코트라 수중암초, 일본이 군사기지로 활용하려던 파랑도와 연결 짓는 움직임이 가시화된 것이다. 방송을 통하여 파랑

도를 발견하였음이 선포되었으나, 이를 바라본 많은 시청자들은 자신들이 막연하게 체감하고 있는 이어도란 실체를 이들 수중암초와 일치시키는 새로운 작업에 빨려들어가게 된다. 본디부터 이어도 전설이 있었다고 한들, 소코트라나 파랑도 수중암초와는 무관한 일이었다. 그러나 파랑도 탐사를 계기로 이어도와 파랑도를 연계 짓는 노력이 가시화된다.

⑦ 이청준의 소설 등을 통하여 이어도 전설이 아주 오래전부터 전승되어온 것으로 대중에게 각인되었다. 이어도 전설이 당연히 오랜 구전의 역사를 지니는 것으로 확산되었고, 다른 문인들도 자신들의 시와 소설에서 이어도를 오랜 전통에 입각한 이상향으로 그리기 시작하였다.

⑧ 기왕의 수중암초 소코트라(파랑도)가 이어도라는 판정이 내려졌고, 국가는 해도에 등재하고 공식화시킨다. 영국 상선에 의해 발견된 이래 오랫동안 해도상에 소코트라 암초로 등재되어 있던 수중암초가 드디어 이어도로 공식 표기되기에 이른다.

⑨ 제주도는 1999년에 '제주인의 이상향 이어도는 제주땅'이라는 이름의 수중표석을 세운다. 2003년에 해양수산부와 한국해양연구원 KORDI은 이어도 해양과학기지를 세운다. 해양과학기지의 명칭이 이어도로 명명되면서 이어도는 소코트라 암초, 파랑도 등의 예전 명칭을 누르게 된다. 전설 속의 이상향 이어도는 자기 번지수를 찾게 되는 것이다.

⑩ '이어도'와 '이여도'를 애써 구분하려는 시도가 일각에 있다. 파랑도를 하나의 실체로 보고 이여도는 아직 발견되지 않은 상상의 섬이라는 시각이다. 반면에 오늘의 이어도 해양과학기지가 곧바로 이어

도 그 자체라는 주장도 나와 있는 상태이다.

18　　지명은 국가의 공인작업을 거쳐 확정되며, 공식화된다. 국가의 공인작업은 중요한 의미를 지닌다. 한국해양연구원의 여론조사에 의해 1987년 제주지방해양수산청이 수중암초를 이어도라고 공식화한 것은 이곳이 이어도라는 사실을 기정사실화하는 결정적 계기가 된다. 1987년에는 수중암초가 있는 곳에 아예 '이어도 등부표'를 세운다. 2001년에 이르면 국립지리원이 1984년에 발견한 수중암초를 이어도로 공식 명칭화한다. 과거의 소코트라 암초(파랑도)가 해명상 이어도로 확정되었으며, 곧이어 이어도 해양과학기지가 세워진 것이다.

　　백과사전에는 아예 "이어도, 離於島, Ieodo. 제주특별자치도 서귀포시 마라도로부터 남서쪽으로 149km 거리에 있는 수중 섬. 파랑도라고도 한다"고 등재된다.[53] 전설, 과학기지, 파랑도, 이어도, 離於島 등이 별 검증 없이 하나로 통일되어 등재된 것이다. 그리하여 다음과 같은 국립해양조사원의 공식 팸플릿에 담긴 슬로건에서 보이듯 상상의 영역과 과학의 영역, 국가 지표가 하나로 묶여져서 사람들의 뇌리에 각인된다.

　　전설의 섬 이어도에 우뚝 선 첨단해양과학기술의 결정체
　　이어도 해양과학기지 Ieodo Ocean Research Station
　　꿈과 환상의 섬 이어도!

53) 『두산백과사전』(www.EnCyber.com).

대한민국 해양과학의 전초기지로
21세기 해양강국의 꿈을 만들어 갑니다!

21세기 초반의 사정은 보다 확정적이다. 이어도 과학기지 주변을
둘러싸고 중국과의 영토분쟁 조짐이 보이자 전설 속의 이어도와 해양
영토 획정을 일치시키려는 알리바이 만들기가 요구된다. 그러나 이어
도 해양과학기지가 서 있는 수중암초는 중국과의 협상에서 충분히 우
리가 이길 수 있는 해역이다. 이미 일제가 파랑도라 명명하고 케이블
기지를 세우려고 했던 근거도 있는 해역이다. 일찍부터 해도상에 소코
트라 암초로 올라 있는 곳이기도 하다. 무엇보다 지정학적 위치상 우
리에게 유리하기 때문에 그 수중암초의 명칭이 이어도건, 전혀 다른
명칭이건 중요한 문제는 아니다. 오늘의 이어도 해양과학기지와 환상
의 섬 이어도가 다른 것이라고 하여 우리가 중국에 불리할 아무런 이
유가 없기 때문이다. 그 명칭이 이어도 해양과학기지이거나, 아니면
전혀 다른 명칭의 해양과학기지이거나, 한반도의 해양주권에 속한다
는 사실은 엄연한 진실이다. 제주의 어느 신문기자가 쓴 글을 보자.

중국이 이어도(중국명 쑤옌자오)를 자국 영토에 편입해 놓았다. 중국
의 그런 시도에 대해 8월 9일자 『중앙일보』는 사설을 통해 이어도
는 우리 것이라고 여러 가지로 주장하고 나서 덧붙였다. '특히 이
어도는 우리 민요와 설화에 등장하는 암초다.' 과연 그런가. 이 암
초가 제주 사람들 사이에서 전해오는 전설의 섬 이어도가 맞는가.
과문의 탓이겠으나 그 점을 그럴듯하게 밝힌 논문이나 도서를 필자
는 본 적이 없다. 국립지리원이 이어도로 명명했다는 것은 어떤

'사실'의 증거가 되지 못한다. 이어도는 나이트클럽 업소명이 될 수도 있다. 이런 상황에서 이어도 해양과학기지와 전설의 섬 이어도를 직접 갖다 붙이는 것은 영리한 전략이 못된다. 그곳은 현재 우리의 관할지이고 그 실효성은 국제법 등 현실적 근거에 있다. 이 이어도와 저 이어도를 동일시하는 경우, 그 동일성의 근거를 제시 못하면, 기왕의 현실적 근거마저 공연히 손상을 입을 수 있다.[54]

이 주장은 문제의 암초가 전설의 섬 이어도와 상관이 없다는 식의 이야기는 아니다. 오히려 현재의 이어도 해양과학기지가 전설의 이어도와 일치함을 밝히기 위하여 위의 논리를 제시한 것이다. 이어도 해양과학기지의 수중암초가 이어도일 수밖에 없음을 고증하려는 시도다. 중국인들이 이어도 해양과학기지가 위치한 곳이 중국명 쑤옌자오 蘇岩礁이며, 그 근거는 고전적인 지리지 『산해경』山海經에 있다는 주장과 다를 것이 없다.

동해 밖 태황 가운데 산이 있으니 이름하여 의천소산이라 한다
(東海之外, 大荒之中, 有山名曰掎天蘇山)

산해경 시대의 쑤옌蘇山을 오늘날의 이어도 해양과학기지 수중암초로 과대 포장하려는 기막힘이 중국 측에 있다면, 오늘의 현실적인 수중암초를 이상향 담론으로서의 이어도와 실제적으로 연결 지으려는 강변이 우리 쪽에 있다고 할까.[55] 이어도 구전의 실체 자체가 불분명한

---

54) 송상일, 「이어도를 찾아서」, 『한라일보』 2008년 8월 13일.

상태에서 그 이어도가 오늘의 해양과학기지가 서 있는 수중암초와 동일한 실체라는 주장이 가능할까. 전설 속의 이어도 자체가 규명이 덜 된 상태인데, 그 가공의 전설을 가지고 오늘날의 해양과학기지와 일체화시키려는 시도는 무리다.

이는 중국과의 해양 영토 문제라는 측면에서 해양과학기지가 전설 속의 이어도와 일체화되어야 한다는 강박증, 혹은 국가주의적 발상에서 비롯된 것이 아닐까. 아무리 중국과의 예상되는 해양 영토 문제가 있다 해도 역사적·문화적 진실과 실체는 정확히 해둘 일이다. 무리한 해석은 반드시 무리한 결과를 빚을 것이며, 무리한 해석으로 얻어낸 국가방략은 결국은 국가적 손해로 귀결될 것이다. 냉정한 입장을 취할 필요가 있다고 본다. 조성윤은 이어도가 실재의 섬이 되어버린 결과에 대해 이렇게 언급하고 있다.[56]

이제 이어도는 실재하는 섬이 되었다. 이것은 제주도민들이 그 섬을 찾아내서 현실로 만들었다기보다는, 자원민족주의에 의해 해양 자원을 확보하려는 목적에서 이루어진 탐사 결과 찾아낸 섬의 이름을 그렇게 이어도라고 붙이게 된 것이다. 제주도민들에게 이어도를 환상의 섬으로 부르거나 꿈꾸는 일은 더 이상 허용되지 않는다. 왜냐하면 그것은 실제로 존재하는 섬이기 때문이다.

---

55) 2006년 9월 14일, 중국 외교부 대변인 진강秦剛은 "소암초(이어도의 중국 명칭)는 중국 동해 북부의 물 밑에 있는 암초이다"라고 주장하였다. 제주도 서남 방향의 소암초가 한국의 영토라는 것을 승인할 수 없다는 간결한 외교적 의사표시였다.

56) 조성윤, 「이어도에 관한 제주도 주민들의 이미지」, 『탐라문화』 39집, 2011, 370쪽.

19   이어도 명칭은 일찍이 1974년의 이청준 소설, 1980년대 이후에는 언론 등의 홍보로 확대재생산된 것이 틀림없다. 김지하 시인이 말한 대로 탐라한류耽羅韓流가 이어도향에서부터 시작되고 있는 것이다.[57] 구비전승 자료와 문학작품, 각종 상호 등 관련 자료를 수집하여 종합적으로 탐색한 김은희는 명칭 문제에 관하여 다음과 같이 진단하고 있다.

> 결정적으로 이어도가 널리 알려지게 된 것은 매스컴의 영향과 정부에서 소코트라 암초의 이름을 이어도라고 명명했기 때문이다. 1984년 KBS와 제주대학교에서 파랑도 탐사를 시도했다. 그때까지만 해도 여기서 말하는 파랑도, 소코트라 암초의 위치는 실재로 파악되지 못한 상태였다. 이 탐사로 소재가 파악되었고, 이때 KBS에서는 이어도 탐사라고 명명하여 대대적으로 홍보했다. 이 사건을 계기로 이어도는 제주도 남서쪽 먼 바다에 있는 물속의 섬이라고 여기게 된 것이다. 제주도민의 이상향인 이여도가 순식간에 사라지는 순간이었다.[58]

그는 이른바 파랑도라고 불렀던 수중암초를 발견하게 되고, 이것을 이어도라고 부르는 순간부터 이전부터 있어온 이상향으로서의 이여도는 사라지고 만 것이라 보았다. 이러한 결론에 따라 이여도는 구비전

---

57) 송성대, 『이어도연구』 창간호, 2010, 48쪽.
58) 김은희, 『이여도를 찾아서』, 도서출판 이어도, 2002, 19쪽. 저자는 '이어도 탐사'라고 하였으나 정작 공식명칭은 '파랑도 탐사'였다. 이어도 관련 문헌들은 이런 식으로 임의 변경되곤 한다.

승되는 용어로, 이어도와 이여도를 구분하여 쓸 것이 아니라 이어도로 통일하여 쓰는 것이 타당하다는 주장을 펴고 있다. 왜냐하면 그 본연의 이미지를 살리기 위해서나 제주민이 오래도록 염원했던 이상향을 웅변하는 명칭으로 민요나 설화 속에서 확인할 수 있었기 때문이란 주장이다. 김영돈도 그의 논문과 저술에서 이여도를 이어도와 애써 구분하고 있다. 김은희는 김영돈의 이론을 이어받은 것으로 여겨진다. 그러나 이어도가 되었건, 이여도가 되었건, 이 모든 담론의 기초인 이어도 전설 자체가 20세기에 만들어졌음을 가정한다면 '이어도와 이여도' 논쟁은 별 의미 없는 것이 된다.

'이어도'냐 '이여도'냐 하는 문제는 사태의 본질이 아니다. 문제는 '이어 이어 이어도사나'를 '이어島'로 애써 '섬'으로 해석한 '원초적 잘못'에 있다. 일본인 학자가 자신이 느낀 대로 그렇게 표현한 것 자체를 나무랄 수는 없는 것이다. 일제강점기에 일본인이 툭 던져본 그릇된 해석을 그 이후에 그대로 접수하여 내적 비판 없이 그대로 가져다 쓴 우리들이 문제일 것이다. 하여 이런 주장까지 나오고 있는 것이다.

이어도는 제주 여인들이 삶의 고통을 느낄 때 사랑하는 사람이 그리울 때마다 떠올리고 불러오는 희망의 땅이었다. 바다로 고기잡이 떠난 남편이 돌아오지 않는 고통스런 삶의 현실을 넘고자 할 때마다 민요로 애절하게 불렸으며 전설도 생겨났다. 중국 해남 가는 길의 중간에 있다는 이 섬은 제주 사람들의 무의식 속에 이상향으로 깊이 각인되어 있어 (……) 민요의 내용을 보면 이어도는 아득한 수평선 너머에 있는 아름다운 섬으로 고기잡이 떠난 남편이 살고 있는 섬이다. 사철 꽃이 피고 열매가 맺는 따뜻한 섬이요, 굶주림이 없는 곳이요, 언젠가는 가고 싶은 곳이다. (……) 그래서 제주도의 해안가 마을에서는 바다에서 실종된 남편에 대하여 '이어도에 가 있수다'라고 말하기도 했다.[59]

이어도에 관한 한 종합적 해석, 즉 결정판에 해당되는 진술이다. 이런 류의 '소설'식 결론이 이제 이어도에 관한 정설로 인정된다. 그러나 신뢰도가 낮다면? 앞에서 설명하였듯이, 고대 및 중세의 담론이 오늘과 연결되려면 어떤 중간단계이론이 반드시 필요하다. 제주 촌로에 대한 광범위한 전수조사에서 이어도 구전이 확인되지 않는 상태에서 출전이 불분명한 구전 채록이 곳곳에서 등장하고 있다. 중간단계 없는 이론화는 과학으로서의 학문이 아니다. 이러한 비판에 관하여, 막연하게 이어도는 오랜 세월 동안 제주민이 꿈꾸어온 이상향이라는 문학적 수사를 반복할 수 있을까. 지금이라도 제주 노인정에 나가서 노인들에게 구전조사를 광범위하게 실시한다면 과연 어떤 결과가 나올까. 어릴 적 이어도 전설을 들은 사람이 없다는 사실을 어떻게 설명해야 할까. 이어도 전설을 기정사실화하는 한 연구에서 실행한 이어도에 관한 도민인식 기초조사에서도, "제주도민들은 이어도라는 이름에 대해서는 막연하게나마 인식하고 있는 것으로 파악되었음"이라고 하였다.[60] "막연하게나마 인식"이라고 하였지만, 실제로는 촌로들의 경우에 방송을 통하여 들었다는 응답이 훨씬 많은 실정이다.

노인층이 어릴 적에 들어본 사람이 없다는 전설을 어떻게 민속학자

59) 『제주문화상징』, 498쪽.
60) 양덕순, 「이어도에 관한 제주도민의 공감대 형성 전략연구」, 『2009 추계 이어도연구과제 발표회』, 2009.

들은 용케 알고 있을까. 문학인들이 그러한 연구결과를 밑천 삼아 문학적 상상력으로 자신의 창작물을 빚는 것에 관해서는 무슨 비판이 가능하랴. 이상향의 섬이 오랫동안 구전되어왔다는 것만큼 문학인의 창작력을 끌어당기는 매력 있는 소재가 또 어디 있으랴. 문학적 아우라는 충분히 인정되겠으나, 실제의 이어도 전설이 오래전부터 구전되어왔는가 하는 것과는 또 다른 문제다. 문학적 아우라와 역사적·문화적 실체는 다른 문제이기 때문이다.

잘 빚은 문학적 환상과 아우라

20　이어도가 20세기의 '만들어진 전통'이 되는 과정에서 잘 빚은 문학적 환상과 아우라[61]가 대단히 중요한 역할을 했다. 홉스봄은 역사학과 인류학의 접점을 찾아내면서 '전통의 창출'이라는 주제가 민족과 그것에 관련된 주제에 깊이 관련되어 있음을 지적하였다.[62] 그러나 그는 전통을 창출하는 집단이 민족에만 머무르지는 않는다고 보았다. '국가 혹은 국민과 같은 계급을 초월한 보다 큰 집단의 성원과는 구별하여, 특정한 사회계급이나 계층을 찾아내는 관행'으로서 '창조된 전통'을 파악하는 것도 가능하다고 하였다. 공동주관성을 성립시키는 기반은 그러한 보다 작은 사회집단을 단위로 해서도 성립되는 것이다.

---

61) '잘 빚은 문학적 아우라'는 크린스 브룩스의 '잘 빚은 항아리' The Well Wrought에서 그 개념을 빌려왔다.
62) E. J. Hobsbawm, *The Invention of Tradition*, Cambridge University Press, 1983.

이어도-이상향 담론은 분명히 한반도라는 조건에서 창출되었지만, 그것이 민족-국가 단위로 설정된 것은 아니다. 보다 작은 사회집단, 즉 지식인 중심의 소규모 사회에서 출발한 것으로 여겨진다.

이어도는 특히 문학인 집단에서 주목을 끌었다. 절해고도絕海孤島라는 현실적 이미지는 문학적 환상과 아우라를 창조하는 데 결정적 근거였다. 섬은 인간세상과 격리된 곳으로, 고립을 상징한다. 섬은 두말할 것 없이 바다에 떠 있다. 바다 자체가 신화적 이미지를 잉태한다. 바다는 광막함과 그 끝에 펼쳐지는 긴 수평선 때문에 수평축의 끝에 자리 잡고 있을 피안의 세계를 내포한 공간을 의미하게 된다.[63]

이어도가 꿈꾸는 이상향은 저 머나먼 피안이다. 머나먼 섬에 관한 파라다이스적 담론은 인류문명사에 장기지속적으로 잠복해온 공통의 화소이다. 우리말의 섬 자체가 아주 오래된 단어이다. 중세국어에서 섬은 '셤'이었다. 『훈민정음해례』에 '셤爲島'가 있고 『용비어천가』에도 '셤'이 보인다. 8세기 『일본서기』日本書紀의 백제 관련 기사를 보면 백제어에서 섬을 'sema'와 비슷하게 읽었음을 알 수 있고(권14), 이는 고대 일본어의 섬을 지칭하는 'sima'와 동일함을 알 수 있다. 오늘날 우리의 섬과 일본이 시마는 동일 기원을 지닌다. 이처럼 섬은 고대로부터 오늘에 이르기까지 우리의 인식 속에 강력하게 들어와 있다. 가락국 김수로왕의 비 허황옥이 처음 뭍에 오른 망산도望山島라는 섬이 새 사람이 새로이 시작하는 창조의 의미를 지니는 것처럼 섬은 역사적·문화적 원초성을 확보한다. 바다 자체가 일찍부터 고대 및 중세의 문인들에 의해 이상향으로 설정되었다. 『청산별곡』도 좋은 예이다.

---

63) 『한국문화 상징사전』 1, 두산동아, 1992, 299쪽.

살어리 살어리랏다
바라래 살어리랏다
나마자기 구조개랑 먹고
바라래 살어리랏다

이러한 역사적·문화적 원형질이 갖추어진 조건에서 제주 남쪽 머나먼 그 어딘가 절해고도에 이어도가 있다는 상상의 공동체가 형성되자, 이 같은 소재를 가장 실감나게 접수한 이들은 당연히 문인들이었다. 이 점에 관해서는 김진하가 명쾌하게 정리한 바 있다.

이여도 전설이 생겨난 것은 근세의 일로 보인다. 그러나 어쨌든 그것이 일제강점기 무렵에는 몇몇 사람에게 전해지고 있었고, 특히 지식인들에게도 알려져서 당시에 일본어로 문학을 하던 이시형이나 김이옥이 작품의 소재로 삼을 만큼 주요한 관심사를 끈 것은 사실이다. 그러나 이여도 전설이 민간에는 거의 알려지지 않은 것으로 봐서는 지식인들에 의하여 바르게 수용된 후 근대적 문학양식에 힘입어 거꾸로 민중의 세계로 퍼져나간 것으로 보인다.[64]

철학자 김영민의 다음과 같은 지적도 경청할 필요가 있다. '담론은 이야기를 숨긴다'는 그의 지적을 다시 읽어보자.[65]

64) 김진하, 「제주민요의 후렴 '이여도'의 다의성과 이여도 전설에 대한 고찰」, 『탐라문화』 28호, 탐라문화연구소, 2006, 55~56쪽.
65) 김영민, 「김기영 감독의 영화 이어도」, 『한겨레신문』 2008년 12월 12일.

제주도 출신으로 내 오랜 지기인 이 아무개 교수를 통해 '이어도'에 대한 그곳 주민들의 감회를 엿듣는 중에 묘한 갈등에 휩쓸려들게 되었습니다. 그는 제주도에서 살던 고등학교 시절까지 단 한 차례도 이어도에 대한 이야기를 들어본 적이 없다는 것이었고, 오히려 대학에 진학하면서 육지로 나온 뒤에야 난데 사람들의 입을 통해 이어도에 대한 담론을 접하게 되었다는 것이었습니다. 물론 그가 자리 잡았던 계층·계급상의 처지와 여건이 중요한 변수였으리라고 짐작할 수도 있겠습니다. 말할 것도 없이 내가 지닌 '이어도' 식견 역시 다분히 문학적·신화적 상상력에 의해 부풀려진 것으로서 주로 이청준의 소설적 각색을 나름대로 곱씹어오면서 얻어낸 것들에 불과했겠지요. 그렇지만, 바로 이런 난감한 일이야말로 이른바 지식사회의 '담론'이 형성되는 메커니즘이나 그 결절점을 역설적으로 드러낸다는 점에 주목할 필요가 있습니다. 그러니까, '역사는 이야기를 숨긴다'는 명제 다음에 곧바로 와야만 하는 명제는 '담론은 이야기를 숨긴다'는 것이기 때문입니다.

21　　잘 빚은 환상과 문학적 아우라의 실체로 다가가보자. 고은 시인은 이어도를 정확한 실체로 설정해놓고 입담 좋게 풀어내고 있다. 채록 시간과 장소, 제보자가 등장하지 않는 이 같은 서술방식은 역시나 글 솜씨 좋은 문학인의 정리방식일 뿐, 이어도 문제해결의 학문적 논거로는 사용되기 곤란하다. '제주도 일주의 마을'에 이런 식의 이어도 이야기들이 넓게 전파되었다는 어떤 증거도 발견하기 어렵기 때문이다. 시인의 상상력이 빚은 소설 같은 산문일 뿐이다. 그런데도 시인

은 단호하게 이어도 전설이 오래전부터 구전되어온 것으로 창작해낸다. 시인은 본인의 뜻과 무관하게 상상의 공동체 이어도를 만드는 데 큰 기여를 한 것이다.

산지포의 한 늙은 어부는 그의 동료와 함께 근해어로에 나섰다가 극심한 격랑을 만나 표류되고 배는 없어져버렸다. 겨우 배의 널조각 하나를 붙들고 상어 새끼에 쫓기면서 그의 삶을 붙들고 안간힘을 썼다. 그리고 그는 죽어가기 시작했다. 더 이상 아무런 힘이 없었던 것이다. 이제 곧 그의 의식이 사라지고 그의 몸은 시체가 되어서 상어 새끼들의 아기자기한 밥이 될 것이다. (……) 그런데 그때 그 어부의 극의極意의 시야에 하얀 절벽으로 이루어진 '이어도'가 바로 저쪽 바다 위에 떠 있지 않은가.
"이어도다! 이어도다! 이어……"라고 말한 뒤 그의 의식은 전혀 그의 몸속에서 회복되지 못했다. 그러나 늙은 어부는 의식을 잃어버린 채 뜻밖의 어떤 주조류主潮流를 만나서 그 조류에 떠내려가기 시작했다. 기적이라고밖에 설명할 수 없게 그는 제주 산남山南 동단東端의 표선表善 바다 기슭에 표착했다. 그 마을 사람들이 어떤 시체가 또 떠내려 왔는가 하고 살펴보았을 때 아직도 숨이 남아 있어서 신방에 빌고 몸을 녹여서 재생시켰다.
그는 얼마 후 그의 집 애월涯月로 돌아갔다. 그런데 집에 돌아가서 그는 입을 열지 않았다. 늙은 아내와 아들은 아마도 바다의 충격 때문에 벙어리가 되었거나 바다귀신이 씌어져서 영원한 침묵에 사로잡혔다고 생각했다. 아들이 방고래를 허물면서 "말 좀 합서! 말 좀 합서!"라고 외쳐도 늙은 고기잡이 폐인은 허황하게 입을 다물고 있었던 것이다.

그러던 어느 날 이윽고 어부에게 임종이 다가왔다. 아들의 귀를 잡아당겨서 그 자신의 유일한 씨앗인 아들의 귀에 대고 "이어도! 이어도를 보았다!"라고 말하고 숨을 거두었다. 늙은 어부는 작은 메밀밭 복판에 파묻혔다. 아들은 아버지가 보았다는 이어도에 대한 감동 때문에 아버지의 장례가 끝난 다음 마을을 떠나 헤매이고 다녔다.

그는 결국 그 '이어도'의 비밀을 간직하지 못한 채 누군가에게 그의 아버지가 보았다는 이어도를 자신이 보았다고 말했다. 그리고 그는 광인狂人이 되어 후줄후줄 울어대고 히히히히 웃어댔다. 그 말을 들은 사람도 그 자신이 '이어도'를 보았다고 말하고 광인이 되었다. 그리고 그들은 미쳐서 죽어가고 '이어도'는 계속해서 제주도 일주一周의 마을에 전파되었던 것이다.[66]

이어도—이상형 담론의 특징은 이어도를 본 사람은 누구나 죽는다는 결론이다. '이어도'의 비밀을 간직하지 못한 채 죽어가는 콘셉트는 사실 대단히 전통적이다. 도교에서는 섬과 삼신산을 결부시켜 선계仙界를 상징한다. 삼신산은 중국에서 보아 동해에 있는 봉래산, 방장산, 영주산의 세 산을 말한다. 삼신산은 그다지 멀지 않아서 바라볼 수 있지만, 가까이 다가가면 어느새 물속으로 모습을 감춰버린다. 그래서 물에 가라앉은 지점까지 가서 물속을 들여다보려고 하면 폭풍이 일어 배를 멀리 흘려보낸다.[67] 다가갈 수는 있지만 막상 보는 순간 사라지는

---

66) 고은, 「또 하나의 이어도」, 『제주도—그 전체상의 발견』, 일지사, 1976.
67) 『한국문화 상징사전』, 2, 두산동아, 1995, 419쪽.

신기루라는 맥락은 동양적 이상향의 오랜 원형이었다. 이러한 섬이기에 막상 그 섬에 이르는 사람은 아무도 없었다. 이르는 순간 죽음으로 귀결되었다는 사실은 그 섬이 죽음과 삶의 경계임을 뜻한다. 고은 시인이 1960년대에 썼다는 「이어도」에도 이어도는 무언가 다른 세계의 이상향으로 그려진다.

이어도로 가리 내 절망으로부터
바다 건너
태양은 떨리는 수평선 위로 질 것이다.
그리하여 새로운 빛이 오래 저주받은 밤으로부터
이어도 위로 떠올라 날이 새이리라
내 삶의 수많은 절망으로부터 이어도로 가리

1960년에 정한숙이 쓴 「이여도」도 주목된다. 대개의 작가들이 그러하듯, 그가 소설 속에 등장시킨 민요는 구전을 작가가 재창작한 것으로 보인다.

……이여도…… 그것은 누구도 가보지 못한,
어디 있는지조차 모르는 섬이다.
배를 타는 뱃놈은 예로부터 그리던 섬이 분명했다. (……)
희망과 꿈을 간직하고 있는 신비의 나라인 이여도 (……)
그러나 그 희망과 꿈은 누구도
실현해보지 못한 비극의 섬이기도 했다.

이청준은 이어도를 제주인의 삶과 죽음의 양가성을 피안彼岸의 섬과 차안此岸의 섬으로 보여주었다. "아무도 본 사람은 없었지만, 제주 사람들의 상상의 눈에서는 언제나 선명한 모습으로 드러내고 있는 수수께끼의 섬", "누구나 이승의 고된 생이 끝나면 그곳으로 가서 새로운 저승의 복락을 누리게 된다는" 섬으로 묘사되었다. 이어도의 실체를 사실 차원에서 확인하려는 해군 정훈장교 선우현 중위와 이어도는 허구의 섬이지만 가짜가 아니라 어떤 진실성을 내포한다는 믿음을 소유한 천남석 기자를 중심으로 전개되는 소설로, 고통받는 인간을 구원하는 이상향으로서의 섬을 그렸다. 소설에서는 제주에서 이어도가 오랜 구전으로 이어져온 것으로 그려지고 있다.

그것은 이를테면 오랜 세월 동안 이 제주도 사람들의 입에서 입으로 전해 내려온 전설의 섬이었다. 천리 남쪽바다 밖에 파도를 뚫고 꿈처럼 하얗게 솟아 있다는 제주도 사람들의 피안의 섬이었다. 아무도 본 사람은 없었지만, 제주도 사람들의 상상의 눈에서는 언제나 선명한 모습을 드러내고 있는 수수께끼의 섬이었다. 그리고 누구나 이승의 고된 생이 끝나고 나면 그곳으로 가서 새로운 저승의 복락을 누리게 된다는 제주도 사람들의 구원의 섬이었다. 더러는 그 섬을 보았다는 사람도 있었지만, 이상하게도 한 번 그 섬을 본 사람들은 이내 그 섬으로 가서 영영 다시 이승으로는 돌아오지 않았기 때문에 그 모습을 분명하게 말할 수 있는 사람은 아무도 없는 섬이었다.

이어도가 오랫동안 제주인의 구전으로 장기지속된 전설임을 기정

사실로 못 박고 있다. 소설의 다음 대목에서 그 상상의 이어도가 파랑도와 연결되기 시작한다.

언제부턴가 이곳 제주도 어부들에게선 이어도가 아니라 그 이어도와 비슷한 또 하나의 이야기가 전해지기 시작하고 있었다. 파랑도의 소문이 생겨난 것이다. 파랑도의 소문은 이어도하고는 달리 좀더 구체적이고 널리 퍼져나갔다. 망망대해 어느 물길 한 굽이에 잿빛 파도를 깨고 솟아오른 파랑도의 모습을 보았다는 어부들이 곳곳에서 나타났다. 섬을 보았다는 사람들은 한결같이 하늘과 바다를 걸어 자기의 말이 거짓이 아님을 단언했다. 이윽고 파랑도 소문의 주변에는 서서히 현실적인 이해관계가 얽히기 시작했고, 보다 더 구체적인 관심 속에서 소문의 근원이 따져지기 시작했다. 사람들은 그것이 혹시 썰물 때만 잠깐 모습을 드러냈다가 밀물 때가 되면 다시 수면 아래로 가라앉는 거대한 산호초 더미가 아닌가 의심했다. 그게 정말로 섬의 모양을 갖춘 것이라면 남해 지도가 온통 다시 고쳐 만들어져야 할 판이었다. 사람들은 마침내 이어도의 전설을 생각해냈다. 옛날부터 이 바다의 어디엔가는 이어도라는 섬이 숨어 있다는 구전이 전해 내려오는 터이었다. 이어도에 관해서는 언젠가 그것을 보았노라는 사람의 전설도 남아 있고, 아직도 제주도 일대에는 그 이어도에 관한 분명한 민요까지 남아 있지 않느냐. 이어도 전설은 아마도 파랑도의 실재에서 비롯된 제주도 사람들의 구전에 의한 또 다른 전설의 하나일 것이다. 파랑도의 실재 가능성은 이어도의 전설로 하여 좀더 분명해질 수 있을 것이다.

어디까지나 소설이지만, 이청준의 소설에서는 전설과 민요가 고스란히 구전되는 것으로 보고 있다. 그러나 이어도를 중심으로 떠돌던 20세기 담론들을 하나로 엮고 한국인들의 보편적 생사관을 보탠 '소설적 상상력'이며, 구전전승의 진실성과는 무관하다. 이청준은 이어도가 20세기 발명품이며, 이어도 찾기가 20세기 후반에 시작된 방송국적 담론의 형성과정에 위치함을 몰랐을까, 아니면 알면서도 이어도 이상향을 주장하고 나섰을까. 이청준에게는 책임을 물을 수 없을 것이다. 그는 뛰어난 소설적 상상력을 바탕으로 심혈을 기울인 끝에 상당한 문학적 성취를 이뤘기 때문이다. 그는 작가로서의 본업에 충실하고 있을 뿐이다.

이청준의 소설에서는 아무리 소설이지만 그래도 이상향 이어도와 파랑도를 구별하고 파랑도 탐사대 이야기를 전개하고 있다. "언제부턴가 이곳 제주도 어부들에게선 이어도가 아니라 그 이어도와 비슷한 또 하나의 섬 이야기가 전해지기 시작하고 있었다"라는 소설 대목이 그것이다. 이청준은 소설에서 다음과 같이 파랑도나 이어도가 모두 실재하지 않는 섬이라고 그리고 있다.

이어도의 전설은 아마 파랑도의 실재에서 비롯된 제주도 사람들의 구전에 의한 또 다른 전설의 하나일 것이다. 파랑도의 실재 가능성은 이어도의 전설로 하여 좀더 분명해질 수 있을 것이다. 파랑도를 찾아보자. 그리하여 당국은 마침내 파랑도의 수색작전을 계획했고, 결국은 파랑도고 이어도고 이 세상엔 그런 섬이 실재하지 않는다는 사실이 확인되기에 이른 것이었다.

22　이후에 쏟아져 나온 이어도 관련 시들은 새로운 세상, 피안의 세계, 돌아올 수 없는 세계, 유토피아 등으로 확정적으로 나타난다. 가히 이어도 문학의 시대가 열린다. 시인들의 문학뿐 아니라 화가들도 이어도를 그리기 시작한다. 20세기 말부터 21세기 초반의 상황들이다.

> 이어 이어 이어도 사나
> 이어도가 어디에 시니 수평선 넘어
> 꿈길을 가자 이승길과 저승길 사이
> 아침 햇덩이 이마에 떠올리고
> 저녁 햇덩이 품안에 품어
> 노을길에 돛단배 한 척
> 이어 이어 이어도 가자
> — 문충성, 「이어도」, 1978

> 돛배가 수평선에 다다랐을 때
> 수평선 밖에는 또 하나의 수평선이
> 그 수평선 위에는 섬이 하나 있었다.
>
> 우리 배는 그 날 그 섬까지는 가지 않았지만
> 그 섬이 〈이어도〉라는 것은
> 돌아온 날 저녁 어른들로부터 들었다.
> — 양중해, 「이어도」, 1992

> 슬픈 노래로 남아있다 / 저 바다 너머의 땅 / 이여도 섬 전설

소용돌이 물굽이 / 죽음으로 건너가면

가난도 없다 / 이별도 없다 / 슬픔도 없다
— 김순이, 「이여도 1」, 1993

Eodo is the last port of call / All fishermen visit / And their
boats anchor in.

At the end of the sea, / There is Eodo

It is an Utopia, next world of Cheju fishermen and women.
— Yearn Hong Choi, 「Eodo」

　　제주 시인이나 제주를 대상화한 육지의 시인들이 꿈꾸는 장소와 공
간에서 당연히 섬과 바다 공간이 압도적이다. 제주문학 속의 섬은 '바
람 부는 섬', '흐르는 섬', '환상의 섬', '버려진 섬' 등으로 나타난다.
역사 공간으로서도 섬이 중요하며, 생활 공간으로서 '숨비소리가 들리
는 곳', 미래 공간으로서 '가고 살고 싶은 곳'이기도 하다. '나는 그래
도 섬이 그립다', '먼 바다 푸른 섬', '섬을 위하여', '제주섬을 돌아다
보면', '섬을 떠나야 섬이 보인다', '섬의 뿌리를 찾아서' 등 섬과 바다
를 중심으로 한 시어가 풍부하다.[68] 이 같은 조건에서 시인들에게 '환
상의 섬' 이어도는 더할 나위 없이 매력적인 그 무엇을 선사한 것이다.

---

68) 강치영·권상철, 「제주문학 속에 나타난 장소와 공간연구」, 『탐라문화』 29집, 2006, 17~39쪽.

감수성 예민한 시인들이 환상의 섬 이어도를 매력적으로 받아들이고
창작화에 나선 것은 너무도 당연한 일. 이어도 문학의 시대는 이렇게
열린 것이다.

집단심리의 망탈리테와 피안의 세계

23   이어도 이상향 담론의 형성과정은 사소한 오류나 착시, 혹은
그릇된 의도에서 출발한다. 그러나 이 책의 본론은 그러한 오류나 착
시, 그릇된 의도 등을 나무라거나 비판하는 데 그 목적을 두지 않는다.
그러한 착시에도 불구하고, 왜 이어도 이상향 담론을 아무런 무리수
없이 우리들이 접수하였는가 하는 점, 아무도 모르는 사이에 흡사 담
합이라도 한 듯 이어도 담론을 저마다 확대재생산시켜온 우리들의 심
성사心性史에 주목할 뿐이다.

이어도 담론에 전근대사회로부터 이어지는 역사문화적 뿌리가 없
다고 하여, 20세기 말에 꽃피운 이어도 담론의 문화적 향연을 비판할
필요는 없다고 본다. 어쩌면 이어도야말로 무수한 이들이 참여한 공동
창작의 소산이었으며, 지금도 집단적 무의식에 근거한 공동창작이 이
루어지고 있다. 20세기에 이만한 공동창작이 또 있을까 싶다. 어떻게
이런 일이 가능했을까. 우리는 집단적 '사기'가 아니라 집단적 '창작'
에 몰두하고 있으며, 열정적으로 작품을 쏟아내는 중이다.

르 고프Le Goff는 『연옥의 탄생』을 통해 중세인의 연옥관을 고찰하
였다.[69] 언어학적 방법을 사용하여 연옥이라는 의미가 12세기 말에야

나타남을 발견했다. 지옥과 천국 사이에 으레 연옥이 있으려니 생각해온 사람들에게 연옥이 12세기 말에야 만들어지기 시작한 당대의 신전통임을 주지시켰다. 이 시기는 로마 기독교가 급성장하는 시기이자 봉건제 정착기였다. 다시 말해 중세의 완성과 사후세계의 질서 확립과 밀접한 관계를 가진다는 것이다. 하지만 이러한 시대적 상황만 배경이된 것이 아니라 아울러 현실적인 요인도 있었다. 즉, 연옥에서 심판을 대기하는 영혼들은 살아 있는 자들의 태도에 따라 심판이 결정되기 때문에 교회의 경제적인 이익을 증대시켜줄 수 있었다. 하지만 연옥이라는 관점이 실제로 민중에게 투영되는 것은 중세 말이며 각 계층별로도 시차를 가지고 있음을 르 고프는 책에서 밝혔다. 연옥이라는 중세인의 이념적 공간도 결국은 만들어진 것이었다.

이어도 이상향 담론의 형성과정과 내용적 수위가 유럽 전체가 공감한 연옥에 비할 바는 아니지만, 이어도의 탄생과정 자체도 '만들어졌다'는 점에서 일면 공통점을 지닌다. 이어도는 심성사에서 말하는, 이른바 집단심리의 감성지도感性地圖가 만들어낸 산물이기 때문이다. 실재 해도에 존재하지 않는 이어도란 섬을 감성지도에 등재시킨 집단심리의 망탈리테mentalités를 주목한다. 시칠리아나 안달루시아 등 남부 지중해에서 밀레니엄의 새로운 운동이 벌어졌다면, 남녘 제주도에서는 머나먼 이어도를 심성지도로 그려내고 나서 이상향으로 설계해나가는 심성사적 운동이 자신들도 모르는 사이에 집단심리적으로 전개되었음을 주목해야 한다. 한때 독립왕국이었으나 육지 복속 이후로 오랫동안 역사적 소외를 겪어왔고, 고단했던 지난 20세기 역사를 고려해본다면

69) 르 고프 지음, 최애리 옮김, 『연옥의 탄생』, 문학과지성사, 2000.

능히 짐작될 일이다. 제주도 정서가 그 무언가 다르다는 점이다.

조성윤의 표현대로 이어도는 환상의 섬이지만, 동시에 도민들의 의식 속에서 사회적 실재social construction of reality로 작용하게 만들어주는 섬이다. 제주민에게 지속적 관심을 끌 수 있었던 이유는 그것이 현실과는 전혀 다른, 꿈과 소망을 담은 이상적인 세계이기 때문이다.[70] 제주민이 공유하는 집합적 기억collective memory으로서, 현실의 한계를 확인하고 동시에 넘어서도록 하는 상징세계로서, 이미 제주도민의 의식의 일부분을 형성하고 있는 사회적 실재가 되어 있다는 이야기다.

24　　'제주민요에 드러난 이어도'를 강력히 주창해온 민요학자 김영돈은 제주민의 고난의 삶을 '이여도' 탄생의 배경으로 설명하고 있다. 사면 바다로 둘러싸인 섬에 사는 제주민들은 실재하지 않는 또 하나의 섬 '이여도'를 즐겨 꾸며냈다. '이여도'는 지난날 처절했던 도민들의 실정과 소박한 이상을 동시에 뭉뚱그려 집약하는 상상의 섬이다. '이여도'는 고해苦海의 피안彼岸으로 동굴적 존재인 소용돌이와 정토인 피안을 포괄하는 가상의 섬이다. 피안에서 피안에 이르는 경계에는 소용돌이가 놓여 있다고 생각하고 있다. 제주인들은 나날이 부딪히는 갖은 고난을 버티고 살면서도 좌절하지 않고 이 비판의 고해를 뛰어넘기만 하면 부와 환락이 철철 넘치는 정토의 섬이 제주도의 남쪽 바다 어딘가에 있으리라는 환상을 그린다. 고난이 첩첩 겹치는 지겨운 삶이었지만, 까무러치는 일 없이 그날 그날 부딪히는 실정은 실정대로 받아들이

---

70) 조성윤, 「이어도에 관한 제주도 주민들의 이미지」, 『탐라문화』 39집, 2011, 341쪽.

고 자강불패自彊不敗하면서 차돌같이 굼튼튼한 삶 한복판에서 이를 확인했을 뿐더러, 서러움 저편에는 소용돌이를 경계로 하여 가멸짐과 즐거움으로 가득 찬 세계가 있으리라 믿으면서 이를 애틋이 꿈꾸어왔다.[71]

김영돈의 주장은 20세기에 이어도가 지식인 사회에서 서사성을 획득하게 되는 과정에 관한 배경 설명으로 미흡하기는 하지만 사태를 이해하는 데 도움이 되지 않을까. 이어도에 대한 제주민의 20세기 초반의 의식을 잘 반영하는 다음 글을 읽어보자.[72]

- 이어도는 제주도민의 오랜 해양생활 체험에서 연유한 지식이 축적된 생활권역으로 의식세계에 반영되어 있음(그 본능적 사고와 행동 유형이 집단무의식에서 비롯된다는 원시심상 primordial images의 발로).
- 제주도민이 인지한 이어도는 제주도의 확장된 공간으로서 인식된 현실적인 생활터전(원풍경original landscape의 고착화 현상).
- 이어도를 현세의 생활터전인 동시에 바다에서 실종된 이들의 이주 공간으로 보고 있으며, 이러한 다중적인 인지 기표가 제의, 각종 예술 장르 및 학술활동 등을 통하여 나타나고 있음.

고단한 역사와 바다 환경을 생각한다면 이어도 설화의 역사적 실체 여부와 무관하게 무언가 이상향을 찾는 제주민의 심성을 발견하기는 어렵지 않다. 고단했던 역사와 거친 환경이 위 이어도의 기정사실화를 가능케 한 저력이 아니었을까. 여기에 육지에 있는 지식인들도 열렬히

---

71) 김영돈, 앞의 책, 467쪽.
72) 한림화, 「제주도민의 의식세계에 내재된 이어도의 인문학적 동질성 규명을 위한 기초연구」, 『이어도에 관한 자연 및 인문학적 고찰』, 이어도연구회, 2009, 52쪽.

조용한 것이 아닐까. 쇠귀 신영복도 제주 남쪽 바다에 이어도가 있음을 전제로 하면서 이어도가 낙원이면서 죽음의 섬임을 암시하고 있다.

제주도 남쪽 바다에는 이어도가 있습니다. 제비가 돌아가는 강남길의 남쪽 바다 어디쯤에 있다는 섬입니다. 그러나 이어도는 실재實在하는 섬이 아니라 환상의 섬입니다. 피안의 섬이고 가멸진 낙토입니다. 그러나 이어도는 동시에 이승을 떠난 사람들이 머무는 눈물의 섬이며 비극의 섬이기도 합니다. 이어도가 이처럼 낙원의 섬이면서 동시에 나락奈落의 섬이라는 사실이 내게는 참으로 귀중한 깨달음으로 다가옵니다. 희망과 절망이 하나의 섬에 가탁假託되고 있는 이어도는 바로 그 점 때문에 세상의 어떤 다른 섬보다도 더욱 현실적인 섬이라고 생각됩니다. 세상에는 절망으로 응어리진 땅이 없는 것과 마찬가지로 희망으로 꽃피고 있는 땅도 없기 때문입니다.[73]

25　민족 혹은 민족주의에 대한 논쟁은 크게 민족을 고대로부터 존재해온 원초적인 실재로 보는가, 아니면 근대 자본주의 발전과정에서 생겨난 역사적 구성물로 보는가로 나뉜다. 민족을 왕조국가가 쇠퇴하고 자본주의가 발달하는 시기에 나타나는 특정한 '문화적 조형물'로 보는 앤더슨Benedict Anderson의 주장은 후자의 견해에 속하며, 그는 이러한 관점을 '상상의 공동체'라고 설정하였다.[74] 나는 베네딕트가 내건

73) 신영복, 『신영복의 엽서』, 돌베개, 2003.
74) 베네딕트 앤더슨 지음, 윤형숙 옮김, 『상상의 공동체』, 나남, 2002.

그 '상상의 공동체'로서의 민족주의에 관한 전면적 비판에 동의하지 않는다. 지나칠 정도로 서구적인 시선에서 비롯되었다는 소신 때문이다. 그러나 앤더슨이 '상상의 공동체'가 특정 시기에 사람들의 경험을 통해서 구성되고 의미가 부여된 역사적 공동체라는 주장에 대해서는 경청할 가치가 있다고 믿는다. 제주도, 즉 탐라의 역사를 하나의 역사적 공동체로 인지하고, 역사적 공동체가 온갖 환난을 겪으면서 공동의 지향점·일체감을 지닐 수밖에 없다는 논리를 설명하는 데 앤더슨의 이론이 일정한 도움을 줄 수 있을 것이다. 고단했던 섬의 역사공동체에서 이상향을 꿈꾸는 것은 당연하며, 그 이상향이 오래전부터 이어도였다는 '문화적 상상의 공동체'가 마련된 것으로 여겨지기 때문이다.

제주의 고단한 역사는 오래전으로 소급될 것이다. 일찍이 700여 년 전의 인물인 고려의 이제현(1287~1367)은 『익재난고』益齋亂藁에서 생의 의욕을 상실한 탐라 농민들이 농사는 손 놓고 육지에서 들어오는 배나 바라보면서 산다는 내용의 시 「망북풍선자」望北風船子를 이렇게 자평하였다.

탐라는 땅이 좁고 백성은 가난하다. 지난날에는 전라도 장사꾼이 와서 옹기와 나락쌀을 팔아주었는데, 이제는 팔러 오는 이가 드물었다. 지금은 관이나 개인이 기르는 우마가 들판을 덮었으니 밭갈이를 하지 않고, 오고 가는 벼슬아치들만 베틀의 북처럼 잦아, 대접하기에 골몰하게 되니, 그것은 탐라 백성의 불행이어서 가끔 변이 생기는 것이다.

이제현의 시대에도 식량은 턱없이 부족하고 관민의 목장으로 전락

하였으며 경래관의 착취가 일상화되었다. 700여 년 전의 기록은 조선 후기까지 동일하였다. 착취의 장기지속적 역사가 관철된 것. 또한 제주도는 삼다三多에 더하여 삼재三災의 섬이다. 수재·한재·풍재가 겹쳐서 흉년이 연이었다. 천재지변으로 인한 고난의 행군은 그나마 견뎌낼 수 있었을 것이다. 문제는 중앙정부에 보내야 했던 각종 세금과 관리의 횡포였다. 대책 없는 착취는 제주도에 민란이 그치지 않게 하는 주요 원인이었다. 착취가 극심하였으니 제주민의 역사적 DNA 안에는 본능적으로 중앙의 몰염치에 가까운 수탈을 저어하는 그 무엇인가가 숨어 있다. 그 본능적 저항은 '육지것'에 대한 거부로 나타난다.[75]

본토의 입장에서 제주도를 타자화해온 역사는 저 멀리 탐라시대로 소급된다. 타자화는 본토의 중앙에 의해, 실질적으로는 중앙의 위임을 받은 경래관의 토색질을 통해 발현되었다. 토색질이 극에 달할 때마다 필연적으로 장두狀頭가 등장하였다. 장두들, 즉 반란자들이 각 시대마다 운명처럼 등장하였다가 그야말로 운명처럼 사라지곤 하였다. 장두가 계기적으로 출현하였음은 제주도 역사 자체가 고단하였기 때문이다. 중앙-지방의 보편적 대립과 불평등구조를 뛰어넘어 본토-탐라라는 역사적 대립과 차별을 내포한 측면이 민란의 바탕을 이루었다. 19세기의 제주민란에서 끊임없이 '제주독립'이 슬로건에 포함된 것이 좋은 사례이다. 탐라독립을 희구해온 오랜 역사적 DNA도 이상향의 꿈으로 이어도를 탄생시키는 데 기여한 것으로 여겨진다. 이 같은 역사적 환경은 이상향 탄생의 좋은 토양이 되었으며, 섬이라는 환경 조건을 미루어볼 때도 이어도라는 또 하나의 섬을 연상하는 상상의 공동체

75) 주강현, 『제주기행』, 웅진지식하우스, 2011, 412쪽.

는 쉽게 가능하였을 것 같다.

26　　이어도 담론의 형성과 비슷한 사례가 남도 운주사에서도 빚어
졌다. 1980년대에 화순 운주사 와불臥佛을 둘러싸고 민중문화운동권
을 중심으로 일정한 담론이 형성되었다. 누워 있는 와불이 벌떡 일어
서는 날, 후천개벽後天開闢의 새로운 세계가 열린다는 담론이 그것이다.
와불은 어느 결에 미륵불彌勒佛로 변신하였으며 미래불未來佛로 현현顯現
하였다.

　　소설가 황석영이나 송기숙, 시인 김지하 등 문인들의 입심까지 보
태져서 하나의 전설로 승격하였으나 사실 와불 이야기는 만들어진 당
대의 담론이었다. 가령 황석영은 "이곳은 18세기 월출산, 남해 섬들 및
해안을 근거로 도망 노비와 유민들의 반란이 있었던 부근이며 지금도
그에 얽힌 민담들이 구전으로 전해 내려온다"고 하였다.[76]

　　이 반석은 처음에 불상을 새길 적부터 의도적으로 머리를 거꾸로
　　처박고 다리가 위로 가도록 비탈 자체를 이용한 것이었다. 이것은
　　현실 세상이 거꾸로 되었다는 것이며, 따라서 미륵도 불편한 채로
　　거꾸로 있다는 뜻이고, 미륵이 바로 일어섬과 세상이 바로 되는 일
　　이 동시적이라는 의미이다. (……) 민담 속에는 민중의 혁명사상으
　　로 전화된 미륵하생 신앙의 신학적 얼개가 교묘하게 짜여 있는 것
　　이다.

76) 황석영, 「미륵의 세상 사람의 세상」, 『미륵사상과 민중사상』, 한진출판사, 1988, 183쪽.

1994년에 발간된 『마을로 간 미륵』에서 필자는 이러한 담론에 일정한 비판을 가한 적이 있다.[77]

운주사에서 어떤 노비들의 해방운동이 벌어졌다는 식의 추론은 몰역사적일뿐더러 상상만으로 역사를 써내려가는 영웅주의 사관에 다름이 아니다. 과연 천불천탑을 세울 만한 노력과 자금이라면 당대 오랜 세월에 걸친 민중들의 동참이 있었기에 가능하였다는 점은 이론의 여지가 없으나 이를 지지하고 묵인 내지 지원한 일정한 지역 토착세력의 영향력을 무시할 수는 없는 일이다. 요즘 말로 스폰서가 있기에 가능하였다는 결론도 나오는 마당에 이의 혁명성을 지나치게 부풀려서 역사책을 마음대로 써내려갈 수야 없을 것이다.

1998년 여름에 화순군 운주사 일원을 현장답사하면서 무려 10여 개 마을의 노인정을 누비고 다녔지만 와불이 일어선다는 전설은 들을 수 없었다. 와불의 미래불로의 현현顯現 역시 당대 지식인적 내음이 짙게 배어나는 '만들어진 역사'였을 가능성을 배제할 수 없다. 왜 이런 일이 벌어졌을까. 사회적 모순과 억압에 찌들었던 1980년대 상황 속에서, 더군다나 광주민주화운동 이후에 남도가 처해 있던 지난한 상황 속에서 미래불 미륵의 혁명적 현현이 필연적으로 요구되었고, 와불이라는 특이성과 운주사의 총체적 특이성이 신화창조의 신뢰감을 심어준 것이다. 같은 책에서 필자는 다음과 같이 썼다.

77) 주강현, 『마을로 간 미륵』, 대원정사, 1994.

더 나아가 우리 시대에 아직도 풀리지 않고 있는 광주항쟁과 운주사는 밀접한 관련을 맺는다. 하필 그 같은 운주사가 광주 남쪽의 남도에 자리잡고 있다는 사실 자체가 80년대에 많은 이들의 관심을 촉발시켰다는 점도 무시할 수 없을 것이다. 와불이 못내 서지 못하고 누워 있는데 언젠가는 일어선다는 믿음 속에 바로 광주의 역사가 비껴갔으며, 그들 많은 작가 예술가들이 이곳을 찾아와 역사적 상상력을 발휘했던 것으로도 볼 수 있다. 그러나 역사적 상상력을 동원하여 운주사를 마음껏 해석하는 것은 누구에게나 주어진 자유이기는 하나 좀더 섬세한 배려를 한다면 그렇듯 혁명성만으로 모든 것이 해석될 수 있는 것은 아니다는 느낌이 들고 만다. 혁명성을 강조하려면 운주사를 중심으로 한 어떤 변혁운동의 흔적이 보다 구체적으로 남아야 했는데 실상은 그러하질 못하다. 그렇다고 하여 운주사의 민중성이 없어지는 것은 아니다. 오랜 역사를 통하여 준비되고 잠복되어온 민중의 꿈이 미륵이란 체계를 통하여 발현되고 있는 공간으로 여겨진다. 운주사를 찾아와서 혁세사상을 꿈꾸는 사람으로부터 단순한 기복신앙으로서만 미륵을 모시는 사람에 이르기까지 잠복되어 있는 꿈은 새로운 세상을 염원하고 있었음이 분명하다.

이어도가 은연중에 만들어지는 과정도 이와 비슷한 경로를 겪은 것으로 비정된다. 그렇다면 이어도 역사 만들기는 전혀 황당한 것일까. 그렇지는 않다. 운주사에서 1980년대 사람들이 민중적 대망체계를 희구하였다면, 20세기 후반의 사람들은 이어도란 매개물을 통하여 '상상의 공동체'를 희망하였던 것이다. 희망하지 않으면 담론은 유포되지 않는다. 고대 그리스 사람들이 꿈꾸었던 아틀란티스도 당대에서 빚어지고 만들어진 상상의 공동체이다. 플라톤이 이를 정교화·정치화시켜 엄연한 담론으로 문헌에 안착시켰을 뿐이다. 이어도도 그러하다. 일단 이어도란 상상의 공동체는 어딘가에 있는 섬에 가면 무언가 전혀 새로운 세상이 연출될 것이라는 지식인들의 상상력을 자극했다.

27　왜 많은 지식인은 이상향으로서의 이어도가 오랜 세월 제주민의 삶 속에 잠복되어왔다고 굳게 믿는 것일까. 섬-유토피아 담론이라는 인류의 오랜 이데아 체계에 이어도가 정확하게 맞아떨어진 것이 아닐까. 이어도는 20세기에 만들어진 제주도민의 이상향이지만, '이어도 이상향 담론'만 20세기에 만들어졌을 뿐 섬-유토피아라는 원형질은 일찍부터 존재했기 때문이다.

이어도 전설이 오랜 구전의 습득물인가 아닌가 하는 진실게임이 중요한 것은 아니다. 사람들이 이어도 전설의 실체를 굳게 믿게 되고 그러한 착시현상이 하나의 구체적 진실성을 획득하게 되는 저변에는 섬-유토피아라는 인류의 오랜 고전적 사고가 작동하고 있다. 심성사의 장기지속을 주목하는 것이다.

임철우의 소설에서 '그 섬에 가고 싶다'고 하였을 때, 사람들은 그 제목만 가지고도 몰입하였다. 소설에서는 작은 섬에 몰아닥쳤던 전쟁과 분단의 소용돌이가 어떻게 사람들을 바꾸어놓는지, 사람들은 얼마나 무력한 존재이며 동시에 따뜻한 존재인지 담담히 얘기한다. 그러나 그 소설 내용과 무관하게 다중은 그 섬에 가고 싶어한다. 작가 자신의 경험이 녹아 있기도 한 이 소설은 박광수 감독에 의해 동명의 영화로 제작되었다. 마치 전쟁을 겪었던 사람들의 모든 종류의 아픔을 축약시켜놓은 듯하지만 여전히 아름답다. 섬은 반드시 가보고 싶은, 무언가 끌어당기는 자장력을 갖고 있기 때문이다. 소설에서 영화로 반복되면서 '그 섬에 가고 싶다'는 표제는 직장생활의 쳇바퀴에서 지친 독자들에게 지긋지긋한 인간관계에서 해방된 무인도를 연상시켜주면서 그들을 열광시켰다. 이제 인터넷에서는 '그 섬에 가고 싶다' 뿐 아니라 '그곳에 가고 싶다'는 뉴버전으로 검색순위를 높이는 중이다.

만들어진 이어도는 고난에 찌든 생활로 점철된 고해苦海를 표상하며, 이 고해의 현실계를 넘어서면 반드시 온갖 풍요와 안락이 넘치는 낙원, 곧 정토가 열리리라는 소박한 소망을 지닌다. 『심청전』에서는 인당수에 빠진 심청이가 갔다는 용궁, 즉 정토를 설정함으로써 피안으로 넘어간다. 김영돈의 견해에 따르면, 동해의 이상향을 소재로 한 여인국 이야기도 섬에 가면 낙원이 펼쳐진다는 섬-유토피아 담론으로 보았다. 인간과 수중이향水中異鄕과의 교섭을 전하는 이야기로 전해오는 용궁동자 설화, 바다 저편 보이지 않는 곳에 도해신渡海神이 사는 정토가 있다는 오키나와의 '니라이가나이'도 비교대상으로 손꼽힌다.[78] 이어도 담론이 이론적으로 정착되어가는 과정에서 섬-유토피아 담론이 어떤 식으로든지 그 배경을 이루었음을 알 수 있다.

제주 밖의 사람들은 제주도 자체를 이상향으로 상상하기도 한다. 서귀포 남쪽 바다, 즉 태평양을 직접 대면할 수 있다는 관해觀海의 묘미는 다른 바다에 비할 바가 아니다.[79] 그 경지는 지극히 오묘하며 신비

---

78) 김영돈, 『제주도 민요연구』下, 민속원, 2002, 483쪽.
79) 주강현, 『관해기 1』 남쪽나라 편, 웅진지식하우스, 2006.

롭기까지 하다. 태평양 저 물마루 너머 그 어딘가에 오키나와, 대만, 그리고 더 남쪽의 섬들이 있을 것이다. 수많은 이들이 오키나와, 대만, 심지어 필리핀, 베트남까지 표류해갔다. 실제로 베트남에서 살아 돌아온 이들도 있다. 태평양은 장엄하기도 하고 신비롭게 다가올 수밖에 없다. 또한 제주도는 남극성(노인성이라고도 부르는)이 보이는 유일한 곳이라고 제주 유배객들은 저마다 기록을 남겼다. 서귀포 하논 일대의 삼배봉은 실제로 남성대를 만들어놓고 관광객을 끌어당긴다. 인간의 수명장수를 관장하는 남극성이 보인다는 가설은 제주도가 그만큼 별다른 섬이라는 생각을 만들어낸다. 시바 료타로司馬遼太郎는 『탐라기행』에서 제주도를 '불로불사의 이상향'으로 묘사하면서 이렇게 책머리를 시작하였다.

상상의 나래를 펼쳐 고대古代를 향해 퍼득이면 동심이 된다.
그 동화의 바다 위를 다지마모리田道間守라는 사람이 항해하고 있다.
목적지는 상세常世의 나라, 일본 고대인들에게 불로불사의 선경은 저 멀리 바다 건너편에 있었다.
그 나라를 고대 일본인들은 상세의 나라라고 불렀다. 물론 거기가 어디라고 가리켜 보일 수는 없다.[80]

그 어딘가의 섬에 전혀 새로운 세계가 존재한다는 이데아 담론, 즉 이어도 같은 존재는 전 지구적·역사적 차원에서 확인된다. 서양에서 구전되어온 아틀란티스가 또한 그러하였다. '만들어진 이어도 담론'

---

80) 시바 료타로 지음, 박이엽 옮김, 『탐라기행』, 학고재, 1998, 9쪽.

의 이론적 정립과정에 인류의 보편적인 섬-파라다이스 관념이 배경이 되어 있는 것이다. 섬-파라다이스라는 인류의 심성사적 집단심리가 이어도 형성과정에도 암묵적으로 작동한 셈이다.

이어도를 제주도라고 하는 한정된 섬으로만 묶어두고 설명한다면 이상향 담론의 제한성을 스스로 설정하는 꼴이 되고 만다. 20세기에 한국인들이 만들어낸 이어도 담론은 전 세계에 유포되어 있는 이상향으로서의 섬 담론 대열에서 이탈되는 것이 아니다. 곧 20세기에 한국인들이 섬-파라다이스 담론에 무언중 합의하고 이어도 담론을 완성시켜나간 심성사적 동향을 주목해야 하는 이유가 여기에 있다.

이어도가 오랜 구전이 아니건, 다카하시 같은 인물이 시초에 만들어낸 조어에서 비롯되었건, 그러한 것은 별 의미를 지니지 못한다. 만들어진 이어도 담론이 지니는, 만들어진 섬, 가공의 섬, 상상의 섬, 환상의 섬, 이상향의 섬의 체계는 쉽게 수용될 수 있는 것이었으며, 이는 섬-이상향-파라다이스라는 오랜 인류사적 궤적을 지니고 있기 때문이었다. 섬-이상향-파라다이스의 오랜 궤적을 추적해보는 일, 그 작업은 곧바로 이어도 담론의 형성 배경을 이해하는 방식이기도 하다. 본론에서 살펴보았던, 인류의 오랜 섬-파라다이스 관념이었던 아틀란티스의 세계, 더 나아가서 동양 및 한국의 섬-파라다이스 관념의 세계가 20세기 이어도 탄생의 저변에 흐르고 있음을 알게 된다.

오늘날 이어도 명칭은 '보통명사'로 전환되기에 이르렀다. 이어도 횟집을 비롯하여 이어도 모텔, 이어도 슈퍼마켓에 이르기까지 탐라를 벗어나 전 국민에게 접수되었다. 따라서 한국형 유토피아의 전형으로 섬을 중심으로 한 우리식 유토피아의 신조어를 창조해도 좋을 것 같다. 유토피아라는 말 자체도 토마스 모어가 '존재하지는 않지만'

nowhere '좋은 곳'eutopia이라는 뜻으로 빚어낸 신조어였다. 섬—이상향 담론을 유토피아적 언표에 기대어 이어토피아ieotopia라고 명명한다면? 이어도—이상향을 찾아 나서는 일련의 연구의 가치에 관해서 '이어도 학ieodology은 가능한가'라는 질문을 던진다면? 아틀란티스학이 가능했다면, 이어도학도 불가능할 것이 없기 때문이다.

글을 마치며

정진인鄭眞人의 예언처럼, 해도출병海島出兵하는 천군만마의 말발굽 소리가 들려오는 환청에 깜빡 잠을 깹니다. 도화원을 다녀온 느낌이지요. 도연명이 「도화원기」桃花源記를 썼을 때, 그 역시 그런 이상적인 세상은 지구 어디에도 없음을 너무도 잘 알기에 그런 이상향을 창조해냈을 것입니다. 백화가 만발한 봄날, 복숭아꽃 만발한 동네를 찾아가 꽃그늘 아래에서 이 책을 읽는다면, 혹시나 꿈에서라도 이상향이 우리 곁으로 다가오지나 않을까요. 하염없이 그런 꿈을 꾸어봅니다.

꿈마저 없다면, 이 모진 세상을 어떻게 살아가겠습니까. 잠시라도 일상에서 벗어나 꿈에 취하고 싶은 사람들은 메트로폴리스의 뒷골목 허름한 술집, 그도 아니면 영화관에서라도 꿈을 꾸지요. 자본의 시대는 민중의 이상향마저 오로지 유력한 상품으로 환치시킬 뿐입니다. 자본사회에는 왜 그렇게도 파라다이스라는 간판이 많은지요! 파라다이스 간판이 즐비함은 실제로 파라다이스가 없다는 역설의 분명한 증거가 아닐까요.

혁명은 꿈속에서도 불가능하고, 개혁은 구두선으로 되뇔 뿐입니다. 삶은 늘 현실에 차압당합니다. 그래도 이상향을 포기하진 못합니다. 그 어딘가 '지상낙원'이 있을 것만 같습니다. 옛날에도 그랬습니다. 보이지 않는 섬 따위에 이상향이 있을 것만 같았습니다. '그 섬에 가고 싶다'고 누구나 생각했으나 정작 그 섬에 가본 이는 없었습니다. 인류 역사상 '섬–이상향'은 영원한 미궁의 파라다이스로 내재화되어 마치 DNA처럼 장기지속의 역사를 이어옵니다. 그러한 섬 이야기를 와언집訛言集으로 엮어보았습니다.

전 세계의 유토피아 관련 책자는 모두 와언집입니다. 시대의 혼란과 고단한 역사로 삶의 갈증을 절감하면서 무언가 희망을 찾아내려고 애쓰는 이들은 어느 시대나 와언집을 꾸렸습니다. 토마스 모어는 단두대에서 '내 목은 대단히 짧으니 조심해서 자르라'고 했지요. 와언집을 엮은 이는 처형당하고 분서갱유되는 것이 관행이었으니, 와언집 출간이 능히 가능한 우리 시대를 고마워해야 할까요. 저마다 황금의 엘도라도를 찾아 헤매는 디스토피아 시대일수록 유토피아 와언집이 필요하다는 생각입니다. 와언집은 대체로 익명이거나 비밀 그룹의 공동창작이지요. 그럼에도 변혁의 내적 전통에 의지하여 수백 년 장기지속되었다는 놀라운 저력을 보여주었으며, 머나먼 섬에 이상향을 설계하고 그로부터 변혁의 동력을 얻는다는 세계사적·장기지속적 공통점을 견지하였습니다.

돌이켜보면 1994년에 『마을로 간 미륵』을 상재하면서 미륵정토彌勒淨土를 통한 민중의 대망待望을 탐구한 적이 있습니다. 아주 오랜만에 또 다른 대망체계를 탐구하게 되었습니다. 100년도 훨씬 전에 최수운이 선천先天이 거하고 후천개벽後天開闢되는 세상을 꿈꾸었다면, 오늘의 우리는 어떤 후천개벽을 꿈꾸고 있을까요. 어쩌면 이 책은 우리식 유토피아의 특질을 말하고자 하는지도 모르겠습니다. 또한 오랫동안 천착해온 바다와 섬이라는 주제가 그러한 대망체계와 만나게 된 결과물이기도 합니다.

우리를 둘러싼 바다에 섬이 있는 한, 우리는 섬으로 떠날 것입니다. 아무리 속물화된 시대라 한들 '섬-이상향'의 지문을 지울 수는 없겠지요. 금년은 특히 여수세계박람회라는 국제행사가 바다를 주제로 거창하게 사람을 끌어모읍니다. 1851년 런던만국박람회 이래 160여 년 만에 한국에서 판을 벌이는 자본주의의 꽃과도 같은 대규모 축제지요. 한때 19세기 유럽 사람들은 과학기술과 자본이 인류의 행복과 평화를 가져다줄 것이라고 들떠 있었고 생시몽 같은 이도 박람회를 칭송하고 있었지요. 경제적 부의 증대와 현란한 과학기술적 진보가 우리가 그리는 이상향의 종착역일까요.

이 책은 역사적으로 바다와 섬에서 제대로 살아 있음을 꿈꾸었던 사람들의 진하디진했던 대망을 이야기하고 있습니다. 섬의 이데아를 다시 강조하고 나서는 중입니다. 오늘날은 더 이상 와언의 시대는 아니지요. 그러나 트위터 사용자들이 지저귀는 데서 만족하지 않고 좀더 적극적인 정치참여를 도모하며, 스스로를 트위터하는 민중이란 뜻의 '트위플'이라 표방함은 해도출병설을 대망하였던 중세 민중들의 심성의 맥락과 그다지 다르지 않은 것 같습니다. 좀더 완벽한 정부를 구성하고, 좀더 완벽한 소통을 확립하며, 좀더 완벽한 투명성을 증진시키기 위해 트위트를 한다는 입장과 좀더 살기 좋은 세상을 대망하겠다는 전통시대 민중의 심성이 현격하게 다를 것이라 생각할 수가 없기 때문이지요. 유언비어가 지니는 약점인 허장성세도 엿보이며 때로는 종말론에 입각한 파천황적 세계를 드러내는 공통점도 보입니다.

고단한 사회에서, 잠시나마 유토피아의 다른 세상을 생각해보는 기회로 본 책이 조금이라도 기여한다면! 그 무엇보다 꿈을 잃은 청년들이 방황하며 아파하는 것을 바라보면서 이상향의 세계에 잠시나마 들러줄 것을 기대합니다. 전통시대 민중들도 늘 방황하고 아파하면서 살았기에 오늘날도 우리는 토마스 모어의 『유토피아』류를 여전히 읽고 있는 중입니다. 무언가 다른 세상은 정녕 있을 터이고, 지금, 여기서, 곧바로 우리가 원하는 순간, 이상향은 문뜩 우리 곁에 다가와 있는지도 모르겠습니다.

이 책이 나오게 된 것은 세상의 책에 관한 많은 이야기를 나눈 김태권 편집자와의 인연과 우정의 결실입니다. 어려운 여건에서 인문출판에 애정을 쏟는 돌베개출판사는 물론이고, 책이 만들어지기까지 함께한 익명의 출판 관련 노동자들에게도 고마운 마음을 전합니다. 대망을 꿈꾸며 늘 새로운 세상을 희구해오면서 섬−이상향으로 떠난 사람들에게도 헌정되어야 마땅하다는 생각입니다.

2012년 산에 들에 꽃피는 봄날
일산 정발학연에서
주강현

찾아보기